跨区域治理的行政制度供给

方雷 钟世红 等 著

GUANGXI NORMAL UNIVERSITY PRESS

广西师范大学出版社

·桂林·

图书在版编目（CIP）数据

跨区域治理的行政制度供给 / 方雷等著. --桂林：
广西师范大学出版社，2022.12
　ISBN 978-7-5598-5510-7

Ⅰ. ①跨… Ⅱ. ①方… Ⅲ. ①地方政府－行政管理－
管理体制－研究 Ⅳ. ①D035.5

中国版本图书馆 CIP 数据核字（2022）第 191686 号

广西师范大学出版社出版发行

（ 广西桂林市五里店路 9 号　邮政编码：541004 ）
（ 网址：http://www.bbtpress.com ）

出版人：黄轩庄

全国新华书店经销

广西广大印务有限责任公司印刷

（桂林市临桂区秧塘工业园西城大道北侧广西师范大学出版社
集团有限公司创意产业园内　邮政编码：541199）

开本：787 mm × 1 092 mm　1/16

印张：20　　字数：260 千字

2022 年 12 月第 1 版　　2022 年 12 月第 1 次印刷

定价：66.00 元

如发现印装质量问题，影响阅读，请与出版社发行部门联系调换。

目录

绪 论

全球化和区域化已成为当今世界发展的两个必然趋势。随着国内分权化和市场化改革的不断推进，我国的经济社会发展也呈现出区域化的态势，区域一体化格局正在逐渐形成。然而，随着区域一体化的推进，区域问题和区域公共事务不断凸显，传统的"内生性行政区行政"已经无力解决发展中遇到的如产业结构趋同、地方保护主义、区域内公共服务不足等诸多问题。这严重限制了区域发展目标的实现，影响了区域内民众和政府的利益。因此，要想实现突破性发展，地方政府必须打破现有的行政区划界限，实现区域内的统筹协调发展。

20 世纪 80 年代以来，西方发达国家出现的治理变革运动对我国产生了很大的影响，治理理念被广泛地应用到我国的行政改革以及公共管理模式再造过程中。跨区域治理作为治理理论在区域层次上的运用，已经成为当代地方治理实践中被广泛采用的一种治理形式。这为我国的区域一体化发展提供了重要的理论支撑。

同时，20 世纪 80 年代以来，制度范式革命使得新制度主义研究方法成为不可阻挡的潮流，制度被作为提高绩效的最优方法而在政治学研究中被广泛讨论。从跨区域治理的制度供给角度进行研究，能够指导地方政府在实践中形成跨区域合作治理的行为取向，解决现实生活中的诸多跨区域公共治理问题。

然而，在跨区域治理需求日益增加的背景下，现存的地方政府行政管理体制在制度供给、实施和变迁中存在诸多困境。我们认为，一方面，"由于资源禀赋的差异和越来越多的跨区域公共问题的突显，各地区之间通过互利合作来实现利益最大化的需求越来越迫切"[①]；另一方面，由于现有的地方行政还是以"闭合式的行政区行政"为主，区域公共管理无法适应地方政府间跨区域合作治理。所以，有必要通过新型地方行政制度的生产和供给，建立双边或多边的协商机制，进行充分的信息沟通和交流，降低交易成本，在一定的区域内，实现有效的集体行动，从而促进区域一体化发展和合作共赢。

一、研究意义

从世界范围来看，"当今世界已是一个全球化和地区化并行发展、全球主义和区域主义共同崛起的时代"[②]。全球化和区域化是当今世界发展的两个向度。在某种意义上，经济全球化导致了区域化，区域一体化推动了全球化，区域化与全球化是互促互进的对立统一体。当今全球化的步伐在加快，区域问题频出，区域公共事务在增加，地方政府间的单边行政已无法适应现实的区域治理需求。这在客观上要求地方政府实行跨区域合作治理，实现区域的一体化发展。

从国内情况来看，随着市场化与分权化改革的不断发展，区域一体化格局逐渐形成，区域合作有了突破性的进展。同时，大量的区域公共问题

---

① 石佑启：《论区域合作与软法治理》，《学术研究》，2011 年第 6 期。

② 陈瑞莲：《区域公共管理研究的若干问题述评》，《新华文摘》，2004 年第 10 期。

也涌现出来，已经超越了体制性的地理界限，对特定地区或邻近地区产生了外部效应，单一的行政区划政府和现行的行政管理体制对提供跨区域的公共服务已经力不从心，需要多个地方政府联合起来进行合作治理。

（一）问题的提出

随着市场化与分权化的发展，区域一体化格局逐渐形成。同时，大量的区域公共问题也涌现出来。例如，跨区域环境资源保护、突发性公共问题的处理、地区社会治安状况与犯罪、地方基础设施的发展等，都与区域共同利益息息相关，同时也会超越体制性的地理界限，对特定地区或邻近地区产生外部效应。单一的行政区划政府对提供跨区域的公共服务已经力不从心，需要多个地方政府联合起来进行处理。公共问题的增生在某种程度上是与市场机会主义的出现相伴而生的，而且随着市场经济在全球化进程中的拓展具有了全球性。"个体对公共利益的冷漠与无奈，或者说个体理性与集体理性的矛盾，公共权力与个体权利的冲突，是公共问题治理过程中现代国家制度内部和国家制度建设面临的重大问题。"①

从理论研究角度看，针对跨区域地方治理问题，国内外学者从财政学、区域经济学、博弈论、新公共管理、制度经济学等视角分别对其进行了深入的研究。但是针对跨区域地方治理中的行政制度研究相对较少，而制度匮乏正是诸多跨区域地方治理问题产生的根源。参与合作的主体争夺合作收益而采取的机会主义行为，如地方市场分割、地方保护主义等，增加了区域合作的内生成本，交易费用增加。这将导致难以实现有效合作的囚徒困境的形成，无疑对区域协调发展非常不利。针对这个问题，可以通过设

---

① 潘伟杰：《制度、制度变迁与政府规制研究》，上海三联书店出版社 2005 年版，导论，第 4 页。

置新的明确规则来化解负外部性问题，减少内生交易成本。建立科学合理的行政制度能够保障区域的协调发展，化解负外部性带来的诸多问题。本研究综合运用外部性理论、公共选择理论、制度变迁理论以及"囚徒困境"理论，对跨区域地方治理中的行政制度进行研究。本研究试图通过对跨区域地方治理中的行政制度发展历程进行梳理，挖掘利益冲突的根源，提出完善的建议。

地方政府间横向关系是政府过程领域的热门话题，国内诸多著名学者对此都有论述，比如1998年林尚立的《国内政府间关系》，2000年谢庆奎的《中国政府的府际关系研究》，但绝大多数文献聚焦于研究中央与地方之间的关系。对于地方政府间跨区域问题的研究，有张紧跟的《当代中国地方政府间横向关系协调研究》。国内其他学者主要是对区域经济的研究，很少有学者从制度经济学的角度分析跨区域公共管理问题。金太军与沈承诚的《区域公共管理制度创新困境的内在机理探究——基于新制度经济学视角的考量》，是从新制度经济学的角度研究区域公共管理制度的困境。金太军的《区域公共管理趋势的制度供求分析》，也是从制度的供给与需求方面研究区域公共管理趋势。所以现有的对地方政府间跨区域公共事务治理的制度研究是不完善的。

20世纪70年代中期以来以科斯为代表的新制度经济学流派（New Institutional Economics）在经济界的影响力不断扩大，新制度经济学逐渐成为西方一个重要的经济学理论。① 科斯认为："当代制度经济学应该从人的实际出发来研究人，实际的人在由现实制度所赋予的制约条件中活

---

① 魏雪娇：《地方政府区域合作治理中的政治协调机制研究》，电子科技大学硕士学位论文，2013年。

动。"① 新制度经济学的另一代表人物诺斯认为："制度经济学的研究目标是制度演进背景下人们如何在现实世界中做出决定和这些决定又如何改变世界。"② 这两位新制度经济学的代表人物都强调新制度经济学的研究对象是人、制度与经济活动以及它们之间的关系。"新制度经济学的产生不仅对经济学的发展产生了重大的影响，更重要的是新制度经济学对交易费用的理解以及社会成员间博弈关系的阐述影响了包括法学在内的社会科学的发展。"③ 虽然新制度经济学还无法解释现实生活中的很多问题，但是却为我们研究制度问题提供了新的视角和思路。新制度经济学中的交易费用理论、制度供给及制度变迁理论为跨区域治理的行政制度供给研究提供了新的视角。

从现实实践看，地方政府间关系难以理顺已经成为地方发展共赢的重要障碍，地方政府在横向关系上如何定位自己，已经成为各级地方政府亟待解决的问题。长期以来我国政府和市场的关系比较模糊，随着区域间经济联系的增多，地方政府间跨行政区的竞争与合作也不断深入。所以理顺和发展各地区政府之间的横向关系，对于推动我国地方政府间关系的健康发展具有重要的现实意义。首先，有助于消除区域行政壁垒，构建区域大市场，提高区域整体竞争力。目前，我国长江三角洲、珠江三角洲、环渤海湾京津冀、粤港澳大湾区等区域经济发展迅速，区域内部逐渐形成统一的大市场。但是，地方政府作为独立的利益主体，受传统行政区行政观念、地方利益、个人政绩等方面的影响，在区域合作过程中，仍然人为设

---

① R. 科斯：《企业、市场与法律》，上海三联书店 1990 年版，第 85 页。

② Douglass C. North, Institution, Institution change, and Economic Performance, Cambridge Press, 1990, p47.

③ 潘伟杰：《制度、制度变迁与政府规制研究》，上海三联书店出版社 2005 年版，第 54 页。

置了很多贸易壁垒，无形之中增加了不同行政区域之间的交易成本，影响了资源流通的效率。单纯依靠市场的力量难以解决这些问题。因此，合理解决不同行政区域间的利益冲突有助于减少区域内部经济主体之间的交易费用，促进资源合理有序流通，从而提升区域整体的竞争力，促进区域经济快速、稳定、健康发展。其次，有助于区域协调发展，保障区域内部公平。目前，我国区域一体化组织大多是"强—弱"联合的合作形式。在合作过程中，受经济效率因素的影响，资金、技术、项目、人力资源等因素多向经济实力强的地区流动。这将导致区域内部不同行政区划间的经济差距进一步拉大，导致区域利益失调，使不同地方间的利益冲突更加严重，不利于区域的协调发展。在利益失调的过程中，受影响最大的是相对落后的地区，这有可能增加区域间的不公平。构建合理的跨域治理行政制度可以有效地避免这些问题，实现区域协调发展，保障区域内部公平。

随着区域内地方市场经济的开放化、合作化发展趋势不断深入，由于市场竞争性、资源稀缺性、相对闭合性的行政区划所引致的信息不对称以及地方政府作为理性经济人的自利性动机，包括产业结构趋同、公共基础设施重复建设、突发性公共危机以及生态环境破坏引致连锁效应等在内的区域性公共问题不可避免。目前，国家和有关地方政府区域一体化、提升区域竞争力的政策导向较多，而针对行政制度设计和运行机制创新等方面的制度性供给相对匮乏。因此，如何突破行政区划界限，克服地方政府各自为政所导致的负外部性效应，以合作治理的方式解决跨区域公共事务，成为地方政府需要解决的新挑战。

跨区域地方政府间的合作治理需要理论的指导，区域公共管理的现实问题迫切需要制度的创新。这样的研究不仅具有迫切的现实意义，更具有重要的理论价值。

（二）研究对象及概念界定

1. 研究对象。

从一定意义上可以说，经济全球化同时也导致了区域化，所谓"区域主义"，通常是指地理上彼此相连的国家或地区之间，通过政府间的合作和组织机制，加强地区内社会和经济发展互动的意识。按照一般的国际政治理论，地区意识和地区认同、区域化、区域内国家合作等均属于区域主义 (Regionalism) 的范畴。[①] 本研究的区域主义属于美国学者詹姆士·米特尔曼提出的新区域主义三分法中的微观区域主义。所谓微观区域层次，多指一国内部的出口加工区、工业园区或省份间、地区间的合作，如我国的"粤港澳大珠三角区域"、美国的"田纳西河流域"等。[②] 陈瑞莲将区域公共管理研究的内容限定为以下几个方面：（1）区域公共管理基础理论研究，主要包括区域公共管理的主体、客体、方式、机制，等等；（2）政府间竞争与区域政府竞争力研究；（3）地方政府与地方政府间关系研究；（4）区域公共产品和服务的制度供给研究；（5）行政区划的理论与实证研究；（6）区域公共管理的比较研究；（7）区域公共管理的个案研究。本研究的对象主要是我国省级及以下地方政府间的区域合作行政制度，属于第四方面。

2. 相关概念界定。

首先是跨区域治理。跨区域治理的主体是地方政府，地方政府间的跨区域合作关系属于地方政府间横向关系的一种。地方政府间横向关系不但表现为地方政府间的平行关系，即同级地方政府间的关系，而且也表现为

① 傅梦孜：《亚太战略场》，时事出版社 2002 年版，第 539 页。

② 陈瑞连：《论区域公共管理研究的缘起与发展》，《政治学研究》，2003 年第 4 期。

地方政府间的斜向关系，即不同级的不同地区的地方政府间关系。[①] 无论是哪种层次、哪种形式的横向关系，地方政府间均不存在指导与被指导的关系，也没有领导与被领导的关系。本书研究的跨区域治理是指若干个地方政府基于共同面临的公共事务问题和经济发展难题，依据一定的协议和章程或合同，将资源在地区间重新分配组合，以便获得最大的经济效益和社会效益的活动[②]。

其次，区域性公共物品供给是区域性公共事务治理的核心问题，所以本研究中跨区域合作治理的公共事务主要指的是跨地区性公共物品，"是指那些需要两个以上的地方政府联合供给、其消费的外部性一般会溢出一定地域的公共物品，其地域特征和受益范围具有复杂性和模糊性特征"[③]。

再次，关于制度的界定。诺斯认为："制度应该包括一系列被制定出来的规则、守法秩序和行为道德、伦理规范。它旨在约束追求主体福利或效用最大化利益的个人行为。"[④] 制度是由具体的制度安排构成的。一项制度安排，是支配经济单位之间可能合作与竞争的方式的一种安排，制度安排可能最接近于"制度"一词的最通常使用的含义了。安排可能是正规的，也可能是非正规的，它可能是暂时的，也可能是长久的。不过，它必须至少用于下列一些目标：提供一种结构使其成员的合作获得一些在结构外不能获得的追加收入，或提供一种能影响法律或产权变迁的机制，以改

---

① 周义程、蔡英辉：《关于政府际关系概念与类别的界定问题———项类型学维度的系统性考量》，《唯实》，2011 年第 1 期。

② 李文星、蒋瑛：《简论我国地方政府间的跨区域合作治理》，《西南民族大学学报（人文社科版）》，2005 年第 1 期。

③ 张紧跟：《当代中国地方政府间横向关系协调研究》，中国社会科学出版社 2006 年版，第 75 页。

④ 道格拉斯·C.诺斯：《经济史中的结构与变迁》，陈郁等译，上海三联书店 1994 年版，第 225-226 页。

变个人（或团体）可以合法竞争的方式。①制度既可以是指具体的制度安排，即指某一特定类型活动和关系的行为准则，也可以是指一个社会中各种制度安排的总和，即"制度结构"。②需要强调的是，本书中的制度研究不仅仅是静态的制度安排分析，同时也会有动态机制的分析。

最后，关于交易费用的概念。按照新制度经济学理论的界定，它是指"个人交换他们对于经济资产的所有权和确立他们排他性权利的费用"，或者说它是指"事前准备合同（契约或制度）和事后监督及强制合同执行的费用"。③

而本研究的核心概念，即跨区域治理的行政制度供给，是指在某一区域内，不同地方政府为解决共同的公共事务问题和经济发展问题，依据一定的协议和章程而创设的行政管理体制，通过具有特定目的的制度性安排，实现市场资源及社会资源在地域内优化配置，实现经济和社会效益最大化。其内涵包括三部分的内容。

其一，行政制度供给的目标是降低交易费用，增强区域内地方政府间的合作治理动机。交易消费理论主张，交易主体间矛盾与冲突发生的根源在于交易成本过高，出于预期收益极易小于交易成本的可能，作为理性经济人的地方政府不会必然采取合作行为，从而易导致对抗的产生。降低跨区域治理过程中产生的高昂交易费用，其根本途径在于进行相应的制度设计。因此，行政制度供给的目标在于通过一系列制度性安排及制度变迁与创新，建立并不断完善区域内地方政府的利益获得机制及其间的利益补偿、

---

① R.科斯、A.阿尔钦、D.诺斯等：《财产权利与制度变迁——产权学派与新制度学派译文集》，上海三联书店出版社1991年版，第271页。

② 董建新：《论制度功能》，《现代哲学》，1996年第4期。

③ 恩格斯·埃格特：《新制度经济学》，吴经邦等译，商务印书馆1996年版，第16-17页。

利益分享、行为约束以及冲突协调等机制，增强区域内地方政府间的合作动力，实现区域性公共利益。

其二，行政制度供给的主体是地方政府。区域内的地方政府极具特殊性，其具有三重代理身份。首先，地方政府作为中央政府和省级政府的代理人，是全局性政策在地方的执行者。作为行政管理体系的下层组织，地方政府的任务是完成由上级政府提出的经济发展和社会管理目标，并以此作为其向上级政府争取有利于自身的政治、经济等各种资源的依据。其次，地方政府作为本辖区内公共利益的代理人，其目标是通过提供良好的政策环境和资源促进当地经济较快增长，提升公民的福利，同时地方政府承担着社会管理和维护公共秩序的职能，其责任在于向本辖区内的公民提供优质的公共产品和公共服务，保障公共利益的实现。最后，地方政府作为自身机构的代理人，是独立的利益主体。此时，地方政府以追求财政收入最大化为目标，通过创造完善市场经济发展的制度条件或者设置一定的贸易壁垒和地方保护规则，亦或利用自身优势或劣势，向中央政府及省级政府争取更大的政策空间或政策资源，扩大当地的税费收入。基于此，在面对区域性公共事务时，地方政府的利益代表极易出现模糊倾向，导致利益博弈现象，加之区域内的地方政府间并不存在领导与被领导的关系以及上下级政府间的政策制定者与执行者的关系，缺乏自主性及诱导性的合作治理动机。因此，有必要实行一定的正式或非正式的制度安排，规范区域内地方政府间关系，实现以区域公共利益为目标导向的跨区域治理行为。

其三，行政制度供给的过程是区域内地方政府通过协商提供一系列正式的及非正式的制度性安排。制度具有一定的导向性和协调性，一旦形成，其将成为公民或组织合理行动的重要依据。因此，为保障制度的科学性、民主性以及持续性，增强公民或组织遵守制度的自觉性，使制度成为降低区域内地方政府冲突产生几率、约束其设立区域壁垒的地方保护行为以及优化资源配置的重要手段，行政制度供给的过程应通过区域内地方政府之间理性、平等的协商对话实现。在区域内跨区域治理的过程中，地方政府处于平等的关系，其合作意愿、合作规则、合作程序、合作激励以及合作惩罚等相关方面的制度性安排应经由区域内所有地方政府间基于信息共享基础上的公开、平等、包容性的协商过程达成。在此，地方政府的相关代表人应就利益分享与成本分担的比例以及职权与责任范围的确定等问题进行充分的讨论与对话，充分地表达其利益偏好、意见和相关建议等，并依此形成制度性契约规范作为其在区域内合作治理的依据，以减少彼此间的利益冲突与摩擦。通过理性的协商对话，在行政制度环境、行政制度设计、行政运行机制以及行政制度主体等层面进行相应的正式的或非正式的制度性安排。

这种行政制度应该包括三种属性。

第一，它是一种共同管理的制度。这种制度一方面具有府际关系、部门关系和空间资源整合等结构性层面的要素，另一方面也具有规则、规范和机构等功能性层面的特质。

第二，它是一种多元协调的机制。这种制度作为地方多元主体间的相互协同模式，由市场企业组织、社会民间组织和政府机构面对公共问题所发展出来的社会协调制度，以实现共同治理、层级治理和自主治理的有机统一。

第三，它是一种创新的行政形态。这种制度作为解决共同问题的实现机制，强调的是集体行动、资源共享、议题同构、利益均衡、风险共担，以实现政府与社会之间的互动发展状态。

因此，具有妥协性、包容性和整合性的跨区域行政制度具有降低交易费用和政府运行成本、将负外部性内部化、抑制机会主义、有效调节资源和利益、化解矛盾增强激励等功能。

二、研究现状

（一）国外文献综述

1. 关于跨区域公共事务合作治理研究。

加拿大著名政治学教授戴维·卡梅伦说："现代生活的性质已经使政府间关系变得越来越重要。那种管辖范围应泾渭分明，部门之间须水泼不进的理论在 19 世纪或许还有些意义，如今已经过时了。不仅在经典联邦国家，管辖权之间的界限逐渐在模糊，政府间讨论、磋商、交流的需求在增长，就是在国家之内和国家之间，公共生活也表现出这种倾向，可唤作'多方治理'的政府间活动越来越重要了。"[①] 正是现实中政府部门间的联系越来越紧密，才逐渐导致了理论界对政府间关系的研究越来越深入。

一是财政学的视角。从 20 世纪 50 年代起，国外经济学界才开始了对"地方政府间合作"的研究。较早的文献是美国经济学家蒂伯特 1956 年发表的《地方支出的纯理论》，对地方政府公共物品供给时政府间的竞合问题给予了重点关注。布雷特从财政政策的角度系统阐述了地方政府竞争的理论，研究了不同层级政府间、同一层级政府以及政府与社会其他机构之间的竞争关系[②]。

二是区域地理学和经济学的视角。西欧国家区域研究的兴起与旨在解决各类区域问题的区域政策的实践是直接相关的。可以说，区域地理学的

---

① Cameron D. The structures of intergovernmental relations. *International Social Science Journal*, 2001, Mar. 53, Issue. 167.

② Breton. A., *Competitive Governments: An Economic Theory of Politic Finance*, Cambridge University Press, 1996.

复兴与区域经济学的形成是区域政策理论研究与实践的结果。[①] 法国的白兰士、迪金森等学者都是区域地理学家，他们从地理学的视角研究区域问题。缪尔达尔最先认为应该从经济学角度研究所有区域问题。20 世纪 70 年代以后，运用经济学的视角研究区域问题的文献逐渐增多。

三是新制度经济学的视角。诺斯在《西方世界的兴起》《经济史中的结构与变迁》《制度、制度变迁与经济绩效》等著作中提出，国家间经济绩效的竞争，归根结底是制度层面的竞争。政府的功能主要是能否提供一种更有效率的组织经济活动的制度安排和激励机制。柯武刚和史漫飞进一步指出国家如果开放了，政府就会相互竞争。"全球化已经导致了'制度（或体制）竞争'。现在，制度系统对成本水平影响极大，以至于成了国际竞争中的重要因素。结果，各国政府也在不同程度上直接相互竞争。"[②] 他们研究的对象主要是宏观层次上的区域竞争，对微观层次的区域主义研究比较少。

四是竞争博弈理论的视角。在研究地方政府合作方面的集大成者是美国哈佛大学教授亚当·布兰顿伯格和耶鲁大学教授巴里·内尔布夫。他们提出的竞合理论认为，地方政府在推动本区域发展时，也受到同一区域内其他地方政府的影响，彼此间呈现既竞争又合作的关系，不同政府间的利益和目标不完全一致，必然会导致合作和竞争的产生。[③] 波特的"集群"理论则强调了区域政府和其他非政府公共组织甚至是私营部门在地区治理中的"合力"问题，用公共管理词汇来说，就是关注公共管理主体的多元

---

① 张可云：《区域经济政策——理论基础与欧盟国家实践》，中国轻工业出版社2001年版，第51页。
② 柯武刚、史漫飞著：《度经济学——社会秩序与公共政策》，韩朝华译，商务印书馆2000年版，第485-486页。
③ 王建新：《当代中国经济圈政府合作研究》，云南大学博士学位论文，2015年。

化和治理机制的现代化。除了波特外，在研究地区竞争力和区域创新方面，摩根和 Cooke P. Uranga M. Etexbarria G. 等也有一定代表性。①

五是新公共管理的视角。20 世纪 80 年代以来，新公共管理理论在西方世界兴起。以英、美等国为首的西方国家掀起了一场政府再造运动。企业管理的竞争合作理论也被应用到政府治理中。地方政府合作在实践中也得到了较大的发展。凯尼斯·福克斯、斯考特·格里尔把地方政府合作的模式归纳为地方政府协会模式、地方性公共管理局模式、特别区模式和区域性办公机制或论坛模式。在美国地方政府之间的合作就采取了多种模式。例如"府际服务契约"就是地方政府用签订契约的方式，彼此提供所需的服务或其他合作，但目前的困境是地方政府可否签订这样的契约，需要法律方面更多的努力。②

六是实证研究。国外的区域公共管理尤其强调流域治理的实证研究。例如，密西西比河流域的治理、非洲尼罗河流域的治理、美国和加拿大共治伊利湖的治理等。概而言之，国外的流域开发和治理的主要经验和做法是：（1）注重综合开发利用。其流域的战略规划都以多目标和综合协调开发政策为特点，以全面系统的科学论证为基础，并建立由政府、企业、研究机构及民间机构共同参与的跨地区或跨国界的合作机制，实现对流域的综合治理。（2）强调因地制宜。针对不同河湖流域的特点实施不同的综合治理和开发战略及政策。（3）突出管理成效。包括设置管理机构、调整组织方式，并充分运用法律法规手段对河湖流域进行有效的管理。③

2. 关于政府间关系、府际竞争与合作研究。

---

① 陈瑞莲：《论区域公共管理研究的缘起与发展》，《政治学研究》，2003 年第 4 期。
② 杨雪：《川渝政府合作机制研究》，电子科技大学硕士学位论文，2007 年。
③ 郭培章、宋群主编：《中外流域综合治理开发案例分析》，中国计划出版社 2001 年版，第 2-3 页。

府际关系一词最早源于美国《社会科学百科全书》，主要用于描述美国大萧条时期，政府出台的诸多政策之间的相互关系。此后，很多学者，如 William Anderson、尼古拉斯·亨利、Deil Wright 等都对府际关系的概念进行了界定。美国学者 Deil Wright 在其代表作《了解府际关系》(*Understanding Intergovernmental Relations*) 中对府际关系作了权威定义：包含了所有政府机构和部门以及公职人员之间常态性的互动关系，不但涉及互动者的态度与行动，还包括了政策方面。①

1937 年，美国学者克莱德·F. 斯奈德在《1935—1936 年的乡村和城镇政府》一文中最早提出"政府间关系"，但并没有对此概念进行界定。②1960 年美国学者安德森指出，政府间关系是指各类的和各级政府机构的一系列重要活动，以及它们之间的相互作用。他认为，政府间关系是公共事务中借由公共事务官员交往形成的，更多地表现为"活动"和"互动"。③ 狄尔·S. 莱特认为政府间关系具有范围广、动态性、人际性、公务员的作用越来越重要、政策的影响越来越大等五大特征。④20 世纪 80 年代以后，西方对政府间关系的研究范式发生了显著变化，研究视角逐渐转向府际间财政研究、府际间政治研究、府际间沟通研究、府际管理研究等更为微观、区域化的领域。Helen C. Sullivan 和 Chris Skeleber 指出，政治、操作及财政是影响政府间跨区域合作的重要因素，要解决跨区域问题，

---

① 高开：《跨区域集群与政府政府合作及机制探析——以浙江省永康、武义、缙云三地地方政府合作为例》，浙江大学博士学位论文，2010 年。

② 克莱德·F. 斯奈德：《1935—1936 年的乡村和城镇政府》，《美国政府科学评论》，1937 年。

③ W. Anderson, *Intergovernmental Relations in Review*, Minneapolis: University of Minnesota Press, 1960.

④ [美]R. J. 斯蒂尔曼：《公共行政学》，中国社会科学出版社 1988 年版，第 252-254 页。

契约、伙伴关系及网络是可行的三种合作机制。[①] 代表性的研究还有《理解政府间关系》[②]《政府间关系：战略政策制定中确保信息沟通的合作》[③]《改革：政府间关系》[④] 等。

地方政府间的竞争与合作。新制度经济学自 20 世纪 70 年代以来在经济学领域备受重视，同时逐步扩展到政治领域，成为近几十年来研究政治问题方面的主流政治理论之一。新制度经济学重视制度在国家政治生活中的重要作用。艾什·艾米和奈杰尔·思瑞夫特在其合著的论文《全球化、制度和欧洲的区域发展》中，从制度主义的视角对区域公共问题进行了研究，开创了区域公共问题研究的新视角。他们指出："地区制度条件是否完备是地区经济应对日益明显的国际化趋势和全球残酷竞争的重要资源。"[⑤] 诺斯指出："国家间经济绩效的竞争，归根结底是制度层面的竞争，政府的主要功能主要是能否提供一种更有效率的组织经济活动的制度安排和激励机制。"[⑥] 此外，新制度经济学中关于交易费用、外部性、制度变迁的相关理论对于解决跨区域地方治理中出现的利益冲突及利益协调问题具有很重要的理论价值。西方诸多经济学者从税收竞争方面对地方政府竞争问题进行了研究，将税收看作社会经济发展保障的重要手段，研究

---

① Sullivan, Helen & Skeleber C., *Working across Boundaries: Collaboration in Public Service*, New York: Palgrave Macmillan, 2002.

② Deil S.Wright, *Understanding Intergovernmental Relations*, 1sted, Belmont, CA: Duxbury, 1988.

③ Hendy Peter," Intergovernmental Relations: Ensuring Informed Cooperation in Strategic Policy Development, *Australian Journal of Public Administration*, 1996, Mar, Vol. 55, Issue 1.

④Brosio, Giorgio," *Reform: Intergovernmental Relations*, International Journal of Public Administration, 2000.

⑤ Amin, A. & Thrift, N," Globalisation, Institutional 'Thickness' and the Local Economy, In P. Healey, S. Cameron, S. Davoudi, S. Graham & A. Madani-Pour, *Managing Cities: the New Urban Context*, Chichester: Wiley and Sons, 1995

⑥ 诺斯：《制度、制度变迁与经济绩效》，格致出版社 2008 年版，第 25 页。

如何通过调整税收政策来调节公共物品供给。"用脚投票理论"是美国经济学家 Tibout 提出的，他指出公民拥有不同的偏好需求，以及自主选择权，可以选择公共服务更适合自己偏好的地方。同时，通过用脚投票对地方政府产生压力，迫使地方政府通过提高公共服务质量和税收利用率，来提高公民的满意度，从而吸引并留住公民。此外，布雷特系统阐述了地方政府竞争的理论，研究了不同层级政府间、同一层级政府间以及政府与社会其他机构间的竞争关系。①

（1）区域问题。19 世纪后期，一些地理学家就开始关注区域问题，并因此产生了一门新的学科——区域地理学。法国的白兰士、迪金森从地理学的视角研究区域问题并出版了《世界地理》等著作。德国的 A. 赫特纳认为区域不仅是自然的，更是人文的，它们之间是相互结合的。美国的 R. 哈特向在其著作《地理学的性质》和《地理学性质的透视》中认为地球表面的区域分异的特征是地理学研究的对象，其起点是部门，终点是区域地理学。② 随着管理难度的加大，一些经济学家也开始关注区域问题，缪尔达尔最先认为应该从经济学角度研究所有区域问题，20 世纪 70 年代以后，研究区域经济问题的文献逐渐增多。

（2）区域治理。西方国家形成了一整套区域治理的理论，并有着丰富的实践经验。一个多世纪以来，国外学者围绕城市发展、地方合作与区域治理等问题不断进行理论上的探索，先后产生了四种城市区域治理理论。③20 世纪初，伴随欧美的乡村城市化浪潮大都市政府理论（旧区域主

---

① Breton A. , *Competitive Governments: An Economic Theory of Politic Finance*. Cambridge University Press, 1996

② 魏雪娇：《地方政府区域合作治理中的政治协调机制研究》，电子科技大学硕士学位论文，2013 年。

③ 曾媛媛、施雪华：《国外城市区域治理的理论、模式及其对中国的启示》，《学术界》，2013 年第 6 期。

义理论）应运而生。20 世纪五六十年代，公共选择理论试图打破大都市政府理论所设计的单一中心的区域治理模式，建构以核心区为主导的多中心区域治理模式和不依赖于中心城市政府的、范围更大的区域公共服务系统。20 世纪 90 年代，新区域主义理论兴起。它主张缩小中心城市与郊区之间的差别，给地方政府更多的资源和自治权处理自身问题，并以此来构建政府间关系。此外，学者们还提出了地域重划与再区域化理论，主张围绕城市区域重筑国家地域层次，以不断提升世界城市的经济竞争力。在实践方面，西方尤其重视流域治理的实证研究。这些研究主要是从河流湖泊的综合开发利用、综合治理和开发战略及政策的制定以及有效管理等方面进行多维度的研究。

（二）国内研究综述

我国关于地方政府合作的研究起步比较晚，学术成果相对比较少。20 世纪 80 年代，区域经济学研究在我国逐渐兴起，学者们围绕 "区域经济政策" "区域经济发展"，展开了一系列研究，但很少有关于区域合作的研究。张万清主编的《区域合作与经济网络》、刘振亚主编的《迈向市场经济的区域合作》、凌云主编的《论横向经济联合》等是为数不多的关于区域合作的著作。这些著作主要讨论经济主体间的联系，对地方政府的作用涉及较少。随着政府职能的进一步转变和政府行政体制改革的不断深入，近年来一些围绕区域合作的著作不断涌现。如靖学清的《东西部经济合作论》，从东西部经济合作的基本问题、基础条件和历史背景、地方政府的作用、生产要素转移、体制环境和运行机制、重点领域和重点区域、战略选择和行动计划以及经典案例等方面系统地进行了研究，提出了许多宝贵的意见和建议。黎鹏的《区域经济协同发展研究》一书深入研究了区域经济协同发展的基本理论问题，并对我国西部大开发的东、中、西部协同机制进行了探讨。上海财经大学区域经济研究中心的《中国区域经济发展报告》一书从中国现阶段的区域保护和市场分割、区域经济合作的条件和模式、政府干预与市场基础、产业分工基础、要素市场及制度条件等进行了梳理研究，可以说是近年来区域合作研究的一部力作。①

1. 关于地方政府间关系与跨区域治理研究。

（1）政府间关系。林尚立的《国内政府间关系》是国内关于政府间关系研究的最早理论著作，是政府间关系研究的奠基之作。谢庆奎在《中国政府的府际关系研究》一文中提出政府间关系的内涵首先是利益关系，为国内学者对府际关系的研究提供了新的视角。②杨宏山的《府际关系论》详细分析了府际关系的基本模式，并在此基础上探讨了中国府际关系的制度创新。③刘承礼的《以政府间分权看待政府间关系：理论阐释与中国实践》提出以政治集权背景下的财政分权作为核心变量来理解中央政府与地方政府行为，为传统的政府间关系跳出"一放就乱，一乱就收，一收就死，一死就放"的恶性循环开辟了一条可能的路径。龚战梅等的《资源开发中政府间关系的法制化研究》将资源开发中的利益分配矛盾以及冲突作为研究中央与地方关系的一个切入点，从中央与地方关系的利益性特征对两者之间的关系进行审视，为协调中央与地方关系找到一个统一的平台。这些学者主要聚焦的是中央与地方政府之间的纵向关系，对地方政府之间的横向关系则涉及较少。近年来关于地方政府间横向关系的研究逐渐增多。陈瑞莲、张紧跟在《试论区域经济发展中政府间关系的协调》中，论述了协调政府间关系的必要性和理论依据，分析了政府间关系的现状，并探讨了协

① 杨雪：《川渝政府合作机制研究》，电子科技大学硕士学位论文，2007 年。

② 谢庆奎：《中国政府的府际关系研究》，《北京大学学报（哲学社会科学版）》，2000 年第 1 期。

③ 杨宏山：《府际关系论》，中国社会科学出版社 2005 年版。

调政府间关系的对策。^①张紧跟的《当代中国地方政府横向关系协调》对当代中国地方政府横向关系协调进行了规范分析，对如何有效协调市场竞争条件下地方政府间的横向关系和治理绩效进行了探讨。^②谷松对区域一体化进程中地方政府间的利益关系协调进行了系统研究，认为地方政府间的利益冲突是区域一体化的主要障碍，对区域一体化进程中地方政府利益体系进行了三维解读，并在此基础上提出了区域一体化的实现路径。^③随着"一带一路"倡议的深入实施和国内区域一体化实践的深入，有学者也有针对性地开展了一些实证案例分析和研究。唐兴和在《府际关系健康治理模型：基于丝绸之路经济带国内府际关系实证研究》中，从研究次区域经济合作国内府际关系规律着手，进而构建了区域经济合作国内府际关系模型，探寻丝绸之路经济带国内府际关系的优化路径。徐宛笑以武汉城市圈府际关系为研究对象，建构"科层金字塔模型""城市圈府际关系动力机制模型""城市圈府际关系理论模型""武汉城市圈府际关系困境模型"以及"武汉城市圈府际关系治理"五大模型，在此基础上结合中国及武汉城市圈的行政现实提出理论层面的可行的解决方案。

地方政府间合作。近年来，对开展地方政府间合作影响因素的研究较为丰富。杨龙认为中央政府可以通过财政转移支付、政策支持和绩效考核三种手段促使先进地区同落后地区合作。^④孙兵指出，区域间的共同文化将有助于促成集体行动。如果不同辖区有共同的历史文化，处于同一个亚

---

① 陈瑞莲、张紧跟：《试论区域经济发展中政府间关系的协调》，《中国行政管理》，2002年第12期。

② 张紧跟：《当代中国地方政府横向关系协调》，中国社会科学出版社2006年版。

③ 谷松：《建构与融合：区域一体化进程中的地方府际间利益协调研究》，吉林大学博士学位论文，2014年。

④ 杨龙：《地方政府合作的动力、过程与机制》，《中国行政管理》，2008年第7期。

文化圈，居民之间有共享的传统和价值观，地方政府之间更容易形成合作关系，如我国东南沿海地区等。① 王鹏认为提供跨区域公共物品的现实需求也是促成地方政府合作的重要因素，和大气污染防治的逻辑类似，发轫于某一地的公共问题会通过多种渠道扩散至其他区域，一地的负外部性会造成普遍的影响，因此需要政府间协议解决。② 有学者提出"政绩共容体"概念。政绩共容体是指两个横向部门之间基于共同的政绩追求，从而形成一种共容性关系。③ 政绩共容体的形成是解释碎片化政府部门开展合作的关键因素。还有学者认为，地方政府间过往的合作历史也会影响当下合作的实现，良好的合作经历会促成更进一步的合作，而失败的合作经历往往会阻止进一步的合作。总之，我国地方政府越来越多地开展横向合作，针对治理问题达成双赢的解决方案，以提升共同的治理绩效。④

（2）区域问题。随着 20 世纪 80 年代初中国市场化改革的开启，研究者们开始注意到区域问题，并从不同的角度进行了研究。经济学家们从区域经济学的视角，对行政区划与区域经济发展之间的矛盾，中国区域间发展差距对社会政治经济发展日益增加的负面影响以及如何促进区域经济的整体发展、缩小区域间发展差距等重大问题进行了研究。这方面的研究成果有韦伟的《中国经济发展中的区域差异与区域协调》、张耀辉的《区域经济理论与地区经济发展》、张可云的《区域大战与区域经济关系》和李清泉的《中国区域协调发展战略》等。20 世纪 90 年代以来，从经济地

---

① 孙兵：《晋升博弈背景下中国地方政府合作发展研究》，《南开学报（哲学社会科学版）》，2013 年第 2 期。

② 王鹏：《跨域治理视角下地方政府间关系及其协调路径研究》，《贵州社会科学》，2013 年第 2 期。

③ 王清：《政府部门间为何合作：政绩共容体的分析框架》，《中国行政管理》，2018 年第 7 期。

④ 刘志鹏：《跨区域政府间合作何以可能？——基于绩效目标差异背景下食品安全监管的分析》，《广西师范大学学报（哲学社会科学版）》，2021 年第 3 期。

理学与政区地理学视角研究区域问题的学者也不断增多。刘君德教授及其学生从经济地理学的视角入手，呈现出大量研究成果。他们从理论上提出了当代中国经济发展中经济区与行政区的矛盾，并且将这一现象归结为"行政区经济"现象，系统阐述了"行政区经济"的表现、特点、本质内涵、产生的背景、发展走势等。从政区地理学视角进行研究的学者，则从行政区划改革的角度介入了区域问题的研究，其中代表性的研究成果有舒庆的《中国行政区经济与行政区划研究》和浦善新的《中国行政区划改革研究》。这些学者从管理学中管理幅度与管理层次适度的原则出发，对中国现行的行政区划提出了种种改革主张，并且就一些热点问题如"撤县改市""市直管县"等展开了激烈的争论。有学者对区域发展的某个方面进行了单向度的深入研究。陈龙桂专注于区域发展的评价方法，对区域内土地集约利用、区域政策、区域（流域）间生态补偿、绿色发展、区域勘探开发、资源型地区界定等分别构建了评价指标体系。[1] 李晓红则从经济学的角度研究了区域发展能力，构建了区域发展能力的"双激励 - 四维度"理论框架，并认为提升区域发展能力的核心逻辑是优先以制度激励要素聚集。[2]

（3）跨区域治理。随着治理理论在我国的不断发展与应用，跨区域治理成为当代地方治理实践中被广泛采用的一种治理形式，学者们也围绕着跨区域治理进行了大量的研究。在这方面较有代表性的是中山大学以陈瑞莲教授为核心的研究团队的成果。他们先后出版了多部专著和百余篇研究论文。陈瑞莲教授在《从区域公共管理到区域治理研究：历史的转型》一文中指出，在我国的政治、经济和社会生态发生了新的积极的变化情况

---

① 陈龙桂：《区域发展评论方法研究》，中国市场出版社 2011 年。
② 李晓红：《区域发展能力概论》，中国社会科学出版社 2019 年。

下，中国的区域公共管理研究也应主动调适，逐渐实现向区域治理研究的历史转型，提出了区域治理的概念和中国区域治理研究的未来路向。① 同时该团队还结合珠江三角洲跨区域合作的实践，做了大量的实证性研究，对跨区域合作治理理论的发展与应用做出了巨大贡献。张成福等人在《跨域治理：模式、机制与困境》一文中对什么是跨域治理，跨域治理的性质和特征，跨域治理的原因，跨域治理的模式选择、机制设计以及面临的制度困境等问题进行了详细阐述。② 李文星、蒋瑛在《简论我国地方政府间的跨区域合作治理》中分析了地方政府间跨区合作治理的内涵、地方政府间跨区域合作治理对我国区域发展的重要价值、我国地方政府间跨区域合作治理的主要障碍，提出了我国地方政府间跨区域合作治理的对策。③ 同时学者们围绕跨区域治理进行了大量的实证研究，如西宝、Martin de Jong 的《基础设施网络整合与跨区域治理——"哈大齐"工业走廊与松花江水污染案例分析》；王宏波、张小溪的《关中 - 天水经济区地方政府间跨区域合作治理问题探析》等。有学者也针对特定的跨区域公共问题开展了丰富的研究，比如全永波、叶芳的《海洋环境跨区域治理研究》采用比较研究、案例研究等方法，充分分析和验证海洋环境跨区域治理的基本逻辑和分析框架，提出基于整体性治理框架下的海洋环境跨区域治理机制，并在规则完善、制度建设、平台构建、主体参与等方面形成相应的保障机制。④ 孟华的《跨区域公共事务的协作治理绩效研究》将旅游、大气污染防治和

---

① 陈瑞莲、杨爱平：《从区域公共管理到区域治理研究：历史的转型》，《南开学报（哲学社会科学版）》，2012 年第 2 期。

② 张成福、李昊城、边晓慧：《跨域治理：模式、机制与困境》，《中国行政管理》，2012 年第 3 期。

③ 李文星、蒋瑛：《简论我国地方政府间的跨区域合作治理》，《西南民族大学学报（人文社科版）》，2005 年第 1 期。

④ 全永波、叶芳：《海洋环境跨区域治理研究》，中国社会科学出版社 2019 年版。

流域治理三大典型跨区域公共事务的政府协作作为研究对象，提出了跨区域公共事务协作治理绩效的通用评估框架。[①]

与此同时，随着京津冀协同发展、粤港澳大湾区、长三角区域一体化等国家区域发展战略的实施，学术界也开展了大量的实证研究。比如柳天恩、田学斌的《京津冀协同发展：进展、成效与展望》指出：要把北京"减量发展"和"辐射带动"结合起来，加快缩小河北与京津的发展差距；以两个"一体两翼"建设为契机，培育京津冀世界级城市群；以"京津雄创新三角"为引领，打造京津冀协同创新共同体；以交通和生态领域为突破口，开创京津冀协同发展新格局。[②] 毛艳华的《粤港澳大湾区协调发展的体制机制创新研究》认为，粤港澳大湾区作为异质性制度下的区域协调发展，可借鉴欧盟基于要素便利流动、市场体制接轨、多层治理合作的区域协调发展机制，实现要素跨境顺畅流通、区内营商规则对接、区域合作机制创新。[③] 马仁锋的《长江三角洲区域一体化政策供给及反思》则分析了长三角一体化政策供给特征和特定政策工具含义，并对政策供给进行深刻反思，指出应建立中央政府指引性的制度体系以促进和激励一体化示范区自下而上的探索，从一体化的文化认同、生态环境跨域治理、创新要素流动方面构建新时代长三角一体化保障机制。[④]

2. 关于跨区域治理合作机制与制度研究。

金太军与沈承诚的《区域公共管理制度创新困境的内在机理探究——基于新制度经济学视角的考量》，以新制度经济学的路径依赖理论和博弈

---

① 孟华：《跨区域公共事务的协作治理绩效研究》，中国社会科学出版社 2021 年版。

② 柳天恩、田学斌：《京津冀协同发展：进展、成效与展望》，《中国流通经济》，2019 年第 11 期。

③ 毛艳华：《粤港澳大湾区协调发展的体制机制创新研究》，《南方经济》，2018 年第 12 期。

④ 马仁锋：《长江三角洲区域一体化政策供给及反思》，《学术论坛》，2019 年第 5 期。

论为框架，对区域公共管理制度创新过程中出现的静态路径依赖现象和动态不合作博弈现象进行了分析，提出了区域公共管理制度创新的对策。①方雷在《地方政府间跨区域合作治理的行政制度供给》一文中界定了地方政府间跨区域合作治理行政制度的属性，对跨区域合作治理中现行地方政府行政制度运行的困境和变迁动力进行分析的基础上提出了要从行政制度设计、行政运行机制、行政制度环境、行政制度主体建设等四个方面进行创新。②汪伟全在《论我国地方政府间合作存在问题及解决途径》一文中，认为地方政府间的合作是我国地方政府适应区域经济一体化的重要举措，但是当前的地方政府间合作却存在一系列问题和制度困境，因此作者提出要从政治、管理和法制层面构建地方政府合作机制。③龙朝双、王小增从动力机理的视角出发，把影响我国地方政府间合作的因素或力量分为引力、压力、推力和阻力四个方面，并着重分析了这些力的来源和作用方式；并依此为据构建了我国地方政府间合作的动力机制 APT-R 模型，对提高我国地方政府合作水平具有重要意义。④潘小娟的《地方政府合作研究》采用案例研究方法，通过对永嘉县与乐清市的楠溪江供水合作等案例研究，构建了地方政府合作生成的分析框架，认为地方政府间合作重在满足共同需求、明确合作规则、完善合作机制、发挥行动者的作用和培育合作资本。⑤

（1）关于地方政府合作机制的角度。高新才指出，地方政府合作的风险主要来自于信息不对称与利益不对称，区域经济合作既要有合作的动

---

① 金太军、沈承诚：《区域公共管理制度创新困境的内在机理探究——基于新制度经济学视角的考量》，《中国行政管理》，2007 年第 3 期。

② 方雷：《地方政府间跨区域合作治理的行政制度供给》，《理论探讨》，2014 年第 1 期。

③ 汪伟全：《论我国地方政府间合作存在问题及解决途径》，《公共管理学报》，2005 年第 3 期。

④ 龙朝双、王小增：《我国地方政府间合作动力机制研究》，《中国行政管理》，2007 年第 6 期。

⑤ 潘小娟等：《地方政府合作研究》，人民出版社 2016 年版。

力，又要有对非合作行为的约束，以上四个方面构成了经济合作机制要解决的四个方面的问题。区域经济合作机制的设计应按照四个相关联的思路展开，应建立区域经济合作的信息交互机制、利益补偿机制、利益分享机制、评价激励机制、行为约束机制。① 陈剩勇、马斌认为区域政府合作是现有体制下实现区域经济一体化的理性选择，而构建区域政府合作机制必须有良好的制度环境、合理的组织安排和完善的区域合作规划。② 叶必丰从行政协议的视角研究了区域政府间合作机制，对行政协议的法治基础、缔结、主要条款和履行进行了探讨，并借此分析了中央与地方、地方与地方、政府与公众、政府与市场之间的关系，认为这类协议既不是共同行政行为也不是行政合同，而类似于美国的州际协定和《西班牙公共行政机关及共同的行政程序法》所规定的行政协议，应当将政府间行政协议发展为一种区域政府间进行平等、有效合作的法律机制。③ 杨毅、张琳的《成渝经济区地方政府跨域治理合作机制的理论与实践》对成渝经济区地方政府间跨域合作典型事例进行了历时性研究，提出了地方政府间跨区域合作机制优化的路径：在理念重塑方面，树立跨域治理合作的治理思维；在外围共建方面，实现跨域治理合作的规制优化；在内部保障方面，提升跨域治理合作的组织建设；在协同执行方面，优化跨域治理合作的运作流程。④

（2）关于地方政府间联席会议制度。当前关于地方政府间联席会议制度的研究大多散落在关于跨区域合作治理的整体研究中，联席会议制度

---

① 高新才：《论区域经济合作与区域政策创新》，《学习论坛》，2004 年第 7 期。

② 陈剩勇、马斌：《区域间政府合作：区域间经济一体化的路径选择》，《政治学研究》，2004年第 1 期。

③ 叶必丰等：《行政协议：区域政府间合作机制研究》，法律出版社 2010 年版。

④ 杨毅、张琳：《成渝经济区地方政府跨域治理合作机制的理论与实践》，知识产权出版社2019年版。

只是作为很少的部分给予了简单的描述性介绍，针对地方政府间联席会议制度进行专门研究的还非常少。专门针对地方政府间联席会议制度的既有研究包括刘东辉的《行政联席会议制度刍议》，彭庆军的《建立武陵山区跨省际教育联席会议制度的思考》和黄艳玲、田开友的《区域法治背景下的跨省联席会议制度——兼谈对武陵山片区的启示》。刘东辉在《行政联席会议制度刍议》一文中对行政联席会议制度进行了界定，分析了其特征，通过厘定行政联席会议的性质及与行政协助等理论的关系，规范了行政联席会议制度的工作机制，进而明确了其作用和意义。① 彭庆军的《建立武陵山区跨省际教育联席会议制度的思考》一文对联席会议和跨省联席会议的内涵、类型和特征进行了界定，以此为基础分析了建立武陵山区跨省教育联席会议制度的必要性，并对跨省教育联席会议制度从层级、主题、工作机构和议事规则四个方面进行了可行性设计。② 黄艳玲、田开友以区域法治为背景分析了构建跨省联席会议制度的必要性和区域跨省联席会议制度运行的现状，在此基础上提出了跨省联席会议制度建设的法治化路径。③ 锁利铭分析了府际联席会议召开的三个阶段、联席会议的特征和在走向上具有的自组织形态，认为府际联席会议是城市群建设的有效协调机制，④ 并进一步从制度性集体行动机制的角度探究了京津冀协同发展中的联席会议制度运行现状、发展趋势和机制特征，为优化联席会议机制的运行提出了路径建议。⑤

---

① 刘东辉：《行政联席会议制度刍论》，《人民论坛》，2012 年第 35 期。
② 彭庆军：《建立武陵山区跨省际教育联席会议制度的思考》，《民族论坛》，2013 年第 2 期。
③ 黄艳玲、田开友：《区域法治背景下的跨省联席会议制度——兼谈对武陵山片区的启示》，《天水行政学院学报》，2014 年第 4 期。
④ 锁利铭：《府际联席会：城市群建设的有效协调机制》，《学习时报》，2017 年 9 月 18 日。
⑤ 锁利铭、廖臻：《京津冀协同发展中的府际联席会机制研究》，《行政论坛》，2019 年第 3 期。

（3）关于地方政府间利益协调的研究。目前专门针对地方利益冲突的系统研究并不是很多，其中，汪伟全对此进行了较为系统的概括。他在《推进区域一体化必须协调地方利益冲突》一文中指出，地方利益冲突主要包括地方官员的晋升竞赛、产业结构的淘汰与升级、技术创新的溢出效益、人力资本的流失与获取、生态跨界污染、地区发展不均衡等几个方面，同时概括地方利益冲突的特征。这些特征包括：一是地方利益的二重属性，即一致性和差异性；二是地方利益与制度环境的作用与反作用；三是地方利益是理性与非理性的矛盾统一体。在对利益冲突内容和特征分析的基础上，该文提出了完善利益形成机制，创新利益分享和补偿机制，完善利益协调的约束机制，实行多中心、网络化的新型区域公共事务治理模式等政策建议。①

很多学者在研究区域公共问题时都意识到利益协调对跨区域治理的重要影响，对构建利益协调机制的必要性有了充分的认识。张可云在《统筹中国区域发展问题研究》中指出，要建立合理的地区间利益矛盾与冲突解决机制。陈瑞莲在《试论区域经济发展中政府关系的协调》中指出，促进地方政府间合作应该成为协调地方政府间利益矛盾、走出"公用地灾难"和"囚徒博弈困境"的必然选择。② 王朝华在《对于进一步完善环渤海区域合作机制的设想》中指出，"区域经济合作的结果并不必然使得合作的各方利益同时达到最大化"，并通过对环渤海经济圈的实际研究指出，要通过制度创新保证利益协调机制的建立。③ 马艳和张峰在《利益补偿与我国社会利益关系的协调发展》中将利益失衡的原因分为政府导致利益失衡

---

① 汪伟全：《推进区域一体化必须协调地方利益冲突》，《探索与争鸣》，2009 年第 11 期。
② 陈瑞莲、张紧跟：《试论区域经济发展中政府关系的协调》，《中国行政管理》，2002 年第 12 期。
③ 王朝华：《对于进一步完善环渤海区域合作机制的设想》，《特区经济》，2008 年第 11 期。

和市场失灵导致利益失衡。政府原因主要归结于工业化及经济体制改革。市场失灵原因主要包括外部性、垄断、信息不对称、公共物品特性等。[①]同时，汪伟全在《长三角经济圈地方利益冲突协调机制研究：基于政府关系的分析》中，也指出了地方政府的"经济人"属性，并认为执行机制的缺乏也是地方利益协调困境的重要原因。此外，叶大凤在《区域经济合作中的公共政策缺失与对策》中提出缺乏立法意义上的区域经济合作政策也是导致利益失衡的原因。

近年来，针对跨区域治理中利益协调问题的实证研究逐渐增多。一方面是针对不同层级的跨区域合作建制的利益协调问题研究，比如京津冀、长三角、泛珠三角、成渝经济区、长株潭城市群、武陵山片区等，代表性的研究成果包括冉艳辉、郑洲蓉的《中国区域合作中地方利益协调机制研究——兼析武陵山片区龙凤经济示范区的利益协调》[②]、马海龙的《京津冀区域协调发展的制约因素及利益协调机制构建》[③] 等。另一方面，是针对特定跨区域公共事务治理过程中的利益协调机制开展的研究，比如大气污染治理、流域协同治理、产业转移、主体功能区建设等，代表性的研究成果包括王红梅、邢华、魏仁科的《大气污染区域治理中的地方利益关系及其协调：以京津冀为例》[④]、汪伟全的《空气污染跨域治理中的利益协调研究》[⑤] 等。

---

① 马艳、张峰：《利益补偿与我国社会利益关系的协调发展》，《社会科学研究》，2008 年第 4 期。

② 冉艳辉、郑洲蓉：《中国区域合作中地方利益协调机制研究——兼析武陵山片区龙凤经济示范区的利益协调》，中国社会科学出版社 2020 年版。

③ 马海龙：《京津冀区域协调发展的制约因素及利益协调机制构建》，《中共天津市委党校学报》，2013 年第 3 期。

④ 王红梅、邢华、魏仁科：《大气污染区域治理中的地方利益关系及其协调：以京津冀为例》，《华东师范大学学报（哲学社会科学版）》，2016 年第 5 期。

⑤ 汪伟全：《空气污染跨域治理中的利益协调研究》，《南京社会科学》，2016 年第 4 期。

在跨区域治理地方政府合作机制的整体设计方面，李文星、蒋瑛指出，战略联盟是地方政府跨行政区合作治理的基本策略。[①] 汪伟全指出，需要从政治层面、管理层面、法制层面几方面构建地方政府间合作机制：在政治层面建立具有全局利益观、开放、合作的地方政府；在管理层面建立协商谈判、财政补贴与平衡、协调联动制度；在法制层面建立冲突协调机制，从而使地方政府间合作更为高效有序[②]。刘亚平等建立了三阶式区域政府合作的策略模型，该模式强调通过沟通协调机制、信息共享机制和利益补偿机制实现区域政府自主合作的横向问责，并且突出中央政府的协调、支持作用，把合理的激励机制和更为充实的地方自治资源当作保障区域政府合作的长效机制。[③] 杨龙概括了我国地方政府间良性互动合作的动力及过程，并概括提出我国地方政府合作机制的三种模式，即互利模式、大行政单位主导模式和中央诱导模式。[④] 基于以上梳理可以得出地方政府间合作机制的完善主要包括协调机构、多元主体、利益协商和补偿机制、制度建设创新等内容，是一个系统体系的构建和完善过程。

3.关于相关研究的路径和动向。

（1）关于研究路径。刘祖云在《政府间关系：合作博弈与府际治理》中分析了国内学者对政府间关系的研究。他认为可以分为两条研究路径。一条路径是"综合研究"或"单向研究"。最有代表性的成果是林尚立教授1998年出版的《国内政府间关系》与谢庆奎教授2001年的专题论文《中

---

① 李文星、蒋瑛：《简论我国地方枕骨间的跨区域合作论理》，《西南民族大学学报（人文社科版）》，2005年第1期。

② 汪伟全：《论我国地方政府间合作存在的问题及解决途径》，《公共管理学报》，2005年第3期。

③ 刘亚平、刘琳琳：《中国区域政府合作的困境与展望》，《学术研究》，2010年第12期。

④ 杨龙：《地方政府合作的动力、过程与机制》，《中国行政管理》，2008年第7期。

国政府的府际关系研究》。对政府间关系进行单向研究，又分为"政府间纵向关系研究"与"政府间横向关系研究"两种思路。其代表性成果，一是张紧跟的《当代中国地方政府间横向关系协调研究》，另一个是张志红的《当代中国政府间纵向关系研究》。另一条路径是"三维理论视角"，是指政治学、财政学与法学的三个理论切入点。国内对政府间关系的研究比较集中的理论视角乃是政治学——当然这里是指广义政治学的概念。从众多的研究成果来看，研究的内容显得很庞杂，但是这一研究视角却显露出一些新的动向。法学的视角虽然研究成果不多，但是其独特的研究角度却闪烁着光芒。①何渊认为："宪法中地方政府间关系条款的缺失以及宪法学忽视地方政府间关系的研究现状使得依法行政原则难以维系。"②刘海波则提出了"中央与地方政府间关系的司法调节"的命题，认为"司法可能在调整中央与地方关系上起到建设性的作用"。③

（2）关于研究动向。①将博弈论作为分析工具应用于政府间关系的研究中，既有对纵向"利益博弈"的研究，也有对地方政府横向博弈的分析。②区域内政府间关系研究正呈兴盛之势。中山大学陈瑞莲教授的"区域公共管理"理念的提出，以及对珠三角区域内政府间关系系列研究成果的推出，开启了区域内政府关系研究之门。近些年，关于京津冀、长三角、粤港澳大湾区等国家区域发展战略下区域内政府间关系的研究也出现繁荣之势。③龙朝双、王小增在《准公共经济组织角色下我国地方政府横向合

---

① 刘祖云：《政府间关系：合作博弈与府际治理》，《公共行政》，2007 年第 5 期。
② 何渊：《地方政府间关系——被遗忘的国家结构形式维度》，《宁波广播电视大学学报》，2006 年第 2 期。
③ 刘祖云：《政府间关系：合作博弈与府际治理》，《公共行政》，2007 年第 5 期。

作的探析》中，把我国地方政府的角色定位于"准公共经济组织"①。④
实证研究。《经济发展与地方政府——对珠江三角洲地区的一项研究》一
书考察了珠江三角洲区域十几个城市，研究了体制转型期珠江三角地方政
府主导与经济发展之间的密切联系。②另外，关于泛珠江三角洲、长江三
角洲等地区的研究的文献已经比较丰富了，例如《长江三角洲地区空间经
济的制度性矛盾与整合研究》《珠江三角洲公共管理模式研究》《长三角
一体化与区域政府合作机制的构建》《区域政府合作——建设"粤赣湘红
三角经济圈"的理性选择》《论长三角一体化进程中区域政府合作机制的
构建》《地方政府在环渤海区域合作中建立经济协调互动机制的政策选择》
《川渝政府合作机制研究》等。

（3）关于海外经验借鉴方面。我国台湾学者赵永茂在借鉴英、美、
日等国地方政府在应对多元社会参与、区域化、地方政府职能变迁过程中，
地方政府间积极开展跨区域合作的经验的基础上，提出新管理体制理论、
限定目的政府理论、区域政府理论、中间机关理论等予以阐释。③但这些
研究都是很不全面的。

虽然国内对于区域公共管理的研究已经深入到一定的程度，取得了一
系列重要成果，但是涉及地方政府间合作制度的成果还是很少。《论我国
区域经济发展中地方政府间的制度竞合》《区域间政府合作——区域经济
一体化的路径选择》《论辖区政府间的制度竞争》等文章在分析地方政府

---

① 龙朝双、王小增：《准公共经济组织角色下我国地方政府横向合作的探析》，《湖北社会科学》，
2005 年第 10 期。

② 陈瑞莲：《论区域公共管理研究的缘起与发展》，《政治学研究》，2003 年第 4 期。

③ 赵永茂：《法国区政府体制对精省后政府组织变革启发-区域政府对中间机关等理论的分析》，
《理论与政策》，2000 年第 1 期。

间的跨区域合作制度时,大多是从博弈论出发研究地方政府间的经济关系,并且只是分析跨区域合作制度的一部分,比如《论区域公共管理的制度创新》《区划行政模式下地方政府管理的制度缺失及其创新》《区域公共管理趋势的制度供求分析》等,要么研究地方政府区域合作的制度创新,要么研究制度供给。

综上所述,从国内外众多的研究成果来看,对于区域公共管理的研究已经深入到一定的程度,但研究的内容显得很庞杂,仅仅把制度的研究作为治理的一个手段,并没有进行深入的分析,而对于地方政府间跨区域合作治理中行政制度供给的研究很不充分。

三、研究进路

(一)理论工具

1. 外部性理论与跨区域治理。

外部效应又称溢出效应或外部性,"指的是企业或个人向市场之外的其他人所强加的成本或效益"。[①] 通常来说,是一个经济主体对除他之外的经济主体发生的或损坏或收益的溢出效应。外部性可以分为外部经济与外部不经济两种。它源于经济社会中的个体存在自利性和利他性,但是在多数情况下,自利性相对于利他性会在经济活动选择中占据优势,因此基于自利性做出的决定就会导致个人边际成本小于社会边际成本,由此就会对社会或其他第三方造成不必要的成本或收益。以布坎南为代表的公共选择学派认为,经济学关于经济人的基本假定同样适用于政治市场,并进一

---

① 萨缪尔森、诺德豪斯:《经济学》,萧琛译,商务印书馆 2013 年版,第 42 页。

步指出，政府及其官员本身就是一种理性经济人，由于在经济市场与政治市场中行为主体不存在人性"善恶二元"，所以他们会自觉或不自觉地像在经济领域一样为本部门或个人谋取私利。这导致了"政治活动中的所有选择必定具有外部性"。

在跨区域地方治理中，外部性带来的影响表现得尤为明显。从中央与地方政府的关系来看，新中国成立以来，在中央与地方关系模式中中央集权一直是主调，在央地财政关系中地方财政捉襟见肘。在中央给地方GDP 指标压力下，地方必然会不顾全局地发展本地利益。从地方政府间关系来看，随着我国市场经济的发展，权力下放与区域专业化生产导致地方政府之间传统的"闭合行政区"在现代政治经济管理中失效，再者无论本区域做何种的政治经济决定也必然会影响到相邻地区的政治、社会、经济利益。同时"政治过程固有的近视"势必导致地方政府行为的短视，即重视短期利益忽视长远利益，重视当前收益忽视未来成本，重视任内短期发展忽视任外持续发展，重视经济发展忽视环境保护，重视当地利益而忽视整体利益等。①

具体来说，在跨区域地方治理中，外部性具体体现在产业结构构建、基础设施建设、生态环境建设、社会保障体系等领域。这些内容都涉及跨区域的公共工程或者公共服务，其涉及的范围都超过单一的行政区域，在项目建设或者公共服务提供过程中都有很明显的外部性特征，负外部性将影响资源利用率。因此，有必要通过利益协调机制构建，将外部性内部化。

2. 交易费用理论与跨区域治理。

本研究采用杨小凯的定义，将非生产性成本统称为交易费用，区域合

---

① 赵立涛、林茂申：《外部性视角下的地方政府职能转变探析》，《成都行政学院学报》，2010年第6期。

作的成本实际上就等于合作的交易费用。区域合作的成本分为外生成本和内生成本两部分。外生成本主要是指合作过程中直接和间接产生的费用，如跨区域合作中因为跨区域问题而产生的资金、物资、人员等因流动而产生的费用等。减少外部交易费用可以通过改善跨区域合作的硬件支持系统。内生成本主要是参与合作的主体争夺合作收益的机会主义行为而造成的福利损失。本书主要研究内生成本，内生成本是利益协调困境的成因之一，同时良好的利益协调机制能够减少区域合作的内生成本。区域合作中不同利益主体都是一个决策者，按照杨小凯的定义，可以把区域主体的行为分为非对策自利行为和对策行为，其中对策行为又可以分为非机会主义对策行为和机会主义对策行为。

我国跨区域合作中的地方保护主义、区域市场封锁、信息不对称等都是区域的机会主义行为，都将导致交易费用增加。传统的行政区经济观念使得地方政府重视本区划范围内的各项经济指标，竞相开展高利润的经济项目，导致忽视整体区域规划。产业结构趋同、无序竞争等状况。同时，我国目前区域经济发展不成熟，体制不健全，信息交换渠道不畅通，这种状况为信息优势获得者提供了机会，同时将损害信息劣势一方的利益。在跨区域合作中，信息相对闭塞一方的利益就会受到损害。

跨区域合作中的交易费用主要是受参与合作主体的观念和合作制度的影响。这种机会主义的行为可以通过制度来有效地控制，科学、健全的制度能够有效减少机会主义行为。

3. "囚徒困境"理论与跨区域治理。

博弈论又称对策论，研究的核心是决策主体的行为发生直接相互作用时的决策以及这种决策的均衡问题。[①] 现代博弈论的开始以《博弈论与经

---

① 周桂荣：《区域合作中的政府管理模式选择——以滨海新区为例》，南开大学博士学位论文，2009年。

济行为》为标志，是数学家冯诺依曼和经济学家摩根斯坦恩在 1944 年发表的。之后，纳什提出了著名的非合作博弈理论，即合作的参与者在合作过程中无法达成有强制力的合作协议，参与者自主选择对自己最为有利的。个人效益最大化的行为方式。塔克尔定义的"囚徒困境"理论是非合作博弈的生动诠释。

在跨区域合作治理中，"囚徒困境"表现得尤为突出，"区域地方政府间接竞争造成的'公用地悲剧'实质上是一种'囚徒困境'"。[①] 由于资源的稀缺性和发展经济对各类资源的迫切需求，地方政府之间吸引有形和无形资源的竞争必然会带来各种矛盾与冲突。这里的冲突与矛盾，意指资源有效的情况下资源配置所带来的利益分配问题，即各个地方政府为吸引各类资源，其行政管理行为（包括公共政策）给自己与其他地方政府所带来的利益分配格局的变动。[②] 为了争夺稀缺资源，扩大经济收益，地方政府采取提供优惠政策的方法吸引区域资源，同时，发展经济效益高的项目，导致区域产业结构同化，忽视区域整体产业结构。

4．制度变迁理论与跨区域治理。

关于制度的定义，制度经济学的学者有着不同的见解：制度是对人和组织行为的规范，是人和组织为适应环境合理配置资源、实现目标最大化的必要手段；制度是组织结构的体现，有些学者甚至把制度等同于社会组织；制度是人类主体内在的文化结构模式，人类的文化习俗和传统习惯是最早的制度形式。[③] 新制度经济学把制度分为三个层次：宪法秩序、制度

---

① 张可云：《区域间地方政府竞争》，《理论参考》，2002 年第 7 期。

② 汪伟全：《地方政府竞争秩序的治理：基于消极竞争行为的研究》，上海交通大学博士学位论文，2006 年。

③ 王玉明：《论政府的制度创新智能——从新制度经济学的视角分析》，《中国行政管理》，2001 年第 5 期。

安排、规则性行为准则。制度变迁分为诱致性制度变迁与强制性制度变迁。强制性制度变迁的主体是国家，而不是个人或者团体。这类制度创新通过国家的强制力短期内快速完成，可以降低变迁的成本，具有强制性、规范性，制度化水平较高。

我国在地方政府协调机制中有浓厚的科层制传统。这种在集体主义历史哲学以及集权制度历史中的遗产不仅在制度设计内容上依赖于强制性的制度设计，从外部性解决层面上也重视制度的协调作用。我国跨区域地方治理中的利益冲突和无序竞争，根源在于地方政府在经济体制改革和市场发展过程中职能转变的迟缓，而影响职能转变的因素还在于政府组合的内部结构。我国单一制政治体制和条块结合的行政体制，对政府组织结构的演变和功能调整存在"路径依赖"的限制条件。目前跨区域地方治理中平行的地方政府和地方部门难以有效协调带有地区利益冲突和竞争性质的矛盾。跨区域合作是不同区域利益主体的交易行为。由于外部性、产权不清晰等问题，合作主体可能采取投机行为，损害他人的利益。通过制度变迁，主要是进行制度环境、组织安排、合作规则三方面的变革，建立科学、合理的利益协调机制，有效地解决利益协调问题，也能够规避区域不同利益主体竞争带来的负外部性。

（二）理论进路

跨区域合作因制度阻碍而面临一定的障碍，需要着力探究行政制度的创新路径以对其加以克服。本研究的制度主要是人为设计的正式制度。由于地方政府间均不存在指导与被指导的关系，也没有领导与被领导的关系，地方政府跨区域治理的行政制度是指若干个地方政府基于共同面临的公共事务问题和经济发展难题，依据一定的协议和章程而创设的行政管理体制，以实现资源在地区之间的优化配置，实现最大的经济效益和社会效益。跨区域行政制度治理的客体指的是跨地区性的公共事务，主要是指那些需要两个以上的地方政府联合供给、其消费的外部性一般会溢出一定地域的公共物品。

在跨区域合作治理公共事务中，地方政府首先代表的是本地区的利益，而不是整个区域的公共利益。因此，仅凭单个地方政府解决跨区域公共事务往往缺乏足够的动力。将跨区域公共事务的治理希望寄托于中央政府和上级政府，势必会造成各个地区的利益失衡。因此，诉诸新型的行政制度来解决跨区域合作问题是必然选择。具有妥协性、包容性和整合性的跨区域行政制度具有降低交易费用和政府运行成本、将负外部性内部化、抑制机会主义、有效调节资源和利益、化解矛盾增强激励等功能。

跨区域合作治理既是一种空间资源上的整合，也是一种组织结构上的协同，又是一种制度功能上的合作。在跨区域合作治理的过程中，相邻地方多元主体基于共同利益通过正式的或非正式的制度安排整合资源，分工协作，以集体行动的方式，在互惠的前提下共同追求经济社会发展。这内在地要求跨区域治理涉及的空间资源、组织结构和相应的制度功能要以合作治理为目标，作出创新性调整。跨区域合作治理的客体指的是跨地区性的公共事务，主要是指那些需要两个以上的地方政府联合供给、其消费的外部性一般会溢出一定地域的公共服务和公共物品。

因此，本书主要从以下六个层次着重分析地方政府间跨区域治理行政制度的创新路径。

一是行政机构设置层面，主要包括建立区域性地方政府联盟、地方性公共事务管理局、综合性政绩考核制度、多元性评估体系等。

二是联席会议制度层面，主要从基本概念、存在的问题及其原因以及创新路径角度分析不具有行政隶属关系的地方政府或职能部门，通过行政首长或部门领导的定期或不定期会晤，商讨区域合作中面临的重大问题，并在平等协商的基础上达成相关的合作协议，以解决跨区域合作治理过程中遇到的问题。

三是利益协调机制层面，主要分析跨区域治理中地方政府间利益协调机制的概念、形式、类型、影响因素以及利益形成机制、利益补偿机制、利益分享机制和利益约束机制方面的建构路径。

四是行政运行机制层面，主要包括建立信息交互机制、危机应对机制、评价考核机制、吸纳退出机制、行为约束机制等。

五是行政制度环境层面，主要包括选择多样化区域治理模式，建立区域合作公约，签订府际服务契约，设立区域共同发展基金，构建地方公共组织网络关系等。

六是行政制度主体层面，主要包括树立可持续发展的区域合作观和区域共赢理念，制定统一的区域战略合作规划，实施"和而不同"的区域整合政策，加强地方政府人力资源建设等。

本书不局限于纯粹而抽象的理论研究，而是紧紧围绕种种现实问题和遇到的困难，有针对性地实现理论和实践相结合，注重研究成果的创新性和可操作性，希望通过本研究为区域合作治理提供创新的制度设计和切实有效的对策，为地方经济社会全面发展提供理论服务。

（三）研究方法

本书的分析路径主要是新制度经济学和公共管理理论相结合、理论研究与实证分析相结合、基础研究与应用研究相结合，注重运用新制度经济学的制度理论、交易费用理论和制度变迁理论分析地方政府间跨区域治理公共事务的行政制度供给问题。

地方政府间跨区域合作治理是兼具理论性与实践性的研究问题，因而在保证分析逻辑性与科学性的同时，也注意课题的应用价值。规范研究主要是通过文献整理，对研究背景、意义、现状及思路进行阐述，从概念、特征、类型和比较优势等方面对地方政府间行政制度进行阐述。实证分析主要表现在对长三角、泛珠三角和京津冀地区的地方政府间联席会议制度运行现状进行分析，从而为分析当前地方政府间行政制度在跨区域合作治理中存在的问题及原因提供依据。

1. 文献研究法。

文献分析法主要指搜集、鉴别、整理文献，并通过对所整理文献的系统分析，形成对事实科学认识的方法。文献分析是根据一定的研究目的或课题，通过调查文献来获得资料，从而全面地、正确地了解掌握所要研究问题的一种方法。本研究采用文献研究法对本选题进行分析论证。首先搜集跨区域合作治理行政制度的相关文献，其次通过对文献的梳理了解其发展现状及其存在的问题，最后通过文献梳理及其分析，理出本选题的研究思路及分析框架。其间每一步骤的进行都需要深厚的文献支撑。

2．新制度主义分析法。

新制度主义分析法是通过制度（管制面制度、规范性制度和认知面制度）与制度条件及环境分析来获得制度运行规律的研究方法。它以整体性、关联性、辩证性及历史性的视角，将纵向上注重分析制度变迁与横向上着重社会、历史、政治、文化等因素互动相结合。本研究运用新制度主义分析方法对地方政府间合作治理的行政制度运行现状、存在问题及其原因进行了具体分析，并依此提出了创新路径。

3. 案例分析法。

通过对文献的搜集发现，长三角、珠三角、环渤海及京津冀等地区之区域合作发展较为成熟，具有较强的借鉴意义。通过对其逐一研究，可获得区域合作发展的具有借鉴价值的先进经验。

（四）研究的重点和难点

第一，如何化解当前单一行政区划框架下闭合式内生行政与跨区域合作治理多中心制度安排的矛盾？

第二，如何化解地方政府间跨区域合作治理行政制度供给的集体行动困境？

第三，如何约束地方政府间跨区域合作治理中行政制度供给的集体非理性，如何分担制度设计的组织费用和时间成本？

第四，如何突破现行制度和非正式制度对正式制度的限制，尽快消除其对制度耦合的影响？

第五，如何在构建制度化的议事和决策机制、功能性的组织机构过程中合理配置地方政府间跨区域合作治理的行政权和财政权？

挑战传统的行政区思维和内向型行政管理体制，构建多中心的新型地方行政制度，是本研究最大的创新。

第一章　跨区域治理及制度供给理论

随着跨区域公共问题和公共事务的大量兴起，地方政府间的开放和合作趋势不断深入，府际间的合作治理需要突破行政区划界限，克服区域发展导致的负外部性效应，以合作治理的形式提供优质的区域公共产品和公共服务。因此，急需构建新型的跨区域合作治理的行政制度以克服集体行动的困境，提高地方政府参与跨区域治理的积极性，增强跨区域合作的动力，以实现地方政府间跨区域的合作治理。

一、地方政府跨区域治理的属性

地方政府合作治理跨区域公共事务是指若干地方政府基于共同面临的公共事务问题，依据一定的协议章程或合同，将公共资源在地区之间重新分配组合，获得最大的经济效益和社会效益的活动。这一概念包括了以下几个方面的内容：一是合作治理的基础是地方政府间达成的协议；二是合作治理的目标是实现区域间的经济效益和社会效益的最大化；三是合作治理的客体是区域间的公共事务。[①]

---

① 马治海：《中国地方政府合作治理跨区域公共事务研究》，西北大学硕士学位论文，2007 年。

（一）地方政府间跨区域公共事务的特征

地方政府间跨区域公共事务治理的核心是跨区域公共物品，而跨区域公共物品属于公共物品的一种特殊类型，所以也具备公共物品非排他性和非竞争性的特征。跨区域公共物品除了具有一般公共物品所具有的共性，还具有"高度渗透性""不可分性"的特征，同时还具有供给与需求主体的复杂性和多样性等特征。

跨区域公共物品的供给主体更为多元，不仅涵盖政府、企业、社会组织等多元主体，更跨越多个区域以及多个层级的政府或职能部门。这也决定了其供给过程充满竞争和利益博弈。跨区域公共物品的需求主体作为"理性经济人"，都希望最小化成本、最大化收益，因此难免会产生"搭便车"的机会主义行为。这些特征决定了现实中地方政府必须在跨区域公共物品供给中寻求合作。

（二）跨区域公共事务治理中地方政府的角色定位

地方政府具有提供公共物品的责任，但是在跨区域合作治理公共事务中，地方政府首先代表的是本地区的利益，而不是整个区域的利益。依靠单个地方政府往往无法解决跨区域公共事务。依靠中央政府解决跨区域公共事务，又容易造成各个地区福利的损失不同。美国著名新制度主义学者埃莉诺·奥斯特罗姆指出："我不同意如下看法，即中央政府管理或私人产权是避免公用地灾难的唯一途径。"她通过实证研究认为："在一定的自然条件下，面临公用地两难处境的人们，可以确定他们自己的体制安排，来改变他们所处的情况的结构。"[1]

---

[1] V.奥斯特罗姆等：《制度分析与发展的反思——问题与抉择》，商务印书馆1996年版，第89页。

地方政府的公共性和自利性表明，在区域性公用资源治理过程中，地方政府不仅是地方公共事务的管理者，对所管辖的行政区域内公共事务起着决定性的影响，同时还是具有特殊利益的行为主体，与其他地方政府以及区域社会共同构成区域性公用资源治理的力量。[①] 所以，跨区域治理公共事务只能依靠地方政府自身，而制度又相对是有效率的，诉诸制度来解决跨区域合作问题是必然选择。同时，由于资源禀赋的差异和越来越多的跨区域公共问题的突显，各地区之间通过互利合作来实现利益最大化的需求也越来越迫切。只要能进行良好的信息沟通，建立双边或多边协商机制，降低交易费用，在一个相对规模较小的组织中，实现集体行动应该是可能的。[②] 所以在地方政府跨区域合作中，只要参与合作的成员数量适中，成功实现合作是有可能的。

从现实情况来看，随着我国区域经济一体化的不断发展，地方政府逐渐意识到，如果继续陷于相互间的恶性竞争，遵循以邻为壑、行政区经济的传统思路，"很难彻底扭转参与区域和全球产业分工水平低、产品附加价值小、品牌形象弱、产业链短、营销网络窄的局面，只会因路径依赖效应而在粗放型发展道路上越陷越深"[③]。同时，大量跨界公共事务和公共问题的出现也呼唤着地方政府合作。出于现实的需要，地方政府间横向合作不断增加，协作机制不断完善，各地在经济、社会、环境和文化等领域，围绕着贸易一体化、基础设施建设、环境保护、产业结构调整、社会保障、

---

① 郭凤旗：《区域性公用资源治理模式研究——以泥炭河流域水资源治理为个案》，苏州大学硕士学位论文，2006 年。

② 曼库尔·奥尔森：《集体行动的逻辑》，陈郁等译，上海三联书店出版社 1996 年版，第 71 页。

③ 顾乃华、朱卫平：《府际关系、关系产权与经济效率——一个解释我国全要素生产率演进的新视角》，《中国工业经济》，2011 年第 2 期。

地方应急管理、信息服务、科学技术等方面展开了广泛的合作。[①]

（三）地方政府跨区域合作治理中制度的功能

诺斯认为，制度构造了人类互动的结构，它能帮助个体形成与他人进行交易的合理预期，是降低不确定性的主要手段。[②] 在不完全知识和有限理性的世界里，市场过程必须由制度加以组织，制度提供了普遍和稳定的行为规则，能够降低搜寻、谈判和监督等交易成本，创造合作条件并提供激励机制。制度是帮助市场主体以节约方式获取信息的有用工具，为人们彼此联系和相互合作提供框架。制度为企业家制定和实施战略计划提供了参照，同时也为经济主体提供了与市场条件有关的信息。[③] 个人追求利益最大化，却由于认知能力有限又总是处在信息不完全和不对称的环境中，于是在交易中就会发生欺诈、偷懒、"搭便车"等机会主义行为，从而使人与人之间发生利益冲突和摩擦，增加交易费用和交易后果的不确定性，最终损害自己的福利，而制度就是人们为防止机会主义而缔结的契约。[④] 制度的功能有很多，其中最核心的功能有以下几点：

（1）好的制度能降低交易费用和社会运行成本，提高社会发展效率。新制度主义认为："制度使日常生活中反反复复的讨价还价最少化；制度降低了交易费用。"[⑤] 诺斯也指出，现代经济所必需的制度转型，是"人

---

① 米鹏举：《我国区域治理与地方政府横向府际关系：现实困境与调整策略》，《内蒙古大学学报（哲学社会科学版）》，2018 年第 6 期。

② 刘和旺：《论学习与制度变迁——诺思制度变迁理论的新发展》，《山东社会科学》，2005 年第 8 期。

③ 王廷惠：《制度功能、演化与有效制度标准：市场边程理论的解释》，《制度经济学研究》，2006 年第 1 期。

④ 徐明君：《马克思与诺斯制度变迁理论比较研究》，东南大学博士学位论文，2014 年。

⑤ 丹尼尔·W. 布罗姆利：《经济利益与经济制度》，陈郁、郭宇峰、汪春译，上海三联书店出版社1996 年版，第 48 页。

格化交换向非人格化交换的转变"，因为只有非人格化的制度才能"确保我们的交易成本是低廉的"。①

（2）外部性内部化。科斯定理已经说明：在交易费用为零，产权界定清晰的情况下，交易双方自愿交易就可以将外部性内部化，从而有效地解决外部性问题②；在交易费用大于零的情况下，要想使交易双方资源交易实现外部性内部化是不现实的，这时候就需要一些制度来使私人利益接近社会利益，同时一定程度上实现外部性的内部化。③地方政府在处理与相邻地方政府的关系时，如果只从本地区利益出发，做出的决策难免会对邻近区域形成负外部性，只有通过制度约束才能解决负外部性内部化问题。

（3）协调、整合与激励功能。好的制度具有很强的妥协性、包容性和整合性，因而能协调和整合各方面的意志，调适人与人、人与社会、人与自然的关系，调节资源、机会和利益，是化解冲突、增强合力、实现共同发展的重要途径和保障，因而是人类共同体的黏合剂、社会关系的调节器。④无论是好的制度还是坏的制度，一旦形成，就有一定的能动性和导向性。人们如果遵守制度就不会被社会淘汰，会得到他们应得的利益和好处；同时，制度也会惩罚不遵守它的人。这样制度就可以强化人们遵守制度的自觉性。这种制度化的激励机制与随意性较大的领导者个人激励和政策激励相比，具有无可比拟的科学性、可靠性和持续性。另外，制度能够通过优胜劣汰来调动和激发人的潜能和活力，好的制度对良性竞争和创造

---

① 道格拉斯·诺斯：《制度变迁理论纲要》，载于文池：《在北大听讲座》（第1辑），中国城市出版社2001年版，第246-247页。

② 袁庆明：《新制度经济学》，中国发展出版社2005年版，第261页。

③ 杨德才：《以制度创新促进自主创新——兼论泛长三角一体化发展中的安徽对策》，2010年第12期。

④ 田广清、李倩、刘建伟：《制度的十大功能：学理层面的诠释》，《北京行政学院学报》，2007年第5期。

具有激励作用，它给人的个性、才能和主观能动性以充分发挥的空间。[1]

（4）通过抑制人的机会主义行为或者提供有效信息降低不确定性。不确定性的形成主要是因为信息掌握不完全，因此，如果信息被一定的机构或者个人较为完全地提供，那样就会减少不确定性，在一定程度上抑制机会主义行为的发生。减少不确定性，能够帮助人们形成合理的预期，减少人们决策的困难。在地方政府跨区域合作过程中，各地方政府掌握的具体信息是不同的，如果没有一套信息共享制度的约束，不仅地方政府间合作是不可能实现的，而且会造成地方政府间的相互猜疑和不信任。

总之，制度通过提供一系列规则界定人们的选择空间，约束人们之间的相互关系，从而减少环境中的不确定性，减少交易费用，保护产权，促进生产性活动，减少冲突，增进合作。[2] 所以，目前无论是从学理上还是现实中，最好通过制度的形式来约束和激励地方政府间的跨区域合作行为。

二、跨区域治理的制度供给条件

（一）制度生产的路径

制度的生产存在两条路径，一条是自发演进，另一条是人为设计。英国学者卢瑟福指出："新旧制度主义者都承认制度有可能被精心设计和实施，也有可能在未经筹划或'自发的'过程中演化。人类是有目的的行动者，制度是个人有目的的行为的预期或为预期的结果。制度的产生并不是

---

[1] 田广清、李倩、刘建伟：《制度的十大功能：学理层面的诠释》，《北京行政学院学报》，2007年第5期。

[2] 张紧跟：《当代中国地方政府间横向关系协调研究》，中国社会科学出版社2006年版，第82页。

全都来自偶然性，大多时候是内生性的结果。"[1]"个人可能（经常通过某种集体行动）设计或修正制度，使之发挥或更好发挥某种作用。与此同时，制度也可能以未经设计的方式产生和延续，成为人们有意行为的无意结果。"[2] 在现实社会中，完全自发生成演进的制度和完全由人设计的制度并不存在，大部分制度都是两者相互作用的产物。而本文研究所指的制度主要是人为设计的正式制度。

（二）正式制度生产的集体行动困境

无论是实践中，还是学理上，地方政府在跨区域合作中，都逐渐认识到要想合作成功，必须诉诸好的制度选择。但是具体应该设计什么样的制度，则是地方政府间的集体行动，会面临集体行动的困境。对局人都喜爱会给他们带来最有利结局的一套规则。尽管大家都希望有一个新的制度，这个制度使他们能够不再单独行动，而是为达到一个均衡的结局协调他们的活动。但是涉及选择哪一个制度，参与者之间很可能会产生根本的分歧。"因此所提出的协调——或保证合作——博弈的结论本身也包含着一个集体困境。"[3]

在地方政府跨区域合作中，不仅他们治理的公共事务是公共物品，设计的相关制度实际上也是公共物品。所以在正式制度生产的集体行动过程中，难免会产生"搭便车"的行为。地方政府作为理性经济人，都希望以最低的成本获得最多的收益。在跨区域合作中，如果某一地方政府不想放弃自己的一点利益，只想其他地方政府牺牲时间和精力，制定好了合作制

---

① 段宇波、侯芮：《作为制度变迁模式的路径依赖研究》，《经济问题》，2016 年第 2 期。
② 卢瑟福：《经济学中的制度》，中国社会科学出版社 1999 年版，第 98 页。
③ 埃莉诺·奥斯特罗姆：《公共事务的治理之道》，上海三联书店出版社 2000 年版，第 69-70 页。

度后从中受益，就会出现"搭便车"现象。如果每个地方政府都有这样的想法，那么他们之间的合作是无法实现的，整个社会的经济效率也会随之下降。地方政府在跨区域治理公共事务中，要想实现合作共赢，必须克服和减少"搭便车"现象。这个问题的解决只有通过有效的制度建设。

（三）非正式制度对正式制度的限制

制度经济学认为，制度是约束人们行为及相互关系的一套行为规则。包括正式制度和非正式制度两类。正式制度是人们有意识地、自觉创设的一系列法律法规、政策和规则，如一个国家的宪法和其他各种成文法、政府的政策法令、企业规章、商业合同等。非正式制度是指一个社会在漫长的历史演进中自发形成的、不依赖于人们主观意志的社会文化传统和行为规范，包括意识形态、价值观念、道德伦理、风俗习惯等。[1]

与正式制度相比，非正式制度具有三个重要特征。一是变革的缓慢性。正式制度变革的速度有时是很快的，相比较而言，非正式制度的形成是个缓慢的过程，发生变迁也是个循序渐进的过程。二是移植的困难性。非正式制度因其内在的传统性和历史性，其移植比正式制度困难得多。[2] 三是存在的特殊性。非正式制度可以脱离正式制度而存在，但是正式制度只有被社会认可，在与非正式制度相容的情况下，才能被认可并发挥作用。

跨区域治理过程中，非正式制度对正式制度的供给是有约束作用的。诺斯指出，意识形态或伦理道德能起到降低正式制度费用（监督、维护费用）的作用；此外，由于非正式制度（其核心是意识形态）总是滞后于正

---

[1] 王跃生：《非正式约束·经济市场化·制度变迁》，《当代世界与社会主义研究》，1997年第3期。

[2] 李秀峰：《非正式制度约束与行政改革——韩国金大中政府行政改革的案例分析》，《国家行政学院学报》，2005年第5期。

式制度甚至与之不相容，因此，两者经常出现"紧张"状态，非正式制度阻碍正式制度的实施，正式制度有时会被用于否定和替代现存的那些不再适应新结构的非正式制度。[①] 在地方政府跨区域合作中，正式制度的供给会与现今的非正式制度发生冲突，可能会增加正式制度供给的成本，同时也会提高正式制度的执行成本。此外，非正式制度的演进是个缓慢的过程，它的变迁往往滞后于正式制度，所以在新制度供给的初始阶段，非正式制度对正式制度的约束大于促进。只有正式制度安排与非正式制度发生耦合时，才能发挥这两种制度的双重作用，出现暂时的制度均衡。所以地方政府合作治理公共事务的制度供给时，要协调好与非正式制度的关系，变阻力为动力。

（四）制度设计的成本

戴维·菲尼认为制度设计的成本主要取决于设计新的制度安排的人力资源和其他资源的要素价格。[②] 首先，创立新的制度需要投入大量的人力资源。在地方政府区域合作制度设计中，可以参考和借鉴的成熟的制度并不是没有。相反，国外在这一领域有很多的成功经验。但是，上文已经提到，要移植一种制度到另外一种制度环境中，不仅有成本，而且有很大的风险。所以，我国地方政府在设计区域合作制度时，选择什么样的制度，对制度设计者的要求是很高的，相比而言国内这一领域的人力资源较为匮乏。另外，在一个庞大的可供挑选的制度选择集中，理性的地方政府都会选择更有效的制度。有效的制度从生产费用和交易费用两方面考虑，比这

---

① 胡晓霞：《非正式制度与农村基层治理》，新疆农业大学硕士学位论文，2007 年
② 袁庆明：《新制度经济学》，中国发展出版社 2005 年版，第 284 页。

个制度安排集合中的其他制度安排更有效。[①] 但是现实中，各种制度的成本和收益是很难计算的，所以选择哪种制度是个难题。其次，技术的落后和知识的匮乏以及信息的不对称，无疑提高了制度设计的成本，地方政府制度设计要力求减少这些因素的负面影响。再次，在我国地方政府跨区域合作的制度设计中，组织费用的提供会面临困境。一方面，地方政府在合作时，组织的费用应该由谁提供、提供多少、这些费用如何花费，会面临很多集体选择的困境。这又变相增加了制度设计的成本。另一方面，组织中有关行动团体成员的数量的多少也会影响制度设计的成本。在地方政府跨区域合作中，制度的需求者一般情况下也是制度的供给者，组织成员越多，耗费的时间和成本越大。不容忽视的是，地方政府跨区域合作的制度供给涉及集体理性的问题。实践证明，集体决策不一定比个体更有理性，所以在地方政府跨区域合作中，制度供给者的理性程度有待提高。最后，政府权力的不稳固以及社会生活中负面因素的影响，都会明显阻挠制度设计的顺利完成，最终增加了制度设计的时间成本。

（五）制度环境的约束

所谓制度环境是用来建立生产、交换与分配基础的一系列基本的政治、社会和法律基础规则。[②] 同时制度环境也是指界定经济活动在其中发生的背景的游戏规则，其中政治的、社会的和法律的基础规则确定了生产、交换和分配的基础。[③] 威廉姆森曾经说过："我们首先考虑到制度环境对治

---

①R. 科斯、A. 阿尔钦、D 诺斯等：《财产权利与制度变迁——产权学派与新制度学派译文集》，上海三联书店出版社 1991 年版，第 384 页。

②R. 科斯、A. 阿尔钦、D 诺斯等，《财产权利与制度变迁——产权学派与新制度学派译文集》，上海三联书店出版社 1991 年版，第 270 页。

③ 张紧跟：《当代中国地方政府间横向关系协调研究》，中国社会科学出版社 2006 年版，第 207 页。

理的主要影响效应，制度环境的变化会导致市场、混合型组织和层级制组织的比较成本变化。"[1] 林毅夫曾经指出，在大多数情况下，制度的变迁仅仅是指某个特定制度安排的变迁，而不是指整个结构中所有的制度安排都发生变化[2]，制度结构中其他的制度安排暂时是不会发生变化的。所以当有新的制度需要供给的时候，这种新的制度可能是对已有的制度安排的变迁，也有可能是一种全新的制度安排的生产。但需要明确的是，无论是哪种情况，制度的供给仅仅是一小部分制度安排发生变化，整个的制度结构是不会发生动摇的。地方政府跨区域合作制度安排的供给一般情况下是新制度的生产，而原有的制度结构就构成了新制度产生的制度环境，新制度的生产必须在既有的制度环境下生产。所以构成制度环境的种种要素，例如经济制度、政治制度、意识形态等，就会限制新制度的创新。在地方政府跨区域合作的现实中，行政区划制度和地方政府官员绩效考核制度就对跨区域合作制度的供给有很大限制。

---

① williamson O. E., "Efficiency, Power, Authority and Economic Organization", *Transaction Cost Economics and Beyond*. Springer, 1996, pp.11-42.

② 虞崇胜、罗亮：《当代中国政治制度创新的路径选择——基于新制度主义政治学的考察》，《行政论坛》，2011 年第 1 期。

第二章 区域化与地方政府改革

在全球化浪潮不断推进人类社会所有要素的整合之时，以地缘关系为基础的区域化亦高歌猛进。这既表现于宏观方面国家间缔结的各种经济协定或组建的经贸联合体，也表现于微观方面国家内部各种区域合作组织的建立。就微观而言，在任何国家，区域化尤其是区域经济一体化都雨后春笋般涌现并持续深化。传统的"行政区经济"①和"行政区行政"②已完全无法适应当前经济社会发展的潮流并逐步被遗弃。中国自20世纪90年代以来，区域经济一体化开始出现并发展，具有代表性的有环渤海经济区、长江三角洲经济区、珠江三角洲经济区、京津冀、粤港澳大湾区、长江经济带等。显而易见的是，在未来一段时间，区域化发展战略将是推动地方乃至中国经济社会发展的重要引擎，同时，也对中国的地方政府改革提出了新的挑战。

---

① "行政区经济"的概念最早由华东师范大学刘君德教授等于20世纪80年代末90年代初在科研实践中，尤其是在行政区划体制对城市区域经济发展的影响的研究中发现并提出的，是指行政区划对区域经济的刚性约束而产生的一种特殊区域经济现象，是我国区域经济由纵向运行系统向横向运行系统转变过程中出现的一种区域经济类型。

② "行政区行政"的概念是由中山大学教授陈瑞莲教授在区域公共管理研究中提出的相对应的概念。她从政府治理形态的嬗变分析了行政区行政到区域公共管理的演变，并基于公共管理的视角对"行政区行政"的特征从治理背景、价值取向、治理主体、权力运行和治理机制进行了剖析。

一、理解区域化

提及区域化，自然会想到全球化的概念。尽管难以厘清区域化和全球化的确切关系，但区域化的本质显然是全球化的产物。或许区域化仅是全球化之路的第一步，因为经济依存的发展在初期都具有区域性特点。不管两者差异如何，两者都表现出资本、技术、劳务、信息、商品等要素的自由流动和有效配置。区域化既指宏观层次的国家间合作形成的区域化，也指一国内部不同行政区合作所形成的区域化。本章内容将主要探讨微观层面中国区域合作的发展。

（一）区域化、区域经济一体化与区域一体化

1. 区域和一体化的概念。

廓清概念的内涵是认识事物的关键。探讨区域的任何方面的问题，首要的是弄清楚区域的内涵和外延。"区域"是一个意蕴广泛，使用领域极大的词汇。它可以以实体的概念被使用，也可以以抽象的概念被使用，不同学科如地理学、经济学、政治学、社会学、国际关系、公共管理等学科有不同的解释。从最初意义上来说，"区域"首先是一个地理学概念。人们对于区域的理解是从地理形态的角度加以认知和思考的。政治学则是从国家管理的角度将区域界定为一个行政单元。而当前世界各国学者讨论最为热烈的区域概念则是从经济学的角度来理解的。它强调的是特定空间内的经济活动联系的紧密性、互依性、开放性，呈现出特定功能的、具有地域特征的经济社会综合体。

"一体化"一词英文为 Integration，最开始是指企业之间的联合，是企业之间通过卡特尔、托拉斯以及其他兼并方式联合而成的产业组织。从一般意义上说，一体化是指多个本来各自独立的实体通过特定方式逐步结

合成为一个单一实体的过程，这种结合呈现出全新的性质。"一体化"概念经常在描述国家间关系方面使用。由于涉及实体间的相互融合，它不同于一般意义上的国家间或者国内地方政府间的合作，而应该是一种全新的治理方式。

2.区域经济一体化与区域一体化。

战略的，经济的，或许还有文化的因素推动了区域化的发展，但毫无疑问，国际区域化最重要的推动来自经济。[①] 对于一国内部而言，不论是联邦制国家还是单一制国家，都是如此。地方政府间之所以有合作，主要是为了本行政区域经济的可持续发展。所以说，区域化在更多意义上就是区域经济一体化。[②] 区域经济一体化是20世纪下半叶以来，国际经济生活中出现的一大潮流。经济一体化是指两个或两个以上的国家或地区，通过相互协商制定经济贸易政策和措施，并缔结经济条约或协定，在经济上结合起来形成一个不受区域限制的产品、要素、劳动力及资本自由流动的经济联合体的过程。其目的是通过合理地区分工，实现资源优化配置，提高资源使用效率，促进区域共同繁荣。区域经济一体化同时也是建立在区域分工与协作的基础上，通过生产要素的区域流动，推动区域经济整体协调发展的过程。[③]

区域经济一体化是区域化的核心表现，但并不是区域一体化。区域一体化是区域经济一体化发展的新阶段。它涉及的并非仅仅是政府间经济意

---

① 海伍德：《政治学》，中国人民大学出版社2006年版，第179页。

② 经济一体化的概念，是由第一届诺贝尔经济学奖获得者荷兰经济学家丁伯根提出的，指的是将阻碍经济有效运行的人为因素加以消除，创造最适宜的经济结构。他应该是从合作较深层次意义上说的。它呈现出原有单一的相互独立的实体不具有的新的性质。一般的区域间合作并非所谓的一体化，但为了叙述方便，这里不再进行区分。

③ 张紧跟：《论珠江三角洲区域公共管理主体关系协调》，《学术研究》，2011年第1期。

义上的合作，而是一种全面合作形式：既有各种经济上的合作，也有各种致力于解决区域公共问题的合作。人们在研究分析思考区域一体化的过程中，往往存在对区域一体化的一些误读。误区一是认为区域一体化就仅仅是区域经济一体化。缩小了它的内涵和外延。这主要原因在于经济发展是主题和合作的动因，这固化人们的认知。误区二是区域一体化就是最终要打破行政区划，把现有的行政区划进行合并或者重新组合，以期通过整合行政边界来把区域问题内部化。区域一体化绝不是要通过改变现有的行政建制或者边界，而是通过合作来化解冲突、消弭矛盾，实现网络治理，形成"你中有我，我中有你"的格局。

（二）区域一体化的判别标准

区域一体化显然是个应然课题，也是一个没有最终答案的课题，但并不是说无法对区域一体化发展水平进行评价和测量。否则，区域一体化的推动就失去了意义。区域一体化发展是一项系统工程，涉及方方面面，内容繁杂。根据区域一体化的相关理论和具体实践，主要应该把握以下几个标准：

1.区域市场的一体化程度。

区域一体化往往开始于经济领域的一体化，而区域经济一体化成败的关键因素是区域内部统一大市场的形成，也即区域市场一体化。区域内市场为行政壁垒所割裂，资源、劳动、资本、信息等生产要素无法实现优化配置，市场机制的作用难以得到最大程度的发挥。英国经济学家彼得·罗布森（Peter Robson）将区域经济一体化分为关税同盟、自由贸易区、共同市场、货币联盟和经济与货币联盟五种形态。理查德·利普塞（Riehard Lipsey）则将区域经济一体化分为六种等级递增的状态：特惠关税区，自由贸易区（商品自由流动），关税同盟（统一对外关税），共同市场、经济与同盟，完全经济一体化。根据利普塞的分类，完全经济一体化是区域内生产要素自由流动的高级别形态。在评判区域经济一体化的衡量标准中，除了生产要素的流动程度，还应从产业分工及产业关联度、区域政策和规则的统一性、区域性行业协会的数量等方面来考虑。

2. 区域基本公共服务一体化程度。

基本公共服务是指建立在一定社会共识基础上，根据一国经济社会发展阶段和总体水平，为维持本国经济社会的稳定、基本的社会正义和凝聚力，保护个人最基本的生存权和发展权，为实现人的全面发展所需要的基本社会条件，向全体社会成员提供的一种公共服务，"全体民众不论其地域、民族、性别、收入及社会地位差异如何，都能公平可及地获得与经济社会发展水平相适应、结果大致均等的基本公共服务"。[①] 区域基本公共服务应当涵盖公共教育、医疗卫生、社会保障、住房就业、公共交通、环境保护等全方位服务。推进基本公共服务一体化和均等化，需要相应的制度设计和安排——这是区域一体化发展必须解决的重要课题。

实现区域公共服务一体化的关键在于区域内公共服务的均衡发展。要通过人、财、物等各种资源在一定空间范围内合理布局，建立跨区域资源共享机制，基本实现城乡间、地区间在基本公共教育、劳动就业、卫生医疗、养老服务等各种公共资源配置的均衡，[②] 使区域内全体社会成员均平等地享有住房、教育、社会保障、医疗、就业等基本服务的权利与机会。在基本公共服务一体化进程中，要充分考虑区域内发展水平差异，统一制定各项基本公共服务的最低标准，建立科学的评价指标体系，在确保满足

---

① 胡祖才：《关于促进基本公共服务均等化的若干思考》，《宏观经济管理》，2010 年第 8 期。

② 武义青、赵建强：《区域基本公共服务一体化水平测度——以京津冀和长三角地区为例》，《经济与管理》，2017 年第 4 期。

最低标准的基础上，全面实现区域基本公共服务一体化。

3.区域发展平衡性程度。

区域间发展的平衡性是区域一体化实践成功的重要条件，也是区域一体化所要实现的目标。如果无法弥合各地方的不平衡性，区域一体化既缺少现实基础，也没有推动的必要。实现区域内的平衡发展，必然要通过一系列的利益平衡、补偿和分享等机制，实现发展成果的共享。

当然，区域要想实现利益的平衡并非易事。区域内各地方由于地理区位、资源禀赋、发展基础、政策扶持力度、人力资源等方面的差异，必然存在短期内的发展不平衡性，进而导致一体化过程中的利益失衡现象。一些地方会唱主角，地方利益会快速增加，而另一些地方唱配角，一些利益会失去，地方经济发展在一定的时间内受损。但这绝不能是长期的状况，而应该通过有效的利益平衡机制来弥补差距，否则，一体化发展的趋势会停滞，甚至逆转倒退。解决融合发展中利益不平衡问题有两个方法：一是建立利益补偿机制；二是建立利益共享机制。利益补偿是区域发展中付出代价的一方应该得到补偿。这种补偿一般是获益一方支付，或者通过区域共同基金弥补。利益共享是通过合作共赢的方式来实现文明成果的分享，各方都能从一体化中获益。

4.行政管理体制统筹协调能力。

区域一体化的发展和推动离不开健全的行政管理体制安排。当前中国的区域一体化发展模式已成为基本的格局，全方位、多层次的区域合作全面铺开，区域合作格局逐渐由垂直型向水平型转变。日益扩展的区域一体化及其存在和发展的新特征意味着旧的相对内向和封闭的行政管理体制必须向新的相对外向和开放的行政管理体制转变，各地方政府必须不断增进跨区域的协调沟通能力、竞争谈判能力和决策整合能力。

彭真怀认为，区域一体化是个政治问题，不是个经济问题。区域经济学本身是一门政治学，研究区域经济的专家如果整天把精力放在研究区域布局，那完全是空想，没有切入实质问题。当前很多区域一体化都存在深化的难题，归根结底在于行政管理体制的转变不够。体制不转变，区域一体化的推进必然受条块分割的管理体制的制约。每当触及核心利益时，各个块块即政府主体则各有算计，各行其是。

要推进区域一体化，必须打破僵化的行政区界限以及传统的政绩考核方式；重新梳理现有的体制，设计并重新定位新的行政体制，进一步加强统筹的功能；在体制上消除限制区域之间要素自由流动的制度根源，取消阻碍市场要素流动的区域壁垒，加大区域的开放程度，推动行政管理体制改革。区域应该形成多层次的组织体系和治理方式，决策有力，执行高效，沟通协调顺畅，社会各界参与积极。各地方政府之间展开多层面、立体化、全方位的合作，把跨域行政作为各地方政府主体的常态行为，不断提高跨区域的行政能力，真正避免"单兵作战"。

二、区域化对地方政府改革的挑战

由于新中国成立之后采取的是高度集权的计划经济发展方式，地方政府并没有取得主体地位，也无须通过和其他区域加强合作来获得发展。因此，中国真正的区域化发展肇始于改革开放之后。整体而言，改革开放后中国区域化的发展规模依照参与主体可分为三类：域际（宏观），省际（中观），市际（微观）。按时间顺序，它大致经历了从宏观到微观再到中观的发展历程。

（一）中国区域化实践的发展历程

1."两个大局"区域发展思想之下的跨区域经济协作（1978—2002）。

进入改革开放时期，邓小平指出："要允许一部分地区、一部分企业、一部分工人农民，由于辛勤努力成绩大而收入先多一些，生活先好起来。一部分人生活先好起来，就必然产生极大的示范力量，影响左邻右舍，带动其他地区、其他单位的人们向他们学习。这样，就会使整个国民经济不断地波浪式地向前发展，使全国各族人民都能比较快地富裕起来。"[①] 这被认为是"两个大局"区域发展思想的开端。在这一思想的指导下，中国的区域协作主要在沿海地区与内陆地区，或东部与中西部之间开展，属于较为宏观意义上的区域合作，合作内容多局限于经济领域。

东部较发达的省市对口支援边防省市。在1979年召开的全国边防工作会议上，中央政府首次提出了对口支援政策，明确了将由东部经济发达省份对口支援5个自治区，以及3个少数民族较集中的省份（参见表2-1）。"六五""七五"时期，党中央要求东部经济较为发达的地区与对口支援的响应省市建立起了双向互动的经济联系体系，东部地区加大对受支援省市的资金投入、项目引进、技术转让和人才输送。[②]

支援方	受援方	支援方	受援方
北京	内蒙古	天津	甘肃
河北	贵州	上海	云南、宁夏
江苏	广西、新疆	上海	新疆、西藏
山东	青海	广东	贵州
湖北、辽宁	青海	全国	西藏

表2-1 1979年确定的各省市对口支援情况

① 《邓小平文选（第二卷）》，人民出版社1994年版，第152页。
② 谢东：《改革开放以来党的区域发展思想演进及其经验研究》，湘潭大学博士学位论文，2018年。

沿海地区与内陆地区加强经济协作。1988 年，"两个大局"思想正式提出，"沿海地区要加快对外开放，使这个拥有两亿人口的广大地带较快地先发展起来，从而带动内地更好地发展，这是个事关大局的问题。内地要顾全这个大局。反过来，发展到一定的时候，又要求沿海拿出更多力量来帮助内地发展，这也是一个大局。那时沿海也要服从这个大局。"[①]《中华人民共和国国民经济和社会发展第七个五年计划（1986—1990）》首次将我国划分为东、中、西三大地带，并强调要加强地区协作，各地区要合力开展重大项目，促进产业转移和技术转移，实现优势互补，东部地区加大对中西部地区的支援，缩小发展差距。

西部大开发战略。1999 年 11 月，中央经济工作会议部署，要抓住时机，着手实施西部地区大开发战略。2000 年 10 月，《中共中央关于制定国民经济和社会发展第十个五年计划的建议》把实施西部大开发、促进地区协调发展作为一项战略任务。在开发方式上，更加注重充分发挥区域比较优势。西部地区优势资源的开发和东送，为中部和东部地区发展提供有力支撑，同时为承接中西部地区产业技术转移，为东部地区实现产业升级、技术转型提供推动力和运作空间。[②]

这一时期，中国的区域管理模式主要停留在行政区管理模式和经济区管理模式阶段。行政区管理模式可以理解为地方政府在中央行政区域规划所确定的区域范围内进行的、以本地区利益最大化为目标的政府行为。[③]地方政府有意建立横向经济联系，但因行政区划限制，彼此封锁对立，引

---

① 《邓小平文选（第三卷）》，人民出版社 1994 年版，277-278 页

② 谢东：《改革开放以来党的区域发展思想演进及其经验研究》，湘潭大学博士学位论文，2018 年。

③ 张可云、何大梽：《改革开放以来中国区域管理模式的变迁与创新方向》，《思想战线》，2019 年版第 5 期。

发了以"重复建设→原料大战→市场封锁→价格大战"[①] 为基本特征的区域大战。经济区域管理模式是根植于区域经济发展基础上的政府管理方式，是在区域经济的自然发展冲动不断被民族国家或行政区划的法定边界限制、被政府干预行为挫伤的背景下，政府间为适应区域经济发展要求而进行的合理化的关系构建与行为调整。[②] 在该模式之下，地区公共事务不再仅仅由地方政府一方决定，开始形成由地方政府主导，以企业为主体的区域合作新模式。

2. "统筹区域发展"思想指导下的多层次区域合作（2002—2012）。

2003 年 10 月，胡锦涛在党的十六届三中全会上提出科学发展观，指出要统筹城乡发展、统筹区域发展、统筹经济社会发展、统筹人与自然和谐发展、统筹国内发展和对外开放。在"统筹区域发展"思想指导下，全国形成了"四大板块、六大合作轴线、多部门联动、'圈''带''区'连绵不绝的基本态势"。[③] "四大板块"是指推进西部大开发、振兴东北地区等老工业基地、鼓励东部地区率先发展和促进中部地区崛起。"六大合作轴线"是指沿海、京广（京九）线—京哈线、京包—包兰线、陇海兰新线、长江沿线和珠江沿线。各种"圈""带""区"包括武汉经济圈、长株潭城市群、中原城市群、安徽沿江城市带、成渝经济圈、南宁贵阳昆明经济区等。有学者统计，自 2003 年至 2013 年，几乎每年都会有一个新的一体化城市组合出现，并且这些一体化正逐渐上升为国家战略。[④]

---

① 张可云：《区域大战与区域经济关系》，民主与建设出版社 2001 年，第 2 页
② 陈瑞莲、张紧跟：《试论区域经济发展中政府间关系的协调》，《中国行政管理》，2002 年第 12 期。
③ 金志云：《国内经济区域一体化进程中的矛盾和路径选择》，《理论探讨》，2007 年第 6 期。
④ 李力：《中国区域一体化政策实施效应研究》，江西财经大学硕士学位论文，2016 年。

年份	一体化城市组合
2003	西咸一体化、长株潭一体化
2005	沈抚一体化
2006	乌昌一体化、郑化一体化
2009	长吉一体化、广佛肇一体化、深莞惠一体化、宁镇扬一体化
2011	酒嘉一体化、太晋一体化、厦潭泉一体化
2013	昌九一体化

表 2-2 2003-2013 期间部分一体化城市组合

该时期，新区域主义的管理模式兴起。以区域政府组织和非政府组织为主体的区域公共管理部门，为解决特定区域内的公共问题，实现区域公共利益而对区域公共事务进行现代治理。区域之间合作和协作水平不断提升，与之伴随带来了一系列公共事务的区域化。中国加入 WTO 后，地方政府的职能和角色也发生了相应的改变，行政区划的刚性约束逐渐变弱。这为非政府组织、企业和居民等主体参与区域管理创造了空间，区域经济合作进一步深化。

3. 区域协调发展战略下的新格局（2013 至今）。

党的十八大以来的区域协调发展战略更加强调协同发展和区域一体化，着眼于发挥各地区比较优势和缩小区域发展差距，围绕努力实现基本公共服务均等化、基础设施通达程度比较均衡、人民基本生活保障水平大体相当，着力破除地区之间利益藩篱和政策壁垒，加快形成统筹有力、竞争有序、绿色协调、共享共赢的区域协调发展新机制，促进区域协调发展。其最显著的特点是一系列区域协调发展国家战略的出台和实施。以五个重大国家战略为引领，连南接北、承东启西，以四大区域板块为支撑，优势互补、交错相融，构建起高质量发展的区域协调发展新格局。

五大国家战略是京津冀协同发展、粤港澳大湾区建设、长三角一体化发展、长江经济带发展和黄河流域生态保护和高质量发展。四大板块是强化举措使西部大开发形成新格局、深化改革加快东北等老工业基地振兴、发挥优势推动中部地区崛起、创新引领率先实现东部地区优先发展。

该时期的区域管理演变为区域治理的新模式，即政府与非政府主体之间开始形成有效的规范合作，建立较为健全的协商交流制度，以更有效应对和处理区域公共事务。这一模式并不是完全否定之前的三种模式，而是在规范各级政府作用的基础上，充分调动不同利益主体在发展区域经济与协调区域经济关系方面的主动性与积极性，并形成一个协商合作网络。

（二）典型案例分析

1. 长三角城市群。

根据 2019 年中共中央、国务院印发的《长江三角洲区域一体化发展规划纲要》，中心区范围涵盖长三角城市群26市和浙江省温州市，共27市，区域总面积约 22.5 万平方公里。2019 年地区生产总值约 20.4 万亿元，年末常住人口约1.6亿人。近年，长三角城市群27市以占全国2%的土地面积，贡献了全国 20% 的经济总量，吸纳了全国 10% 以上的常住人口，总体发展水平全国领先，是支撑和引领我国区域经济发展的重要功能区。

长三角一体化发展可追溯到 1982 年。当时以上海为中心建立长三角城市群的设想就被提出，时至今日，已经过去 30 多个春秋。纵观这几十年的发展，长三角发展历程可以分为以下几个阶段。

第一阶段为实践探索阶段(1982—1987)。起初的长三角经济圈指上海、南京、苏州、杭州、宁波等 5 个城市。1983 年 3 月，上海经济区规划办公室成立，当时上海经济区扩展到 10 个城市，后来几年逐步扩展至 15 个城市，构成了传统意义上的长三角都市圈。按照国务院 1982 年印发的《关于成立上海经济区规划办公室和山西能源基地规划办公室的通知》规划，长江三角洲的各个城市经济联系特别密切，需要打破条条块块的框框，探索建立一个不同于以往行政区划、经济协作区式的新经济网络。在这一阶段，上海、江苏和浙江开展了一定程度的经济合作，为后续长三角区域合作积累了初步经验。但受计划经济体制的影响和制约，该阶段的区域经济合作不可能打破地区割据，这一旨在推动区域经济联合的构想并未发挥应有的作用。

第二阶段为停滞阶段（1988—1991）。在运转了 5 年后，上海经济区规划办公室于 1988 年 6 月被国家计委撤销，长江三角洲一体化进程暂时中断。

第三阶段为一体化进程重启阶段（1992—2002）。1992 年，党的十四大报告提出，要以上海浦东开发开放为龙头，进一步开放长江沿岸城市，尽快把上海建成国际经济、金融、贸易中心之一，带动长江三角洲和整个长江流域地区经济的新飞跃。1997 年，长三角 15 个城市协作部门主任联席会议制度升格为长江三角洲城市经济协调会，明确提出长三角经济圈概念。在国家层面的战略支持下，长三角一体化进程稳步发展，呈现出市场和政府双向推进的特点。与此同时，区域内行政区分割、产业结构欠合理以及创新能力不足等制约了区域一体化的进一步发展，协调会对在更大程度上实现区域整合提出了更高要求。

第四阶段为快速发展阶段（2003—今）。2003 年 8 月，在长江三角洲城市经济协调会第四次会议上，台州被接纳为正式成员，入会城市由 15 个增加至 16 个。2004 年初，确立了"两省一市规划工作联系会议"，并在上海召开了第一次会议。2010 年 6 月，国务院批复《长江三角洲地区区域规划》，长三角一体化进程不断加快。2016 年 5 月 11 日，国务院常务会议通过《长江三角洲城市群发展规划》，提出培育更高水平的经济增长极，到 2030 年，全面建成具有全球影响力的世界级城市群。《规划》指出，要创新联动发展机制，遵循市场发展规律，以建设统一大市场为重点，加快推进简政放权、放管结合、优化服务改革，推动市场体系一开放、基础设施共建共享、公共服务统筹协调、生态环境联防共治，创建城市群一体化发展的"长三角模式"。重点聚焦于推动要素市场一体化建设、建立基本公共服务一体化发展机制和健全成本共担利益共享机制。

经过几十年的探索和发展，长三角城市群协调发展机制也日渐成熟和完善。自 2009 年起，长三角地区合作与发展按照"三级运作、统分结合、务实高效"的一体化机制推进。三级运作机制由决策层、协调层和执行层组成，区域合作的针对性、协调性和有效性进一步提升。决策层为长三角三省一市主要领导座谈会，每年召开一次，负责审议和决定关系长三角合作方向、原则、目标与重点等重大问题。协调层为由常务副省市长参加的"长三角地区合作与发展联席会议"，一般每年第三个季度召开一次，负责主要领导座谈会筹备工作，落实主要领导座谈会的部署，协调推进区域重大合作事项。重要议程包括分析区域合作面临的新形势、新任务、新问题，总结区域合作经验，协商下一步合作重点和方向，并协调解决区域发展重大问题。执行层主要是指通过召开办公会议和专题组会议来运行的重点合作专题协调推进制度，包括设在省（市）发展改革委的"联席会议办公室""重点合作专题组"以及"长三角地区城市经济合作组"。

2. 京津冀协同发展。

京津冀协同发展涵盖北京、天津和河北，面积 21.6 万平方公里，2020 年人口 1.1 亿，地区生产总值 8.64 万亿，约占全国 8.5%。作为当前国家三大战略之一，京津冀协同发展旨在疏解北京非首都核心功能、解决北京"大城市病"为基本出发点，调整优化城市布局和空间结构，构建现代化交通网络系统，扩大环境容量生态空间，推进产业升级转移，推动公共服务共建共享，加快市场一体化进程，打造现代化新型首都圈，努力形成京津冀目标同向、措施一体、优势互补、互利共赢的协同发展新格局。[①] 其发展历程可分为以下几个阶段。

一是区域合作发起阶段。20 世纪 80 年代中期，国家开始实施国土整治战略，将京津冀地区作为"四大"试点地区之一，开启了京津冀协作历史。1986 年，天津、丹东、秦皇岛、唐山、沧州等 15 个城市共同发起成立了环渤海地区市长联席会，并于天津召开第一次会议，就物资的串换、经济协作等多个方面达成共识并签订多项协议。1995 年，河北省在《关于制定河北省国民经济和社会发展"九五"计划及 2010 年远景目标的建议》中正式提出"两环开放带动战略"（"两环"指环京津和环渤海）。1996 年，北京市在编制《北京市经济发展战略研究报告》时提出了"首都经济圈"的概念。"首都经济圈"是指包括天津市和河北省北部市县在内的区域，即"2 + 7"的区域发展模式。

二是京津冀合作达成共识全面启动阶段。2004 年，北京、天津、廊坊、秦皇岛等京津冀三地九市在国家发展改革委地区经济司召集下，在廊坊召开京津冀区域经济发展战略研讨会，与会各市签署了《廊坊共识》。2005 年发布的《北京城市总体规划（2004—2020）》提出，要加强京津冀地区协调发展，基本形成以北京、天津为中心的"两小时交通圈"。2008 年，北京、天津和河北三地发展改革委共同协商召开"第一次京津冀发改委区域工作联席会"。会上签署的《北京市、天津市、河北省发改委建立"促进京津冀都市圈发展协调沟通机制"的意见》提出，要促进区域发展，建立联席会和联络员制度，相互交流区域合作发展情况，沟通规划、产业、

---

① 《京津冀协同发展领导小组办公室负责人答记者问》，中国经济网，2015-08-24。

政策等信息，并建立发展改革委区域工作信息发布制度。

三是区域发展规划初步编制阶段。2010 年 8 月，《京津冀都市圈区域规划》上报国务院，区域发展规划按照"8+2"的模式制定，包括北京、天津两个直辖市和河北省的石家庄、秦皇岛、唐山、廊坊、保定、沧州、张家口、承德八地市。2010 年 10 月，河北省政府《关于加快河北省环首都经济圈产业发展的实施意见》正式出台，提出了在规划体系等六个方面启动与北京的"对接工程"。2011 年 3 月，国家"十二五"规划纲要发布，提出"打造首都经济圈"的计划。2014 年 1 月，北京市《政府工作报告》指出，要落实国家区域发展战略，积极配合编制首都经济圈发展规划，主动融入京津冀城市群发展。

四是京津冀协同发展上升为国家战略并加速落实阶段。2014 年 2 月，京津冀三地协同发展座谈会召开，习近平要求京津冀三地从全局的高度和更长远的考虑来认识和做好协同发展工作，打破"一亩三分地"的思维定式，并抓紧编制首都经济圈一体化发展的相关规划。2014 年政府工作报告提出，要"加强环渤海及京津冀地区经济协作"。同年 8 月，京津冀协同发展领导小组正式成立，副总理张高丽任组长，同时启动编制作为京津冀协同发展顶层设计的发展规划。2015 年 4 月 30 日，《京津冀协同发展规划纲要》在中共中央政治局会议上审议通过。

2016 年 5 月，中共中央政治局会议研究部署建设北京城市副中心和进一步推动京津冀协同发展有关工作，会议上再次阐明了京津冀协同发展的重大战略内涵。2017 年 4 月 1 日，中共中央、国务院印发通知，决定设立河北雄安新区，调整优化京津冀城市布局和空间结构，培育创新驱动发展新引擎。2021 年 3 月，《中华人民共和国国民经济和社会发展第十四个五年规划和 2035 年远景目标纲要》指出，要加快推动京津冀协同发展，对疏解北京非首都功能、雄安新区建设、北京城市副中心建设、天津滨海新区发展、京津冀产业和创新合作、基础设施协同等提出明确要求。

在京津冀协同发展的历程中，三地政府形成了较为丰富的政府间协调机制，中央层面为国务院京津冀协同发展领导小组和国家顶层设计的强制力保障，省级层面成立了京津冀协同发展论坛、区域工作联席会、区域合作高端会和正定论坛等。京津冀协同发展探索出了一条适合本区域的协同发展路径，也即区域交通一体化、生态环境保护一体化、产业转型升级一体化、公共服务一体化、调整人口规模和科技创新发展一体化等。

3. 粤港澳大湾区。

粤港澳大湾区包括香港特别行政区、澳门特别行政区和广东省广州市、深圳市、珠海市、佛山市、惠州市、东莞市、中山市、江门市、肇庆市，总面积5.6万平方公里。2020年总人口约8600万人，地区生产总值1.67万亿美元，人均 GDP 超过 1.93 万美元，是我国开放程度最高、经济活力最强的区域之一，在国家发展大局中具有重要战略地位。[①]

粤港澳大湾区区域合作机制是从以珠江三角洲一体化为标志的区域合作组织机构和协议开始向香港、澳门开放的区域合作发展。[②]其发展历程大致可分为以下三个阶段。

一是萌芽阶段。十一届三中全会确立了改革开放的基本国策，开启了粤港澳一体化的萌芽阶段。进入 20 世纪 80 年代，香港和澳门的经济发展环境发生巨大变化，两地因为劳动力和土地等生产要素价格上涨而丧失了发展的比较优势。内地的改革开放政策为港澳的产业转移提供了良好机遇，

---

① 中共中央 国务院印发《粤港澳大湾区发展规划纲要》，见《中华人民共和国国务院公报》，2019年第 7 号。

② 曹小曙：《粤港澳大湾区区域经济一体化的理论与实践进展》，《上海交通大学学报（哲学社会科学版）》，2019 年第 5 期。

制造业内迁成为自然选择。1985 年，国务院着眼于扩大开放，促进经济发展，将珠江三角洲经济区确定为当时的 4 市 13 县（其后扩大为 7 市 21 县），这一地理空间的划定有效地促进了社会经济发展。1994 年 10 月中共广东省委七届三次全会正式提出"珠江三角洲经济区"概念，并编制了发展规划。"珠三角"地区得益于邻近香港、澳门的地缘优势，迅速承接了港澳转移出的制造业等劳动密集型产业，形成了独特的"前店后厂"合作格局。

这一时期成立了珠三角区域首个省级层面的议事协调机构"珠江三角洲经济区规划协调领导小组"，由主管省领导、珠三角地级及以上城市的市长和省计委、省科委、省建委三个厅局负责人组成。领导小组除了协调珠三角区域内的基础设施、城乡空间布局等各项事务外，重点还在于编制和实施《珠三角经济区规划》。

二是区域经济一体化稳步发展阶段。着眼于自身发展需求与国内外竞争环境，珠江三角洲地区与港澳地区的进一步融合发展既有必要性，也有紧迫性。香港与澳门的回归改变了三地合作主体关系的性质，使粤港澳变为国家内部的区域合作，开启了粤港澳三地合作的新时期，协作领域拓宽，层次不断提升。1998 年，粤港两地政府建立了"粤港联席会议机制"，就经济合作的一系列问题开展协调，寻求优势互补，共同发展。2001 年粤澳两地政府建立粤澳合作联络小组和粤澳高层会晤机制（2003 年后演变为粤澳合作联席会议）。联席会议机制的建立不仅极大方便了三地的沟通协调，更为粤港澳协作提供了良好的制度环境和合作基础。

2003 年中央政府分别与香港和澳门特别行政区签署《内地与香港关于建立更紧密经贸关系的安排》和《内地与澳门关于建立更紧密经贸关系的安排》，主要内容包括内地与港澳的货物贸易自由化、服务贸易自由化和贸易投资的便利化，在两份安排下又签署了十份补充协议、服务贸易协议、投资协议、经济技术合作协议及相关具体的落实安排规则。在货物贸易方面，内地对原产于香港和澳门的产品实行零关税，并取消对港、澳产品的非关税措施和关税配额。双方彼此之间不采用反倾销和反补贴措施。在服务贸易方面，内地向香港、澳门进一步开放管理咨询、会议展览等18个服务行业。在贸易投资便利化方面，在7个领域形成了制度性的合作，明确了金融和旅游领域的合作内容，鼓励和推动专业人员资格的相互承认，促进相互间的贸易投资便利化，保障内地与港、澳产业合作。

2008年，广东省政府发布《珠江三角洲改革与发展规划纲要（2008-2020年）》，提出要推进与港澳更密切合作，在推进重大基础设施对接、加强产业合作、共建优质生活圈、创新合作方式推出一系列举措，将粤港澳合作推进深度融合发展时期。

三是湾区经济一体化新格局时期。2014年，深圳市政府工作报告首次提出要"打造湾区经济"。2016年3月发布的十三五规划纲要中提出要推动粤港澳大湾区和跨省区重大合作平台建设。同月，国务院印发《关于深化泛珠三角区域合作的指导意见》，明确要求广州、深圳携手港澳，共同打造粤港澳大湾区，建设世界级城市群。2017年3月5日，李克强总理在十二届全国人大五次会议的政府工作报告中，提出"要推动内地与港澳深化合作，研究制定粤港澳大湾区城市群发展规划，发挥港澳独特优势，提升在国家经济发展和对外开放中的地位与功能"。此后，党的十九大报告，明确提出要以粤港澳大湾区建设、粤港澳合作、泛珠三角区域合作等为重点，全面推进内地同香港、澳门互利合作。2018年11月，《中共中央、国务院关于建立更加有效的区域协调发展新机制的意见》明确提出，要以香港、澳门、广州、深圳为中心引领粤港澳大湾区建设。2019年2月18日，中共中央、国务院印发了《粤港澳大湾区发展规划纲要》，进一步提升粤港澳大湾区在国家经济发展和对外开放中的支撑引领作用。

2021年3月，《中华人民共和国国民经济和社会发展第十四个五年规划和 2035 年远景目标纲要》指出，要积极稳妥推进粤港澳大湾区建设的长期规划，重点聚焦三地产学研协同、创新要素跨境流动、基础设施互通、通关模式改革、专业资格互认、青少年就业创业等领域。

粤港澳大湾区概念的正式提出相对较晚，但一经提出便上升为国家战略，成立了由中共中央政治局常委、国务院副总理任组长的粤港澳大湾区建设领导小组，在国家层面进行了成熟的顶层设计，在省级层面出台了相应的规划纲要。大湾区的未来发展拥有巨大潜力。

4. 长株潭一体化。

长株潭城市群是以长沙、株洲、湘潭三市为核心，辐射周边岳阳、常德、益阳、衡阳、娄底五市的区域，总面积 9.68 万平方公里，占全省的 45.8%。其中，作为城市群核心的长、株、潭三市，沿湘江呈品字形分布，两两之间半小时车程，总面积 2.8 万平方公里，占全省 13.3%。2019 年长株潭三市实现 GDP16835.0 亿元，占全省 42.035%。

长株潭一体化发展早在 20 世纪 80 年代初就被提出。当时，湖南省社科院副院长、经济学家张萍提出了长株潭经济区的构想，并进行了初步试验和理论探索。此后，长株潭城市群发展日渐深化，取得了较为丰硕的成果。总体来看，可以分为以下几个发展阶段：

第一阶段是设想提出阶段。1982 年 12 月，张萍在湖南省政协四届六次会议上以提案形式提出建立长株潭经济区和将长株潭建成湖南综合经济中心的建议。1984 年 7 月，提出《关于建立长株潭经济区的方案》。同年 11 月，中共湖南省委采纳《关于建立长株潭经济区的方案》的建议，议定建立长株潭经济区规划办公室，并将建立和搞好长株潭经济区作为振兴湖南经济的战略重点。

第二阶段是曲折发展阶段。1984 年底，湖南省政府设立长株潭经济区规划办公室以及长株潭经济技术开发协调会议制度，1985 年 1 月召开了第一次三市市长联席会议。从 1985 年 1 月至 1986 年 6 月，长株潭实现了国内首次的银行结算票据异地直接交换和建立同业资金拆借市场，突破了纵向封闭的资金管理体制。规划办制定了实现三市电话同城化和与全国 30 多个城市的电话直拨工程建设计划，筹集了第一期工程建设资金，还从三市城市一体化总体合理布局的高度研究了三个城市规划的修改意见，并进行了综合论证，同时对在三市结合部建立统一的经济技术开发区的选址工作进行了初步比较论证。然而，伴随着一体化工程的推进，质疑和反对的声音也越来越多。1985 年召开的中共湖南省第五次党代会和 1986 年的湖南省人代会，有代表反对建设长株潭经济区，认为长株潭是湖南经济最发达的区域，还作为战略重点，不公平。[①]

第三阶段是重启阶段。1995 年 10 月，在湖南省第七次党代会上，搁置多年的长株潭方案又被提及。这次是长沙、湘潭、株洲三市的市委书记一起发言，认为湖南经济要发展，关键是要充分发挥长株潭这个城市群体的带动和辐射作用。一年后，"长株潭经济一体化"的概念开始成熟。同时，相关部门也用两年时间编制完成推进"交通同管、电力同网、金融同城、信息同享、环保同治"的五项网络规划。1999 年 2 月，在长株潭经济一体化专题会议后，这五个规划开始付诸实施。[②]

第四阶段是制度化阶段。2000 年，《长株潭经济一体化"十五"规划》得以编制。世界银行把长株潭作为在华首批试点，开展长株潭城市发展战略研究 (CDS)。2002 年，《长株潭产业一体化规划》和《长株潭城市群区域规划》得以编制实施。2003 年，湖南省政府颁

---

① 易颖：《长株潭一体化悬念》，《南方周末》，2004 年 5 月 6 日。

② 同上。

布《湘江长沙株洲湘潭段开发建设保护办法》。2005年，长株潭城市群被写入国家"十一五"规划。湖南省政府颁布实施的《长株潭城市群区域规划》，是我国内地第一个城市群区域规划。《长株潭经济一体化"十一五"规划》提出了推进"区域布局一体化、基础设施一体化、产业发展一体化、城乡建设一体化、市场体系一体化、社会发展一体化"等"六个一体化"，提出了交通同网、能源同体、信息同享、生态同建、环境同治（简称"新五同"），拓展了经济一体化。[①]
2006年，三市党政领导联席会议召开，制订了《联席会议议事规则》，签署了《区域合作框架协议》以及工业、科技、环保三个合作协议。2007年9月，省人大颁布实施《长株潭城市群区域规划条例》。

第五个阶段为两型化与一体化共同推进阶段。2009年7月31日，湖南省第十一届人民代表大会常务委员会第三次会议表决通过了《湖南省人民代表大会常务委员会关于保障和促进长株潭城市群资源节约型和环境友好型社会建设综合配套改革试验区工作的决定》。同年，12月22日，国务院批准《长株潭城市群资源节约型和环境友好型社会建设综合配套总体方案》。2010年4月7日，中共湖南省委下发《关于成立中共湖南省长株潭两型社会建设综合配套改革试验区工作委员会的通知》。2010年8月8日，《长株潭城市群生态绿心地区总体规划(2010—2020年)》获得省政府批准（湘政函〔2011〕195号）。2012年2月10日，经省人民政府同意，《长株潭城市群环境同治规划(2010—2020年)》（湘环函〔2012〕33号）下发实施。3月14日，省政府发布《湖南省"十二五"环长株潭城市群发展规划》（湘政办发〔2012〕16号）。8月16日，省政府颁布《长株潭城市

---

① 盛标：《长株潭金融一体化》，贵州财经大学硕士学位论文，2014年。

群区域规划条例实施细则》(湘政发〔2012〕29号)。2012年11月30日，《湖南省长株潭城市群生态绿心地区保护条例》经湖南省第十一届人大常委会第三十二次会议通过，自2013年3月1日起施行。2014年至2019年，长株潭城市区内部交通基础设施一体化迅速推进，包括沪昆高铁、长株潭城际高铁、长株潭城市群"三干两轨"项目开工或正式运营。

2021年，湖南省委办公厅、省政府办公厅印发《长株潭一体化发展五年行动计划（2021—2025年）》，指出要打造中部地区高质量发展核心区、全国城市群一体化发展示范区、全国生态文明建设先行区，规划了长株潭一体化发展"十同"任务清单，包括规划同图、设施同网、三市同城、市场同治、产业同兴、生态同建、创新同为、开放同步、平台同体、服务同享。长沙、株洲、湘潭联合发布长株潭一体化发展2021年行动计划，共同签署重大产业协同发展等14个文件，涵盖产业、交通、生态、政务等50项具体任务，标志着长株潭一体化发展全面提速。

（三）国内区域一体化的演进轨迹

改革开放前，高度集中的计划体制使得地方政府间几乎不存在自发性交流与合作，地方政府一般听从上级指令行事。改革开放之后，高度集权的体制松动，中央开始不断地向地方分权，地方政府获得了一定的自主权并拥有了较大的积极性，尤其是分税制改革的推进，地方利益的主体地位愈发突出。而以经济建设为中心的政策导向和以政绩为重要考核标准的人事任命制度激励着地方政府不断寻求经济发展空间。这使得地方政府之间既竞争又合作，存在着一种微妙的张力。

地方政府竞争源于布雷顿的"竞争性政府"概念。布雷顿认为各级政府与上级政府和横向的类似机构之间在资源和控制权争夺方面也存在竞争关系。个体寻求效用最大化，政府寻求支持最大化。因此，政府为了赢得选民支持，必然会在就业、医疗、健康等公共服务产品的供给上展开激烈竞争。而在提供公共服务的过程中，政府越来越多地依赖私有部门。为了迎合"用脚投票"的私有部门，政府不得不采取各种优惠政策，提高自身吸引力，进而导致政府围绕居民和资源展开竞争。这对于在多权力中心的联邦制国家尤为明显。相对于联邦制国家，作为单一制国家的中国，其中央政府对于地方政府拥有毋庸置疑的领导权和管理权，但这并不意味着地方政府没有自主权。实际上，随着改革的推进，中央政府赋予地方越来越多的自治权和自主权，地方政府的角色也由原先的一维向多维转变。地方政府已经承担了上级政府在地方的代理者、地方利益的代表者、辖区的管理者和公共物品的提供者等多个角色。多角色的扮演使得地方政府行为日趋复杂化和多样化。不管角色多复杂，地方利益的诉求和个人政绩的需求使得地方政府之间面临较大的竞争压力。没有经济发展和财政收入，地方政府就无法提供地方性公共物品，解决地方性公共问题，更谈不上个人职位升迁。所以地方政府间存在的竞争甚至是恶性竞争关系，都有着内在制度性诱因。

地方政府间竞争是常态，但并非唯一的常态。地方政府间还存在合作的需求和空间。地方政府通过合作推动一体化进程，最直接的原因在于跨区域公共事务的治理，比如流域治理问题、跨区域基础设施问题、跨区域突发事件应对问题、环境保护问题等。这是一种典型的倒逼式被动性的合作。但是，这种合作的意义在于可以开启双方或多方的互动，强化彼此之间的关系。市场一体化的诉求也是地方政府展开合作的动力，资源和各种要素的有效配置离不开取消政府间各种各样的行政壁垒，从而实现其无障碍流动。这对于各方都是双赢的局面。

地方政府间在展开合作的过程中遵循着怎样的逻辑呢？纵观国内各地方的区域一体化进程，基本上有着相似的演化轨迹，具体可分以下几个阶段。

第一阶段，以具体项目触发政府间关系。

任何个体和组织之间关系的发生都需要通过一定的载体和形式展开，地方政府之间的关系概莫能外。在发展过程中，地方间尤其是毗邻区域间会逐渐积累各种各样的问题。这些问题会形成强大的问题流，在民众、专家学者、企业以及政府之间被讨论并形成焦点。区域之间的合作是能够预期的双赢或多赢的局面，但区域之间没有交集并对未来的不可预知性存在疑虑，更为重要的是，政府是典型的科层体制，其运作和行为有着严格的规则基础，在缺乏明确的法律依据和授权的情况下，地方政府往往会采取较为保守的做法。通过项目运作进行试探性的交往成为一种选择。因此，地方政府之间的合作离不开启动的窗口。一般情况下，项目合作是激发和推动彼此关系的重要途径，这也为进一步合作奠定基础。所以，项目合作是触发政府之间关系的关键。

第二阶段，以地方领导高层会晤开启合作进程。

经过试探性交往和一定时间的酝酿，政府之间可以进入到比较高层次的运作阶段。这个阶段，地方政府之间会采取各种形式（比如参观、访问、磋商等）了解、沟通、协商彼此间关切的事项，从而使得彼此之间合作的意向、主体、范围、主题等进一步明朗化，促使地方政府之间进一步达成合作共识。其中，地方首长高层磋商和会议制度是标志性的事件。科层制组织交往，如果没有高层领导的允诺、参与和交往，就难以展开真正有意义的合作。所以，地方政府主要领导参与的联席会议制度就具有决策权，能够对彼此合作进行决定和推动。

第三阶段，以组织实体固化彼此关系。

任何工作开展只靠领导人推动是不行的。有学者统计发现，许多地方政府之间签署的各种合作协议过了20多年依然没有发生多大变化。更多的协议签署之后被束之高阁。所以，通过合作使协议文本变成具体项目开展下去，并非易事。台湾学者朱志宏认为，区域政策的执行，取决于四个方面的因素：一是沟通，二是资源，三是政策执行者的态度，四是官僚机构。[①] 任何合作都需要人和机构来执行。因此，地方政府合作都需要建立执行层面的组织推动相关工作事项。目前来看，大部分区域合作都有两个实体：一是领导联席会议作为决策层；二是秘书处或者合作小组作为执行层。当然，组织的成立归根到底要发挥其作用，而不是徒有形式。应该明确界定其职责和功能，保证其正常的运作。唯有切实的运作才能真正密切彼此关系，培育合作的资本和文化。

第四阶段，以制度规范保证合作持续性。

对于个体和组织而言，要想保持某种行为的连续性，就必须通过持续的刺激予以保障，这种保障须有通过正式的规则来确认。政府之间的合作须有可预期的收益。要想保证这种收益的稳定性和连续性，就需要各方制定正式的规则。从目前国内各地方区域一体化的发展来看，区域一体化程度比较高的，合作效果比较好的，基本上都是制度比较健全的，如珠三角、长株潭等。地方政府联合制定规则，可以通过人大上升到地方性法规（没有立法权的可以通过共同的上级人大），也可以是政府之间制定地方性行政规章（没有行政立法权的政府可以通过共同上级政府），当然也要有一些具有法律性质的行政协议、规划纲要等规范性文件，从而构建完善的合作法律体系。

（四）区域一体化过程中行政体制改革面临的挑战

应该说，中国的区域化从数量上来讲已经呈现出爆发式增长态势，几

---

① 朱志宏：《公共政策》，三民书局 1991 年版，第 274 页。

乎所有的地方政府，不同的行政层级都或深或浅地涉入其中。政府间的合作种类繁多，形式多样，合作领域不断深化、内容不断扩大，合作的制度化水平不断提高。但是，存在的问题和面临的挑战也不可忽视。

第一，地区本位主义依然严重。没有市场一体化，就没有区域经济一体化，就不能实现资源的优化配置。但从当前各区域政府间的合作来看，地方保护主义依然严重。比如，利用行政手段和一些特殊的优惠政策保护本地企业和产品，抑制外来产品，并对外来产品实行严格的检查制度和报验制度；利用户籍管理、学历职称、住房安置等手段影响人才资源的自由流动；通过土地税收等政策进行倾销式的招商引资竞争，完全不顾区域功能定位和产业分工，导致产业结构雷同，无法发挥集聚优势；在基础设施方面缺乏统一规划，每个政府只考虑自身的发展，无视区域总体情况。

第二，现有区域协调机制运作乏力。诺斯认为，组织是制度变迁的关键。当然，这主要是指组织建立之后的运作能力。从当前地方政府之间合作的沟通渠道和协调机制来看，效果并不理想。当前地方政府合作组织主要采用跨区域联席会、沟通会或者区域领导人高层会议的形式，更多带有象征性的宣示意义。这种较为松散的非功能性的组织机构，由于缺乏跨区域的行政权威，很难实现区域内跨越行政区界限或功能区界限的更大范围的公共服务合作，协调结果的实施效果也难以保证。[①]而且，政府间的共识达成大多是靠地方领导人的承诺来保障，地方领导职务变动容易使合作机制失效。以发展较早的长三角为例，在很大程度上，长三角各省市还是按照自身发展的内在逻辑和实际需要开展相关活动，而不是从整个区域发展形态的内在要求出发来考虑问题。长三角各地区之间

---

① 蔡岚：《我国地方政府间合作困境研究评述》，《学术研究》，2009 年第 9 期。

的产业结构相似系数极高，重复建设和资源浪费的现象非常严重，说明协调机制运作无力。

第三，缺乏有效的绩效管理和评估。区域一体化发展要创造更好的环境和生活，就必须让民众体会到一体化发展的成效，感受到政府间合作的效果。要想反映出跨区域治理的绩效，唯有通过政策评估来具体把握。这意味着必须根据区域治理事项设计出具体的评估指标，并通过相关机构来评价。但显然，目前国内各区域一体化发展并没有建立相关的管理、评价体系。与之相关的是，对于跨区域治理的网络，在多方进场协商的机制下，无法建立有效的监督和问责机制。

第四，空间规划体系紊乱，各地区尤其是城市功能不明。空间规划对于一个区域的发展、自然环境的保护、民众福利等具有深远影响。从各区域来看，区域空间规划不容乐观。以京津冀一体化为例，机场、港口等基础设施重复建设严重。在京津冀21.61万平方公里的范围内，有11个机场，邯郸机场与邢台机场之间只有60公里的距离。如此密集的机场，成本高昂自不必说，更重要的是浪费了空间的合理利用。

城市功能定位不清，不能进行合理分工，难以发挥集聚效应。比如，北京提出要建"具有国际影响力的金融中心"，天津要建设"区域金融中心、离岸金融中心"，河北石家庄要建设"区域性金融中心"。天津在建设国际航运中心，河北也在打造国际物流中心，河北的秦皇岛、京唐、黄骅港，都与天津港展开了竞争。这种同质化的竞争对于各区域的发展非常不利。

第三章　跨区域治理的制度变迁

　　在地方政府跨区域合作中，当现有的制度不能适应区域合作需要的时候就要改变现有制度，以适应变化了的环境。制度变迁理论是制度经济学的一个重要内容。新制度经济学认为，制度变迁是影响经济增长的主要因素。诺斯认为如果人类没有持续地进行制度创新和制度变迁的冲动，并通过一系列制度（包括产权制度、法律制度）构建把技术改进的成果巩固下来，那么，人类社会长期经济增长和社会发展是不可设想的。[①] 制度创新的最终目的是将外在的收益内部化。这种外在收益来源于多个方面，如规模经济、外部性、风险、交易费用等。[②] 在制度变迁的过程中，有动力因素推进制度的变迁，也有阻力阻碍制度的有效变化。当动力大于阻力时，制度的变迁就会发生。下文中将从动力和阻力两个角度来分析地方政府跨区域合作制度的变迁。

　　V.W. 拉坦认为，制度创新或制度发展被用来指：（1）一种特定组织的行为的变化；（2）这一组织与其环境之间的相互关系的变化；（3）

---

　　① 刘辉煌、胡骋科：《制度变迁方式理论的演变发展及其缺陷》，《求索》，2005 年第 6 期。

　　②Lance E. Davis and Douglass C. North, "A Theory of Institutional Change: Concepts and Causes", in Lance E. Davis and Douglass C. North, eds., *Institutional Change and American Economic Growth*, London: Cambridge University Press, 1971, pp. 3—25.

在一种组织环境中支配行为与相互关系的规则变化。[1] 制度变迁需求的转变是由要素和产品的相对价格的变化以及与经济增长相关联的技术变迁所引致的；制度变迁供给的转变是由社会科学知识及法律、商业、社会服务和计划领域的进步所引致的。[2] 制度变迁有两种类型：诱致性制度变迁和强制性制度变迁。诱致性制度变迁指的是现行制度安排的更替或替代，或者新制度安排的创造，是由个人或一群（个）人，在发现相应获利机会时自发倡导、组织和实行。与此相反，强制性制度变迁由政府命令和法律引入和实行。诱致性制度变迁由某种在原有制度安排下无法得到的某种获利机会引起。然而，强制性制度变迁可以纯粹因在不同选民集团之间对现有收入进行再分配而发生。[3] 现实中，诱致性变迁和强制性制度变迁并没有特别严格的区别，自发的制度变迁也需要政府的行动来给予与支持。因此，诱致性制度变迁与强制性制度变迁的关系，实际上既是一种互补的关系，也是一种博弈的关系。[4] 据此可以把地方政府跨区域合作的制度变迁看作以强制性制度变迁为主、诱致性制度变迁为辅的一种制度变迁形式。

一、跨区域治理制度变迁的动力机制

制度变迁理论告诉我们，制度创新是新的利益集团在要素相对价格、

---

[1] R.科斯、A.阿尔钦、D诺斯等：《财产权利与制度变迁——产权学派与新制度学派译文集》，上海三联书店出版社 1991 年版，第 329 页。

[2] R.科斯、A.阿尔钦、D诺斯等：《财产权利与制度变迁——产权学派与新制度学派译文集》，上海三联书店出版社 1991 年版，第 328 页。

[3] R.科斯、A.阿尔钦、D诺斯等：《财产权利与制度变迁——产权学派与新制度学派译文集》，上海三联书店出版社 1991 年版，第 384 页。

[4] 朱启才：《权利、制度与经济增长》，经济科学出版社 2004 年版，第 114 页。

偏好和技术等原因的推动下，让更有利于自己的产权安排形成的过程。这种制度变迁总体上降低了社会总的交易成本，更重要的是让这一个创新的利益集团获得了更大的利益。[①] 黄少安主张从内外两种作用力来解释制度变迁动力的问题。他指出，制度变迁的内动力以特定制度对应的生产关系与生产力的内在矛盾为动力源，而制度变迁的外动力则是变迁主体从事变迁的直接动机和意图。[②] 地方政府跨区域合作中制度创新动力是由多方面的力量和因素相互作用、相互促进的结果。地方政府间区域合作的动力机制主要表现为下面两个方面。

（一）制度变迁的内在动力机制

地方政府间区域合作中制度变迁的内在动力主要是当制度变迁的收益成本比大于保持原有制度的收益成本比时，地方政府从自身发展角度考虑，会自发积极采取行动，变迁现有的制度，使得制度达到一种新的均衡状态。地方政府间区域合作制度变迁的内在动力，主要取决于以人们的需要和利益不断得到满足和由预期利益引起的利益冲突不断得到缓解为内在动力的生产力的发展。我国地方政府区域合作制度变迁的内在动力主要表现在以下三方面。

1. 追求"利益最大化"的本质。

长期以来，我国地方政府间的关系竞争性大于合作性。改革开放赋予了地方政府更多的自主权，从而我国地方政府呈现出更多的竞争性。每一个地方政府都试图实现自身利益的最大化，从而形成了当代中国横向政府

[①] 程虹：《制度变迁的周期》，人民出版社 2000 年版，第 157 页。

[②] 胡家勇主编：《转型经济学》，安徽人民出版社 2003 年版，第 3 页。

间关系的底色。[①] 利益始终是地方政府区域合作制度变迁的动力源泉。在地方政府区域合作中，根据利益主体的不同，可以将利益划分为区域整体利益、各地方政府行政区利益、行政官员个体利益。在利益分配过程中，不仅作为整体的地方政府，希望在区域合作中实现利益最大化，而且，地方官员也始终在追求自身利益最大化。这是因为区域合作的成果，可以作为地方官员升迁的筹码。在我国行政体制内，地方官员升迁主要是由中央政府或者上级政府决定的，升迁的标准主要是社会经济效益。社会效益很难评估，而经济效益的评估是比较容易的。所以，区域利益、行政区利益的实现，最终获利的不仅是区域公众，更重要的是地方官员。地方政府在利益的驱使下，会积极支持制度的变迁。利益机制是制度变迁的动力机制，而利益冲突是诱发制度变迁的最直接动因。

2. 预期利益偏好。

很多经济学者都是从预期利益偏好角度来考察制度变迁的动因，代表性的著作有戴维斯和诺斯的经典文献《制度变迁的理论：概念与原因》和丹尼尔·布罗姆利的专著《经济利益与经济制度》。戴维斯和诺斯从外部收益的来源入手，认为制度是经济主体或行动团体之间的一种利益安排，外部收益的出现和变化"诱致人们去努力改变他们的制度安排"，是制度变迁的动因来源。"从理论上讲，有许多外部事件能导致利润的形成。在现有的经济安排状态给定的情况下，有些利润是无法获得的，我们将这些收益称之为'外部利润'"。[②] 随着制度环境的变化，导致了地方政府区域间已有的利益格局发生变化，地方政府间利益分配的不均衡就会导致他

---

① Zhang Guang,"The revolutions in China s inter-governmental fiscal system", *Public Money & Management*, 2018.

② 科斯等：《财产权利与制度变迁》，上海三联书店 2004 年版，第 276 页。

们对预期可能得到的利益有诉求，并且影响了他们自身偏好的变化，最后，一项新的制度就有可能被创新。

3.制度自身存在生命周期。

制度虽然有约束、激励、减少交易费用、抑制机会主义出现等很多功能，在其形成的初期确实也表现出很多的优势，但是，制度是有生命周期的。随着外部环境的改变以及制度在实施过程中产生的变化，有些制度会逐渐成为阻碍社会发展的因素，呈现出低效率甚至无效率的状态。地方政府间区域合作形成的制度也是有生命周期的。例如，地方政府制定的共同开发区域能源的制度，在有能源可以开发的时候，各地方政府会遵守制度；但是当这种能源快要枯竭时，原有的制度显然不适应现在的变化，所以只能寻求新的制度安排。

以上三个方面构成了地方政府区域合作制度变迁的内部动力模型，而内部动力是制度发生变迁的原动力（见图3-1）。

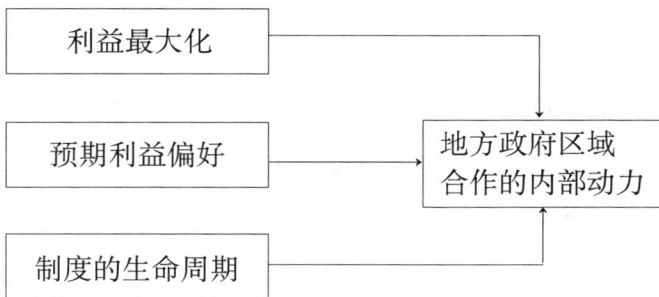

图 3-1　地方政府区域合作制度变迁内在动力模型（Internal Impetus）

（二）制度变迁的外在动力机制

地方政府区域制度变迁不仅有内部动力，而且也有外部动力。外部动力主要表现为制度环境的变化，如新技术的发明，人口的变化，自然资源禀赋的改变，意识形态的冲击，文化传统的变迁，政治、法律、军事环境的变动，以及来自国际社会的影响等外部因素。[1]

1. 经济全球化和区域一体化的要求。

经济全球化和区域一体化，让地方政府不仅是行政区内公众利益的代表，同时也是区域发展的重要主体。例如国内的长三角、珠三角、环渤海地区，一般都是以区域的发展带动各个地区的协调发展的。地方政府作为单个行政主体，其力量是很有限的。但是如果实现区域合作，就会提高区域整体的竞争力，单个地方政府的竞争力也会随着提高。如果区域合作制度不适应现实需求，而又没有及时变迁，就会影响到区域政府的整体生产能力，进而会影响到单个地方政府竞争能力的提升。面对现实中的压力，地方政府可能会主动实施制度变迁。

2. 中央政府的政策引导。

一方面，随着新公共管理运动的兴起，服务型政府成为政府发展的目标，而且服务型政府的构建已经不再局限于行政区范围内，许多跨行政区的公共服务项目已经成为区域公共管理的范畴。新的区域公共服务水平在一定程度上也反映了地方政府的形象。基于"服务型政府"理念的引导，地方政府区域合作有了外部动力。另一方面，中央政府的政策导向也很重要。这种政策要求有多种具体的表现形式。根据上级政府推动的意愿由强到弱，这种政策大致可以分为三种：第一种是上级党政系统通过确定目标、制定方案，推动地方政府开展跨区域合作；第二种是上级政府将跨区域合作纳入地方政府的绩效考核评价体系；第三种是上级政府或主要领导在重要文件、会议、实地调研中明确提出并支持地方政府的跨区域合作。[2]

---

① 徐传谌、孟繁颖：《制度变迁内部动力机制分析》，《税务与经济》，2006 年第 6 期。
② 郁建兴、黄亮：《当代中国地方政府创新的动力：基于制度变迁理论的分析框架》，《学术月刊》，2017 年第 2 期。

在我国，中央政府长期以来一直关注和支持各级地方政府的合作，在"五个统筹"中提到的"统筹区域发展"，明确强调要加强区域协调、谋求区域共同发展。所以无论是政策还是政府发展的目标都强调了区域协调发展，这些为地方政府跨区域合作提供了外部动力机制。

3.区域合作实践的积累和理论的勃兴。

在学术界，区域一体化理论、区域公共管理、社会资本理论、组织间网络关系以及政策网络治理等相关理论的兴起，以及在实践中诸如欧盟、美国等发达国家区域合作实践的成功经验和我国区域合作的有益尝试，都为地方政府间的跨区域合作提供了很好的理论借鉴和实践经验。

首先，区域一体化理论日益丰富，区域经济合作的理论有了很大的发展。制度性区域一体化(institutionalization)概念已逐渐被广泛采用，用以描述在区域集团化方面的政府行为，指合作伙伴国家之间出于发展合作关系的政治意愿建立一定形式的组织和制度(institutions)。制度性区域一体化具有以下主要特征和功能：第一，对开展合作或一体化的重要意义达成共识；第二，高效及时地获得和相互传递信息；第三，开辟进行实质性政策协调（如对外政策）的可能途径。[①]虽然这是国家层面的，但是微观层次的国内政府间关系也可以利用相关理论来分析。其次，区域公共管理理论的勃兴。国内学者从不同的角度对国内的区域公共管理做了全面的研究。再次，社会资本理论的兴起。自20世纪90年代以来，社会资本理论逐渐成为学界关注的前沿和焦点问题，社会学、政治学等许多学科都立足学科本身对社会资本进行了研究，以解释经济增长和社会发展。[②]道格拉斯·诺

[①] 庞效民：《区域一体化的理论概念及其发展》，《地理科学进展》，1997年第6期。

[②] 孔陈焱：《试论参政资本视野中的参政党建设》，《四川省社会主义学院学报》，2011年第5期。

斯专门分析了社会资本的变化对制度变迁的影响。最后，组织间网络关系和政策网络治理为地方政府间关系的发展提供了新的思路。

国外的公共管理学者以欧盟一体化和欧盟治理为蓝本，集中分析了区域公共事务的治理。代表性的著作有 B.斯多林思和 T.丘贝克的《全球化的区域效应》，还有诸如波特从产业簇群等角度分析"地区竞争悖论"，星野昭吉探讨全球化压力与区域主义的回应等。相关的知识积累和经验总结对制度变迁的影响力大小取决于制度变迁推动者对这一知识和经验的认可程度和采纳程度，以及在认可基础上，是否愿意为之做出一定的制度安排。[①]

以上三方面构成了我国地方政府区域合作制度变迁的外在动力模型（见图 3-2）。

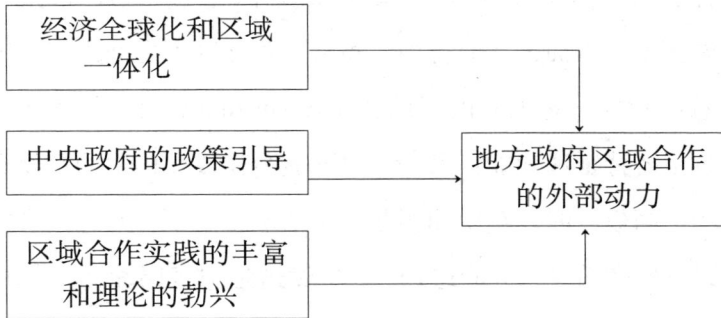

图 3-2 地方政府区域合作制度变迁的外部动力 (External Impetus)

二、跨区域治理制度变迁的阻力因素

在地方政府区域合作制度发生变迁时，不仅会有动力的支持，也会面

---

① 金太军、沈承诚：《区域公共管理趋势的制度供求分析》，《江海学刊》，2006 年第 5 期。

临阻力的阻碍。地方政府跨区域合作制度变迁的阻力主要表现在两个方面：一种是学理上的困境，另一种是现实中的阻碍。

（一）学理上的困境

1. 路径依赖。

诺斯认为路径依赖是指制度框架使各种选择定型并被约束，可能被锁定路径的情况。[①]他提出路径依赖有两种含义：其一是指，一旦发展进入某一轨道，系统的外部性、组织的学习效应以及历史上关于这些问题所派生的主观主义模型就会增强这一进程；其二是指，初始阶段具有报酬递增的制度，在市场不完全、组织无效率的情况下，一旦阻碍了生产活动，并产生一些与现有制度共存共荣的组织和利益集团，这些组织和利益集团就会使这种无效率的制度变迁的路径延续下去。[②]与现存制度存在共生关系的组织和利益集团会竭力维护现行制度，阻挠制度的变迁。从这一角度来说，重大的制度变迁往往发生在社会出现大危机时期，因为危机的到来损害了上述组织和利益集团维持现状的能力。

从最简单的意义上看，路径依赖就意味着"无效率"。一旦我们选择了某种路径，就意味着我们将会被长久地锁定在这一路径上。即使在路径之外，存在其他更加有效的路径，因为存在转换成本，我们只好锁定在这种已经被历史上的"小概率事件"或者是"无关紧要的事件"所引导的路

---

①North D. C.,"The contribution of the New Institutional Economics to an Understanding of the Transition Problem", *Wider Perspectives on Global Development*. Palgrave Macmillan, london, 2005, pp.1-15.

② 刘汉民：《路径依赖理论及其应用研究——一个文献综述》，《浙江工商大学学报》，2010年第2期。

径上。① 路径依赖同样也对地方政府间跨区域合作制度的变迁产生影响。

　　一方面是制度的自我强化机制。当地方政府间跨区域合作制度被制定出来后，"路径依赖"会使得合作制度在某条路径上自我强化。这条路径可能使区域合作制度进入良性循环的轨道，不断被优化，也有可能延续以前的路径，甚至被锁定。而制度变迁一旦进入锁定状态，就会难以自拔，往往需要借助外部力量来扭转发展的方向。另一方面，报酬的递增加强了制度变迁的路径依赖。所以，制度往往会产生报酬递增，而报酬递增又会加强路径依赖。所以，在地方政府跨区域合作制度的变迁中，制度的路径依赖会成为制度变迁的很大阻力。

　　2. "分利联盟"。

　　奥尔森把搭便车的群体和寻求收入再分配的利益集团叫作"分利联盟"（distributional coalition）。这些分利联盟并非被动等待"便车"的到来，而是积极主动地把"不便"变成"方便"。搭便车行为对区域合作制度变迁的阻碍作用主要表现在以下两点。

　　首先，积极搭便车行为会导致"寻租"活动，将区域的整体利益转移到特定的利益集团中，每一次转移都以牺牲区域的整体利益为代价，其结果就是体制僵化，资源配置扭曲，经济停滞不前。② 寻租活动浪费大量的资源，因为这些寻租行为本质上都是非生产性的，其结果必然是"当消费和分配取代经济生产和资本累积时，整个国家的经济成长便可能因丧失动能而趋缓……同时，公共政策可能沦为分利联盟的祭品。这些利益团体

---

　　① 秦海：《制度、演化与路径依赖——制度分析综合的理论尝试》，中国财政经济出版社 2004 年版，第 170 页。

　　② 孙昊：《"分利联盟"的利益满足与公共利益的实现——兼议威权体制民主化转型进程中的政策工具选择》，《公共管理高层论坛》，2006 年第 2 期。

在追求自身利益时，经常是以牺牲整体的公共利益为代价的"。① 在地方政府跨区域合作中，分利联盟的相关主体不仅是地方政府，还有企业组织、非营利组织等。他们不仅会享受到区域合作带来的成果，而且有可能通过区域合作寻租，以便获得更多的利益。他们是既有制度结构下的既得利益者，因此会千方百计阻挠制度的变迁。

其次，搭便车还会影响到制度激励机制的实施，从而间接影响到制度的有效变迁。分利联盟的存在严重影响了公共资源二次分配的独立性和公平性，而不正当的利益分配难以防范，最终导致区域公共利益无法有效实现，导致现有区域公共合作机制权威性丧失，进而导致调节利益分配的能力流失。搭便车不用付出成本，便可以享受到别人的劳动成果。而制度激励机制激励的对象是积极付出劳动的人，在搭便车行为很强大的情况下，原有的激励机制的作用会大打折扣。这时候，即使原来支持制度变迁的团体也会对制度变迁带来预期收益持怀疑态度。

3. 制度变迁的成本收益。

综合现有研究成果，制度变迁的成本因素主要包括：财政支出增加，上级政府的质疑，同层级部门的压力，社会风险的增加，跨区域合作失败导致的问责，对突破既有规则的担忧。收益因素包括：治理问题的解决，属地民众需求的回应，社会力量、公民参与意识的培育，政府绩效的提升，区域经济的发展，区域社会的稳定，更完善的区域公共服务。② 成本的收益因素复杂多变，导致制度变迁的预期成本和收益难以计算，而且新制度的设计成本导致了制度变迁的难度增大。

---

① 王宏：《分利联盟：中国经济高速增长的"软制约"》，《经济问题》，2004 年第 3 期。
② 有关分析参见郁建兴、黄亮：《当代中国地方政府创新的动力：基于制度变迁理论的分析框架》，《学术月刊》，2017 年第 2 期。

在地方政府跨区域合作中，一方面，新制度设计的各种要素价格，即制度变迁的预期成本和收益，会影响到制度供给者实施制度变迁的意愿；另一方面，政府的能力，即财力、物力、人力也会影响制度变迁。制度的变迁不仅仅是制度结构中单一制度的变迁，一项制度安排的变迁会影响到与之关联紧密的其他制度安排的实施。地方政府在设计新制度时，与之相配套的制度和机制的设计，新制度和机制能否实现预期的绩效，还有制度变迁中的摩擦成本等，都是需要事先仔细考量的。例如，现有的地方政府各自为政管理流域环境和资源等问题的制度已经与现实不相适应了，需要对其实施变迁，相应的水权制度、生态补偿制度、利益协调机制必须与新的流域治理制度相配套。这些新的制度和机制的绩效就是值得考量的，但是新制度的预期成本和收益就是难以衡量的。同时，在制度变迁中，不仅存在新制度的设计成本，还有政府间利益协调成本，还有其他随机成本，这些都是需要考虑的。

以上三部分构成了地方政府区域合作制度变迁理论上的障碍模型（见图3-3）。

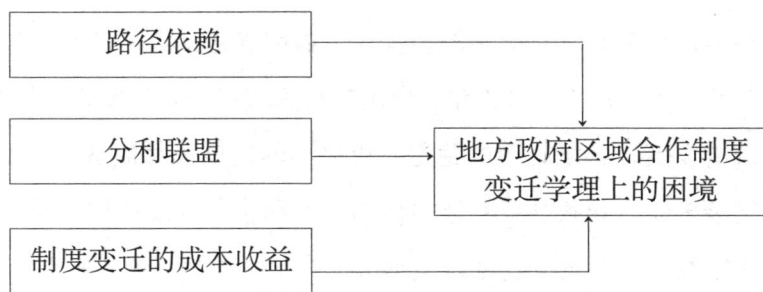

图3-3 地方政府区域合作制度变迁学理上的阻力模型（Resistance in theory）

（二）现实中的阻碍

1.地方政府不合理的政绩观。

我国地方政府现有的行政还是以"闭合式的行政区行政"为主，区域公共管理尚在起步阶段。在现有的行政体制和干部绩效考核体制下，以锦标赛竞争机制作为决定官员晋升的人事体制，构成了中央政府对地方政府官员最根本的激励[①]。在政治晋升激励中，决定官员晋升与否的一个重要依据是不同地区 GDP 增长的相对位次，由此将地方经济增长与官员晋升紧紧捆绑。[②] 行政区内的经济增长速度，向国家纳税的多少等仍然是政绩考核指标的重中之重。虽然地方政府政绩考核的指标向绿色 GDP、注重公众福利等方向转变，但是在实践操作中遇到了很多的阻碍。同时，现行的政绩考核制度并没有将地方政府对邻近区域的可持续发展和对公众福利的影响看作绩效考核的指标。所以，虽然地方政府区域制度的变迁，在利益方面对地方政府有一定的吸引力，但是，如果现行的政绩考核制度没有发生根本性的转变，地方政府区域制度变迁的动力就不会被调动起来，最终会影响地方政府的区域共赢。

此外，以 GDP 为核心的考核机制助长了地方政府行为的短期化特征。反映地方经济发展速度的 GDP 很容易进行量化衡量，考核指标中增加生态环境、公众福利、区域公共利益等难以利用现有的核算系统进行计算。这难以避免地诱发地方政府官员选择最大化 GDP 因素，而忽视本地区的长期发展利益。而跨区域合作治理从以具体项目触发政府间关系、以地方领导高层会晤开启合作进程，到以组织实体固化彼此间关系、以制度规范

---

① 周黎安：《中国地方官员的晋升锦标赛模式研究》，《经济研究》，2007 年第 7 期。

② 刘瑞明、金田林：《政绩考核、交流效应与经济发展——兼论地方政府行为短期化》，《当代经济科学》，2015 年第 3 期。

保证合作持续性，往往历时数年，尤其是在没有上级政府强制性政策引导的前提下，长期收益存在较大不确定性，与追求 GDP 短期收益的目标很难兼容，制度变迁很难实现突破。

2."区域弱势政府"利益补偿机制的欠缺。

在联邦主义的国家结构体制下，不同层级政府或跨区域政府之间相互合作的理论基石，是由特殊地区利益所决定的自治和某些共同利益或目的所推动的共治而结成的政治体制模式。① 在我国地方政府的现有合作模式中，一般情况下都是"强—弱"联合模式。这样的区域合作模式虽然比较稳固，但是，随着合作的不断推进，区域内地方政府的差距也会随之拉大，最终将导致合作的失败。究其原因，对"区域弱势政府"利益补偿机制的欠缺是主要原因。② 利益协调机制是社会系统内的互动各方通过组织和制度形式进行利益调节的机制，也是为解决区域内不同政府不同利益需求而设立的科学合理的调节方式。③ 利益补偿和利益协调机制的缺失，导致跨区域公共合作无法实现最大化利益，影响域内政府合作的积极性和制度的良性变迁。"区域弱势政府"利益补偿机制欠缺的现实原因是多方面的。

首先是纵向上的转移支付制度不健全。从目前来看，地方政府要获得利益补偿，主要是来自纵向上级政府的财政补贴或税收返还。④ 中央对地方的转移支付结构欠合理，没有针对区域合作"强—弱"格局的专门性制

---

① 唐亚林：《长三角城市政府合作体制反思》，《探索与争鸣》，2005 年第 1 期。

② 陈兴建、黄苏燕：《黔中经济协作区地方政府协调障碍和机制构建》，《现代经济信息》，2015 年第 6 期。

③ 李劲松：《社会主义市场经济下的利益协调探析》，《齐齐哈尔大学学报（哲学社会科学版）》，2006 年第 7 期。

④ 向鹏成、庞先娅：《跨区域重大工程项目横向府际冲突协调机制》，《北京行政学院学报》，2021 年第 3 期。

度设计。税收返还是为保护地方利益而设立，而非着力于实现公平和效率的目标。对于经济发达地区，税收返还额较大；而对经济欠发达地区，税收返还额则较小。由于税收返还具有不指定用途、完全由地方统筹安排，因而对地方政府行为约束力不强。加之，税收返还现仍采用传统税基法，不利于财力在中央与地方之间以及省区市之间公平合理分配，因而只是一种过渡性措施。

其次是横向上的利益补偿制度规范缺失。对横向利益补偿而言，关键环节是确立合理的成本分担体制，从而形成一套完整的经费分担及合作收益调节的相关规则设计，以保障利益的顺利转移。[①] 而在实际实施过程中，却存在缺乏与产业相关的财税制度、横向利益补偿协调机构缺失和补偿的程序性制度设计不完善等问题。在跨区域合作中，利益共享机制的不健全使得地方政府在合作中存在戒备心理，难以建立信任关系，进而无法实现真正的高效合作。合理的成本分担和收益二次分配机制难以建立，导致在跨区域合作中，总是会有收益较多的地方政府和得利少、权益牺牲多的地方政府。如果没有及时对"区域弱势政府"受损的利益进行有效补偿，他们就会出现回避、撤出或限制合作的行动，最终使跨区域合作制度的良性变迁难以实现。

事实上，对"弱势区域政府"的利益补偿机制本身就是一项复杂的制度体系，涉及内容广泛，包括利益补偿方式手段，利益补偿内容、范围、对象、标准，利益补偿基金筹集渠道，利益补偿实施等方面的制度安排[②]。利益补偿机制作为跨区域政府合作制度的有机组成部分，本身也要

---

① 庄士成：《长三角区域合作中的利益格局失衡与利益平衡机制研究》，《当代财经》，2012年第6期。

② 全毅文：《区域经济合作中的利益分享与补偿机制构建研究》，《改革与战略》，2017年第2期。

遵循制度变迁的一般逻辑。从这个角度而言，我们应通过不断推动跨区域政府合作各个微观层面制度安排的良性变迁，带动整个区域政府间合作的不断发展。

3.区域内地方政府的恶性竞争。

地方政府的竞争和合作是并存的，并不是说区域地方政府只有合作共赢，没有相互间的竞争博弈。在跨区域合作中，地方政府的竞争主要体现在三个层面上。

首先是地方政府间的资源竞争、绩效攀比、利益博弈。地方政府在自身利益最大化与区域邻近政府利益最大化发生冲突时，必然会选择符合自身利益最大化的行为方式，由此进行的竞争，带有明显的负效应。地方政府为了避免本地区稀缺的资源流向区域内其他地区，同时吸引其他地区的要素资源流入本地，效率较高的方式是不顾区域整体利益来切割市场，进而导致地方保护主义、重复建设和招商引资大战等。这种完全从本地区利益出发而违背区域一体化发展的行为，在短期内有助于本地区经济社会发展，但却损害了区域整体利益，不利于区域的协调发展。

其次，各地方政府官员间收益的攀比。地方官员具有地方事关经济社会发展的一切重点项目的决定权，因此地方政府之间的竞争根本上是地方官员之间的竞争，也即官员竞争中的"政治锦标赛"模式。地方官员为了得到政治升迁，就不得不大力发展本辖区的经济，促进经济增长，但在这一过程中也会造成一定程度的激励扭曲。[1]

最后，区域公众间既得利益的攀比和区域公共资源的竞争性使用。地方政府是辖区内民众的代理人，确保本地区公众在区域公共资源的使用中

---

[1] 周黎安：《中国地方官员的晋升锦标赛模式研究》，《经济研究》，2007年第7期。

占据优势地位是地方政府获得民众支持、树立良好政府形象、增强政府权威的有效方式，也是地方官员收获良好口碑、在政治锦标赛中提高竞争力和筹码的有效方式。地方政府、政府官员和民众需求叠加，极易导致府际恶性竞争。

地方政府间的竞争又可以分为与现在区域内地方政府的竞争，以及与上一届政府间政绩的比较。地方政府时刻面临着其他同级政府攀比型的竞争，并且对于一届地方政府而言，其上一届政府的成绩也是一种隐形的激励，使之必须比其前任做得更好。[①] 在竞争时，他们如果发现自己的收益小于竞争者时，他们有可能会选择制度变迁，也有可能选择结束合作。所以，区域合作制度的变迁并不是他们的唯一选择，在这样的情况下，区域内地方政府的恶性竞争将成为制度良性变迁的阻力。

4."企业型领导人"的缺乏。

地方政府的政策选择往往与地方政府官员的自觉选择有很大关系，这包括地方政府官员的道德操守、职业规划、社会责任感、个人价值理念、个人的声誉以及自身的理想追求等。在我国转型阶段，辖区领导人是否具有政治企业家精神，直接影响到制度学习、制度模仿和制度创新，对于辖区间制度竞争行为有着很大的影响力。[②] 优秀的地方政府领导人，对于辖区内的政治经济发展起着决定性的作用。如果地方政府的领导人缺乏创新精神，官僚主义严重，办事拖拉，刻板无能，回应能力差，甚至存在抱守残缺思想，区域合作是没有办法展开的。但是，如果地方政府领导人是冒进型的，就会将区域合作引向另一个极端。党秀云在《论公共企业家与企

---

① 程臻宇：《中国同级地方政府间的政绩性竞争》，《上海经济研究》，2003 年第 12 期。

② 冯兴：《论辖区政府间的制度竞争》，《国家行政学院学报》，2001 年第 6 期。

业家精神》一文中，提到了具有企业家精神的公共管理者必须具备以下几点特质：1.主动创新精神；2.善于发掘机会；3.勇于承担风险；4.善用舆论与媒体；5.建立外部联盟；6.善于驾驭和把握环境；7.擅长沟通与说服；8.塑造优质的组织文化。[①] 在这些特质中，最重要的就是具有创新精神，因为制度的变迁往往是一个推陈出新的创新过程。在现实中，地方政府中具有这些特质中的一部分的领导人都是很少的，但是领导人是地方政府区域合作的领头人，他们的行为会对公众起引导作用。所以缺乏创新性的领导人，制度变迁的实现是困难的。

以上四点构成了地方政府跨区域合作制度变迁中的现实障碍（见图3-4）。

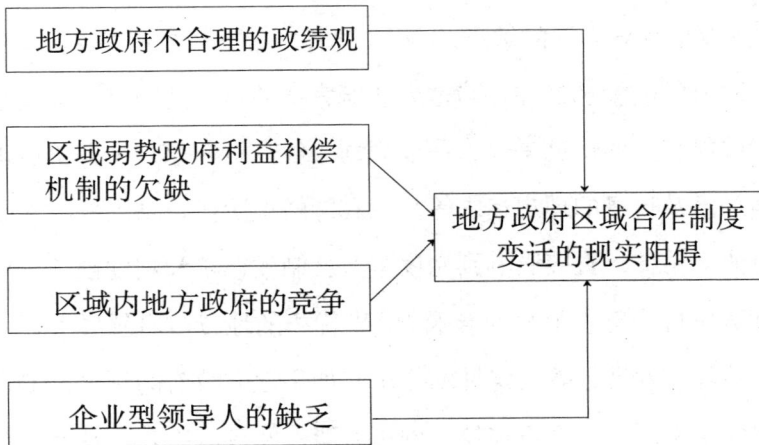

图 3-4 地方政府跨区域合作制度变迁的现实中的阻力（Practical Persistence）

---

① 党秀云：《论公共企业家与企业家精神》，《中国行政管理》，2004 年第 7 期。

三、跨区域治理制度变迁的合力模型

杨瑞龙在《我国制度变迁方式转换的三阶段论——兼论地方政府的制度创新行为》一文中，将我国的制度变迁分为三阶段，即自上而下的供给主导型制度变迁方式、自下而上的诱致性制度变迁、中间扩散型制度变迁。当前我国的制度变迁处在中间扩散性的制度变迁阶段。所谓中间扩散性的制度变迁是指，在自上而下的渐进改革的条件下，介于个体的自愿牟利行为和完全由权力中心控制之间的集体行动，即在微观主体之间的自愿契约与权力中心的制度供给行为之间，存在一种既能满足个体在制度非均衡条件下寻求最大化利益的要求，又可通过在与权力中心的谈判与交易中形成的均势来实现国家的垄断租金最大化的制度变迁方式，实现向市场经济的渐进过渡。[①] 所以，地方政府跨区域合作的制度变迁应该属于这样一种模式。而且，在这一模式的制度变迁中，地方政府是"第一行动集团"，即主动进行制度创新的集团，在制度变迁中具有决定意义。

伴随着中央政府放权让利和财政体制改革的推进，地方政府成了具有独立行为目标和利益的集团。他们是主动谋取潜在制度净收益的准公共经济组织。同时随着地方政府行为模式的变化，地方政府作为行政代理人，可以通过政治手段主动追求本地区的利益最大化，相对个人有集体行动和制度创新的能力。所有地方政府应该是区域合作制度变迁的主体。

我国地方政府跨区域合作的制度变迁中，既存在促进制度良性变迁的动力机制，同时也存在阻碍制度变迁的阻力。我们可以把内在动力（Internal

---

① 杨瑞龙：《我国制度变迁方式转换的三阶段论——兼论地方政府的制度创新行为》，《经济研究》，1998 年第 1 期。

Impetus）简称为 II，外部动力（External Impetus）简称为 EI，他们共同构成了制度变迁的动力机制。学理上的阻力模型（Resistance in Theory）简称为 RT，现实中的阻力（Practical Persistence）简称为 PP。它们共同构成了制度变迁的阻力机制。地方政府区域合作制度变迁受到阻力机制和动力机制合力的影响，合力是阻力和动力博弈的结果。当阻力大于动力时，制度变迁就不会发生，但是新制度已经处在酝酿阶段，只要时机成熟，就有可能取代旧制度；当动力大于阻力时，新制度就可能会形成，旧制度就会部分或者全部被取代；当二者势均力敌时，制度的实施是最稳定的时候，即达到了制度均衡。所以地方政府区域合作制度变迁的合力模型，简称（I-R）模型（见图 3-5）。

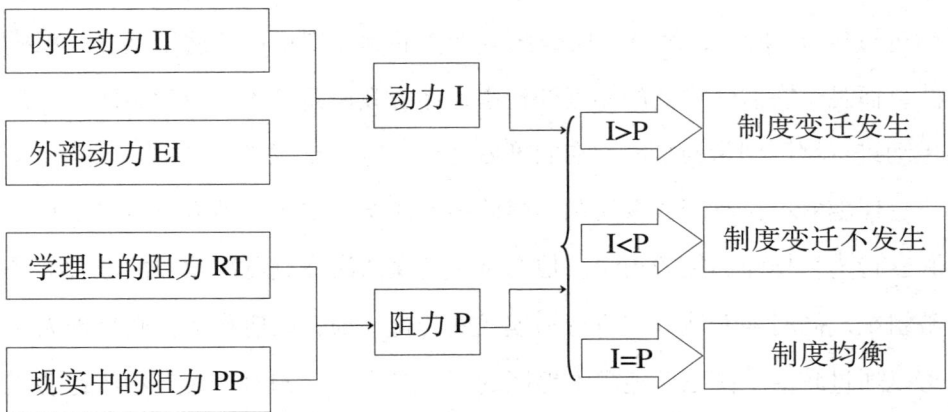

图 3-5 地方政府区域合作制度变迁的合力模型（I-R）

（备注：在理想的 I-R 模型中，假设了区域合作中的某项制度发生变化时，其他制度发生的微小变迁忽略不计，即假设某一制度变迁时，其他制度是静止的。所以 I-R 模型所说的制度不变迁是指，被研究的制度没有发生质的变化。）

　　从这个模型中可以看出，我国地方政府区域合作制度变迁的是个动态的过程。因为制度变迁的动力和阻力因素都是不断在发生变化的。地方政府区域合作制度变迁与否，以及向着什么方向变迁是由阻力和动力博弈的结果决定的。当然，制度的变迁和不变迁并没有绝对的界限。当 I>P 时，只能说为制度变迁创造了充分条件；当 I<P 时，也并不是说一点制度变迁都没有发生，只能说发生的小的细微的局部变迁还不足以影响制度结构中其他制度的运作；当 I=P 时，制度出现了短暂均衡，这是阻力和动力博弈的合力暂时为零，所以制度变迁是无时无刻不在发生。在现实中，为了促进制度的良性变迁，应该减少制度变迁的阻力。

第四章 跨区域治理中行政制度运行的障碍

在地方政府跨区域合作治理公共事务中，选择了制度就面临着制度的实施。但是在制度运行的过程中会有很多的困境，不仅体现在制度监督方面，在制度评价中也会表现出来。

一、跨区域治理中制度运行的异化

在制度实施的过程中，有可能制度的本来目标没有达到，却产生了很多制度设计者事先没有预想到的其他问题。这时候就出现了制度异化。制度异化不仅不能实现制度供给者的既定目标，而且可能会导致现实与目标背道而驰，损害公众的福利。制度异化主要表现在以下几个方面。

（一）新型地方保护主义的出现

随着地方政府间横向合作的展开，合作主体之间实行的利益均沾原则实际上可能会形成以新的区域共同利益为界限的范围更大的地方保护主义倾向。这种新型的地方保护主义会排斥合作区域以外的其他行政区，从而严重影响跨区域合作治理的全面发展。其表现主要在于，加高与区域合作政府以外地方政府的壁垒以及制定带有歧视性的地方区域规制等。① 地方政府间跨区域合作，实际上也是地方政府间的一体化过程。一体化就可能意味着对区域外的组织和个人实施"排斥"政策，甚至是"歧视"政策，这样实际上会产生新的区域地方保护主义，而且这种保护主义比以前的单个地方政府保护主义更严重。因为地方政府间跨区域合作，目标是为了保护区域内的公共利益，单个地方政府的利益相对区域公共利益来说就是"私利益"，在实际中就会产生很多的利益冲突。

新型地方保护主义一方面成为地方政府跨区域合作治理全面发展的绊脚石，因为地方政府区域公共利益相对国家的整体公益来说也是一种小团体利益，区域公共利益的实现很可能会以牺牲区域内政府的单个合法利益为代价。另一方面，这种新型的地方保护主义有可能是对不良制度的一种保护。地方政府跨区域合作形成的制度，不一定都是好的制度，但是无论制度好坏，它都是一种公共物品，区域内的公众都要接受。所以，如果制度是一种以掠夺其他区域资源或侵犯相邻区域利益为导向的话，势必会产生很多消极的影响。

（二）区域政府间竞争的加剧

地方政府在跨区域合作时，目标是多元化的，有可能是为了保护流域环境，也有可能是为了实现区域资源的整合利用，最终实现区域共同发展，提高区域内公众的福利。但是，在地方政府跨区域合作关系中，利益关系至始至终决定着单个地方政府在区域合作中扮演的角色。所以，地方政

---

① 龙朝双、王小增：《准公共经济组织角色下我国地方政府横向合作的探析》，《湖北社会科学》，2005 年，第 10 期。

府跨区域合作选择的制定，有可能和其他区域造成冲突，形成新的竞争局面。竞争主要表现在区域间利益的分配、人才争夺以及地区政府职能体现等方面。特别是地方性法规的冲突，将会严重影响地方政府横向合作的发展水平。[①] 地方政府跨区域合作，对本区域发展是有极大的正面效应，但是可能会给其他相似区域造成很大的压力，造成区域间的恶性竞争。

（三）制度实施中缺乏互信的承诺

在地方政府跨区域合作制度实施的过程中，区域内地方政府缺乏相互间的可信承诺。埃利诺·奥斯特罗姆在《公共事务的治理之道》中提到了可以相互信赖的承诺是集体行动理性的非常重要的影响因素。她假设，如果资源占用者希望改变占用规则，在被授权的占用者中轮流行使灌溉系统的取水权，那么在大家都知道未来时期违反承诺的诱惑将会极为强烈的情况下，一个占用者如何才能令人置信地做出他或她会遵守轮流制度的承诺？每个占用者可以发誓："如果你遵守承诺，我也遵循承诺。"但当诱惑发生时，以往的承诺怎样约束占用者做出进一步的牺牲？在偷水也可能不被发现的情况下，其他占用者怎样才能知道个人实际上是否遵守了承诺？没有人想成为"受骗者"，去遵守其他人都在违背的承诺。[②] 在地方政府跨区域合作制度实施中，怎么样才能知道别的地方政府在遵守承诺，没有违反制度规定、私自行动？这是个难题。而且地方政府区域合作制定的制度前提假设就是，区域内地方政府都愿意让渡出本地区的一部分权利，同时他们也会严格遵守制度的规定，因为这是实现利益最大化的必然选择。

---

① 龙朝双、王小增：《准公共经济组织角色下我国地方政府横向合作的探析》，《湖北社会科学》，2005 年，第 10 期。

② 埃利诺·奥斯特罗姆：《公共事物的治理之道》，上海三联书店出版社 2000 年版，第 72-73 页。

但是在现实中，区域内的地方政府即使有承诺，也是口头上的，不会有很强的约束性。所以，在制度实施中会有不公平现象出现。

（四）制度运行中的信息不对称

所谓信息不对称是指，在关联双方之间，一方拥有较多的有效信息，而另一方只拥有较少的甚至不拥有有效信息，造成双方在拥有有效信息数量上的差异。[①] 在我国，地方政府具有双重身份：一方面，它是中央政府在一个地区的"代理人"，它要服从于中央政府的利益；另一方面，它在一定程度上又是一个地区的"所有者"，通过组织与运用经济资源可以增进自己的利益。[②] 前者要求地方政府出"政绩"。但"政绩"的大小主要不在于地方政府做出的成绩本身的大小，而在于同参与跨区域合作治理的其他地方政府"政绩"的比较优势。信息是一种重要的资源，占有较多的信息资源意味着容易获得"政绩"的比较优势。[③] 在地方政府跨区域合作制度创立的过程中可能存在隐瞒信息的现象。人为的隐瞒和技术落后而造成的信息不对称，会增大制度实施的阻力，导致交易费用的增加。

（五）制度实施不全面

所谓制度实施不全面，是指在地方政府跨区域合作制度形成后，各地方政府可能在实施制度的过程中存在选择性：有利于提高本地区利益的制度安排则积极实施；对于本地区利益暂时益处比较小，但是长远来看有利

---

① 曹满云：《行政征收中信息不对称问题及对策探析》，《云南行政学院学报》，2004 年第 5 期。

② 上海财经大学区域经济研究中心：《2003 中国区域经济发展报告—国内及国际区域合作》，上海财经大学出版社 2003 年版，第 253 页。

③ 曹满云：《行政征收中信息不对称问题及对策探析》，《云南行政学院学报》，2004 年第 5 期。

于区域可持续发展的公共利益，会持观望态度，要么拖延实施制度，要么不实施。当地方政府有选择性地实施制度安排时，制度实施不全面的现象就会发生。在现实中，个人的偏好是相关的，生活在一个社会或群体里面的人会趋向于有共同的偏好。[①] 虽然相邻地方政府也趋向于有共同的偏好，但是他们在本地区的特殊利益也是不容忽视的。在地方政府区域合作制度实施中，总是有个别地方政府的收益成本比大于别的地方政府，这些个别地方政府就是制度形成和实施的主力军。相反，收益较少的地方政府可能持消极的态度应对，由此造成的后果就是制度实施的不全面。

二、跨区域治理中制度监督的困境

地方政府跨区域合作制度实施的监督过程，实际上也是一种集体行动。是集体行动就会面临一定的困境：一方面是制度监督的主体难以确定，另一方面是惩罚或者激励措施的选择是个难题。另外，监督过程的搭便车现象难以杜绝。这些都造成了地方政府跨区域合作的制度监督会面临困境，但是不监督又是不行的。地方政府跨区域合作制度实施的监督过程，有其特殊性，需要进行更为深入的分析和探讨。

如何才能对规则遵守的情况进行互相监督，在集体行动理论的限制下，回答这一问题是不容易的。实际上，理论通常预测人们并不如此做。人们自己不会监督规则的执行，即使这些规则是他们自己设计的。[②] 在地方政府跨区域合作中，制度的供给者也是需求者，人们不愿意监督自己行为，

---

① 汪丁丁、韦森、姚洋：《制度经济学三人谈》，北京大学出版社 2005 年版，第 305 页。

② 埃利诺·奥斯特罗姆：《公共事物的治理之道》，上海三联书店出版社 2000 年版，第 73-74 页。

更不希望别人来监督。这是因为监督自己和监督别人、惩罚别人或被惩罚都是高成本的。而监督和惩罚带来的利益又可能被全体合作参与者所占有，监督和惩罚在某种程度上成了公益物品。当地方政府认为不惩罚不遵守制度者比惩罚更有利时，他们会对监督和惩罚持消极态度。但是如果制度缺乏监督，不仅制度会被滥用，出现制度异化，而且制度的实施者也会没有动力继续执行规则。因为没有监督就不会对偷懒或者破坏集体利益的人进行惩罚，也不会对遵守规则的人进行激励，所以制度实施必然陷入困境。没有监督就无法知道制度实施的效果，也无法对制度做出评价，更无法对不完善的制度进行修正，最终会影响制度的良性变迁，阻碍社会的前进。所以，对制度实施进行监督是很必要的。但面临的问题也是多方面的，主要表现在以下几个方面。

（一）监督制度的主体难以确定

在制度实施过程中，由谁来监督制度的实施是个难题。在地方政府跨区域合作中，制度的监督是必要的，但是制度的监督也是有成本的。作为监督的主体不仅要付出时间的代价，而且监督的公正性和有效性也会受到质疑。现实中有两种选择。一种选择是由区域政府内部自行监督，即由地方政府从内部推选出一定的人员实行监督。内部监督会减少监督的成本，同时监督者对区域具体情况比较了解，监督起来会比较方便。但是，内部推选出来的监督者同时也要受到现有制度的约束，他们同其他的被监督者有利益冲突，所以可能会出现不公正现象。另一种选择是建立一个独立的外部监督机构，虽然这个机构与跨区域政府没有利害关系，理论上能够独立的对区域内各地方政府制度的实施情况做出较为客观的评价，但是他们对区域内的具体情况不甚了解，而且地方政府也会避免泄露负面消息，所以不仅做出的判断可能会有失偏颇，而且在一定程度上又增加了制度实施的成本，甚至会产生寻租行为。现在学术界提出建立"区域政府"的设想：区域政府可以协调地方政府间的关系，同时对地方政府的行为做出合理的引导。但是区域政府是没有法定的权力的，它的权力来源于地方政府的让渡，在现实中会存在很多的利益博弈，其合法性也受到质疑。这一提法还是值得商榷的。

（二）选择性激励的困境

地方政府跨区域合作制度实施的监督过程要想实现有效的监督，没有一定的惩罚和激励措施是不行的。但是选择什么样的措施，又是地方政府在跨区域合作过程中面临的难题：一方面，对不遵守制度规定的地方政府进行惩罚，惩罚规则应该由谁来制定，应该以什么样的手段进行惩罚，惩罚措施实施获得的利益应该如何分配，都是需要考虑的问题；另一方面，激励措施不仅会面临同样的问题，而且什么样的激励是可持续的，仍然是个难题。

曼瑟尔·奥尔森在《集体行动的逻辑》中提到"选择性激励"是克服集体行动困境的重要动力机制。他认为："这种激励之所以是有选择性的，是因为它要求对集团的每一个成员区别对待，'赏罚分明'。"[1] 它们既可以通过惩罚那些没有承担集团行动成本的人来进行强制，也可以通过奖励那些为集体利益而出力的人来进行诱导。集体行动的实现只有通过选择性地面对集团个体的激励，而不是像集体物品对整个集团不加区别。只有这样，那些不参加为实现集团利益而建立的组织，或者没有以别的方式为实现集团利益做出贡献的人所受到的待遇与那些参加的人才会有所不

---

[1] 曼瑟尔·奥尔森：《集体行动的逻辑》，上海三联书店、上海人民出版社 1995 年版，第 6 页。

同。①同时选择性激励不仅是指正向激励，还有反向激励。反向激励是惩罚搭便车的措施，最常见的是禁止搭便车者享受集体行动的成果。选择性激励虽然为集体行动困境提供了一个解，但是这种选择性激励本身的区分和选择也很困难：哪个地方政府需要被正向激励？实施怎样的正向激励？到底是使用经济激励，还是诸如名誉之类的精神激励？哪些地方政府需要被反向激励？这些都是不容忽视的问题。

（三）监督中的搭便车现象

在《集体行动的逻辑》中，奥尔森还指出，集体行动的成果具有公共性，没有办法排斥那些没有分担集体行动成本的成员受益。当集体行动的参与者较少时，集体行动容易发生，因为人少不仅决策方便，而且利于成员间的相互监督。随着集体人数的增加，实现集体行动的难度会随之增加，因为人数越多，集体决策和监督的成本越大，同时相互协调的成本也会上升。而且，成员越多，平均的收益就会下降，搭便车的动机便越强烈，搭便车行为也越难以发现。

"由于公共物品一旦存在，无论它带来的是积极的效应还是消极的效应，它在消费上具有的排他的不可能性和供给上的联合性，一些消费者即使不承担公共物品的供应成本，也能'自动'享受到这种公共物品给他带来的积极或消极的效应。因此，公共物品的特性决定，每一个生产者或消费者在对待公共物品的态度上，都可能是潜在的搭便车者。"②

因此，地方政府在跨区域合作的制度实施中，监督作为集体行动也会

---

① 曼瑟尔·奥尔森：《集体行动的逻辑》，上海三联书店、上海人民出版社1995年版，第41-42页。
② 苏长和：《全球公共问题与国际合作：一种制度分析》，上海人民出版社2000年版，第121页。

出现搭便车行为；作为公共物品，惩罚获得的利益具有外溢性，会存在搭便车的现象。那么地方政府在跨区域合作中，多少地方政府参与合作才既能实现参与方的公益最大化，同时又能避免监督中的搭便车行为？这也是区域合作面临的难题。

三、跨区域治理中制度评价的缺失

每一种制度都要依靠某种国家的或社会的权威来强制性支配或者影响着特定范围的社会资源的配置，制度之间的差别在于配置社会资源的范围大小与配置方式上的区别；制度的理性程度之间的差别主要表现为不同制度具有不同的配置资源的经济绩效。[①] 辛鸣在《制度评价的标准选择及其哲学分析》一文中，阐述了制度评价的三个层次标准：那些既体现制度本质要求，有利于社会历史进步和人的全面发展，同时又有助于制度持续演进和发展的标准，才是合理、可取的。在这个意义上，制度的合理性、合法性和现实性这三个标准是评价制度的标准。[②] 虽然从哲学角度评价制度会比较深刻，但是制度的合理性、合法性和现实性并不好测度。当然，还可以从其他的角度评价制度，也可以提出其他的制度评价标准，例如"自由""正义"等。但是这些标准是有重合的，其他的很多标准也是依赖"公平"和"效率"的，所以本书从制度的效率和公平两个维度来对地方政府跨区域合作治理公共事务进行评价。当然，制度的责任性和制度的适应性也是评价制度不可忽视的标准，但是本书侧重常见的制度评价标准，即效

---

① 宋功德：《论经济行政法的制度结构——交易费用的视角》，北京大学出版社 2003 年版，第 155-156 页。

② 辛鸣：《制度评价的标准选择及其哲学分析》，《中国人民大学学报》，2005 年第 5 期。

率和公平的分析。

制度效率，是指在一种约束机制下，参与者的最大化行为将导致产出的增加，而相对应的制度无效率则是指参与者的最大化行为将不导致产出的增长。实际上，制度效率的最根本特征在于，制度应该成为决定经济单位合作或竞争的一种方式。它能够提供一组结构，使其成员在这种结构安排下可以获得在这一结构之外得不到的利益。并且，这种结构保证其成员在获得此种利益的动机下，以追求效用增加为目标行事，获得帕累托最优原则下的最优交换比率，从而提高整个社会的福利水平。[①] 制度效率是评价制度的有效的标准，但是以效率为尺度评价制度的时候会存在很多的问题。例如制度的成本和收益难以确切考量；地方政府跨区域合作形成的制度与制度结构中其他制度的耦合程度比较低，会形成制度的低效率；制度容量的有限性会影响制度实施的效率；无法避免的制度效率递减规律的影响等。制度公平也是制度评价的重要组成部分，由于制度效率的评价存在种种缺陷，并且只有从效率和公平两方面来评价制度，才是比较全面的，所以在这里有必要引入制度公平的概念。地方政府跨区域合作治理制度评价的缺失主要表现为制度评价的主题难以确定、制度效率和制度公平的评价标准难以确定、制度评价缺乏激励机制等。

（一）制度的成本和收益难以精确考量

制度效率是用制度收益和成本比较来衡量的。制度的成本主要包括制度变革过程中的界定、设计、组织等成本和制度运行过程中的组织、维持、

---

① 杨飞：《制度效率：价值目标的契合——关于法律经济学的一点思考》，《宁夏社会科学》，1998 年第 4 期。

实施等费用；制度的收益则指制度通过降低交易成本、减少外部性和不确定性等给经济人提供的激励和约束的程度。[1] 地方政府跨区域合作制度的成本和收益是很难衡量的。一方面，考量的标准不统一。区域合作制度的效率取向是明确的：消除行政壁垒和地方保护，减少经济摩擦和冲突，形成资源自由流动、信息资源共享、交通网络发达、市场高度开放的区域经济共同体，将从总体上降低社会总的交易成本。[2] 但是类似消除区域壁垒这一目标，各个地方政府会不同对待。有些地方政府辖区内资源匮乏，发展的环境不好，就想消除区域壁垒，利用别的地区的丰富资源，使本区域得到发展；但是，资源丰富的地方政府就不想达到资源共享，可能就对有关资源共同配置方面的制度安排消极抵制。所以对于这一目标，跨区域合作制度的效率是很难计算的。另一方面，跨区域合作制度效率量化难度较大。只有通过量化的指标，才能较为精确地对效率进行测度。但是，在地方政府跨区域合作的现实中，地方政府自身没有动力去对制度效率进行评价，即使评价也没有可以借鉴的手段和工具。这些原因都导致跨区域合作制度的效率评价陷入困境。

（二）制度非耦合性的影响

由于任何一种制度安排都是嵌在制度结构中，它必定内在地联结着制度结构中的其他制度安排，因而每一种制度安排的效率还取决于其他制度安排实现其功能的完善程度。最有效的制度安排是一种函数，尤其是制度结构中其他制度安排的函数。[3] 所以，地方政府跨区域合作制度安排的效

---

① 袁庆明：《新制度经济学》，中国发展出版社 2005 年版，第 261 页。

② 庄士成、朱洪兴：《长江三角洲区域经济一体化的制度安排与架构》，《当代财经》，2007 年第 6 期。

③ 林毅夫：《关于制度变迁的经济学理论》，载《财产权利与制度变迁》，上海三联书店出版社 1994 年版，第 282-384 页。

率也取决于制度结构中其他制度安排的整体效率，只有与其他制度安排耦合，才可能实现效率最大化。制度耦合指的是制度结构内的各种要素为了实现其核心功能而有机地组合在一起，从不同方面来激励和约束人们的行为。跨区域治理制度的耦合，既包括与正式制度的耦合，也包括与非正式制度安排的耦合。当跨区域合作治理制度与现有的制度没有达到耦合，甚至产生矛盾时，就会严重影响制度效率。

（三）制度效率递减规律

制度"消费"的"边际效用递减"的一个重要含义是，制度的效率在达到最高点并经过一段时间的稳定之后，必然会伴随着"边际效用递减"而出现不断下降的趋势。[①] 一方面，制度制定出来后，在一段时间内是相对较为稳定的，改变起来也不是很容易。制度均衡毕竟是暂时的，在大多数情况下，制度处于不均衡状态。随着外界环境的不断变化，制度与制度结构中的其他制度安排契合，需要一段时间，这段时间内制度效率会比较低。随着制度耦合程度的提高，制度效率会随着提高。这段时间制度会全面地发挥其功能，并达到效率制高点。再过一段时间，随着环境的进一步变化，制度的调整速度会慢慢滞后于民众的需求，这时效率就会下降。这就是任何制度都无法避免的效率递减规律。制度可以协调复杂的过程，体现正义的原则，但可能存在臭名昭著的官僚压迫和低效率的问题。[②] 在地方政府跨区域合作中，制度的供给存在很多困境，制度的变迁就更为困难，

---

① 李怀：《制度生命周期与制度效率递减——一个从制度经济学文献中读出来的故事》，《管理世界》，1999 年第 3 期。

② 休·史卓顿：《公共物品、公共企业和公共选择——对政府功能的批评与反批评的理论视角》，经济科学出版社 2000 年版，第 10 页。

所以制度的低效率是在所难免的。

（四）制度公平与个人公平难以兼顾

制度公平指的是制度的设计能最大限度地体现时代所要求的社会公平。它是社会制度文明的重要表现，是人类社会具有永恒价值的基本理念和基本行为准则。[①] 制度公平是与制度效率相比较而言的。在地方政府跨区域合作治理公共事务中，制度公平的评价存在很多困境：不仅存在诸如制度公平的评价标准难以确定等与制度效率评价相类似的难题，同时也有自身的特点。从本质上讲，跨区域合作治理制度应该体现自愿参与、互利共赢、共同受益的公平原则，以实现地方利益和区域整体利益的双赢。

制度的公平应该先于个人公平，只有制度是公平的，个人才有可能公平，不公平的制度往往助长了个人之间不公平现象的产生。地方政府在跨区域合作治理的制度选择中，往往会以牺牲部分地方政府的私利为代价，而成全区域公共利益。这对有些地方政府以及辖区内公众是不公平的。制度不公平导致的后果，往往是地方政府间新矛盾的产生，甚至是区域合作的失败。所以，地方政府在跨区域合作制度实施中，应该注重制度的公平。在现实中，制度公平的评价面临着很多的困境，诸如制度公平的评价主体难以确定、没有统一的科学的评价标准、缺乏监督和激励机制等。

总之，我国地方政府现行的行政管理体制，在纵向上，不同区域政府对上级政府负责，不同政府职能部门对上级主管部门负责，政府之间和部门之间的相互协调沟通不是很顺畅；在横向上，每一个层级的科层结构、党政结构并存，而且政府也都是在同级党委主导下开展工作。这种"闭合

---

① 陈碧钦：《社会主义新农村建设中的制度公平问题研究》，福建师范大学硕士学位论文，2007年9月。

式"制度表现在行政管理体制上有时虽然效率很高，但多是体现在同一个政府单位内。随着区域经济一体化日益勃兴，现行的地方政府行政制度的运行面临越来越突出的困境。

第一，行政区划的阻隔。相邻地方政府间由于不存在指导与被指导的关系，也没有领导与被领导的关系。随着跨区域性公共问题大量兴起，诸如地区社会治安与犯罪问题、地方基础设施的发展问题、区域环境污染问题等，都会超越体制性的地理界限，变得越来越外部化和无界化。但是，由于受传统的行政区行政观念影响，在区域合作过程中，地方政府往往人为地制造了很多政策、体制方面的壁垒，影响了生产要素资源的流通，导致跨地区交易成本过高，限制了资源的合理配置，行政区划边界成为不同区域政府追求利益最大化的体制障碍。

第二，地方保护主义策略。地方政府为了保护自身行政区范围内的经济发展，在市场准入、跨区域行政执法、跨区域经济主体待遇等方面必然会采取地方保护主义的策略。我国目前地方政府行政管理体制下的条块分割，使得地方政府在制定各种公共政策的时候以本地区经济社会发展为出发点和核心。在招商引资时，它们首先考虑该企业是否能够增加本行政区的财政收入，解决区域内部的就业问题，而忽视区域整体产业结构协同需求。为了吸引资金、技术、人才等资源，地方政府竞相提供优惠的经济政策，造成恶性竞争、重复建设、区域产业同构等问题；在跨区域的商品和服务业的准入方面，它们人为设置了很多限制条件，忽视了构建区域统一大市场的要求，造成了市场分割的局面，影响了资源的有效流通。

第三，政治锦标赛的追逐。在现有的行政体制和干部绩效考核体制下，各项经济指标的统计以本行政区划为分界线，行政区内的经济增长速度、向国家纳税的多少等仍然是政绩考核指标的重中之重。如果现行的政绩考核制度没有发生根本性的转变，地方政府区域制度变迁的动力就不会被调动起来，最终会影响地方政府的区域共赢。

第四，财权事权的错位。我国的财政分权是在一个制度供给失衡的环境中进行的，财政分权缺乏法律保障，财政分权和行政垂直集权相矛盾，分权制度安排本身不规范。从组织机构上说，中央虽然有诸多部门管理跨区域问题，但多是纵向系统内部的央地对应关系，缺乏统一的管理部门来协调跨区域公共问题。各个系统部门之间存在的利益矛盾极易带到跨区域公共事物处理中来，造成了区域内部利益协调不畅。分权化改革虽然取得很大进展，但是中央的控制权限和范围仍然更大。财权不断上收，事权不断下放，造成了地方政府在事权与财权的严重不对称，加重了地方政府的负担。目前我国很多基层政府都出现了财政赤字。这种状况使得地方政府在获取经济、政策资源的时候仍然注重走"上级路线"，努力从上级政府获取经济发展所需的财政资金扶持、优惠政策等，而忽视通过跨区域合作取得相应资源，导致跨区域合作的效果打折扣。总之，单一区划的行政管理体制下行政权与财政权、事权与人事权的不匹配加剧了地方政府之间的利益冲突，不利于跨区域合作治理。

第五，制度供给的成本收益不匹配。地方政府跨区域合作治理是特定区域内不同利益主体的合作，但现行的行政管理体制缺乏相应的制度安排。在地方政府间跨域合作治理中，一方面制度生产面临集体行动的困境，另一方面制度供给作为一种公共物品，也会面临地方政府的搭便车行为。地方政府作为理性经济人，在面临制度供给时，都希望少投入，而将成本转嫁到他人身上，以最低的成本获得最大的收益。这样，制度供给就难以达到最优水平。

第五章 创新跨区域治理的行政机构设置

本章关注跨区域治理的组织机构建设，亦即制定与实施制度安排的载体。跨区域治理中行政制度有效运作的关键在于必须存在相应的区域组织，包括区域性公共事务管理局、区域合作论坛与合作洽谈会以及地方政府联盟等。组织机构存在与良性运转的必要条件在于充足的资源和基金，同时须对组织的运转绩效建立多元评估体系，通过监督与制裁措施形成激励约束手段。此外，还必须完善综合性政绩考核制度，对区域内地方政府的绩效进行科学的综合评价，保障区域内公共利益的实现。

一、组建地方政府联盟

区域性地方政府联盟作为府际治理机制的一种形式，可以有效实现地方治理的价值目标——效率与公平的有机融合，在充分保证地方政府自主性的基础上，强化地方政府间沟通、协商和一体化的能力。区域内各地方政府通过协商、合作的途径，签订协议，成立联合体。这种联合是一种受竞争和协商动力支配的对等权力分割体系。

在区域发展中，由于各地资源禀赋的差异，地方政府之间客观上存在着以协商、合作的形式实现各自利益最大化的共同需要。同时，地方政府在跨区域合作治理中，往往面临政治、经济、组织等层面的限制，地方政府间在合作中的"碎片化""松散化"状态，容易陷入"囚徒博弈困境"。要统合区域资源，实现区域合作治理的一个基本前提就是必须建立一个具有广泛代表性、各个利益主体平等协商的政府联盟组织，反映区域内各地方政府意愿、获得各方的普遍认同。这种区域性地方政府间强有力的联盟，能够在政府间发挥独特的协调功能，尊重地方政府的自主利益要求，同时通过积极磋商，共同着眼于经济区的合作治理与开发。

区域化发展催生了跨区域治理问题，而跨区域治理绩效的提升亦有利于促进区域经济的发展。以跨区域治理为内核的区域联盟理论，主张建立囊括政府、企业、非政府组织以及公民的稳定的网络化合作模式，共同就区域内的问题确立政策议程，通过实现区域内的资源自由流通以及生产要素优化配置，实现区域整体实力的增强。政府联盟可以超越区域内固化的地方行政区边界，将形态碎片化但彼此依赖的政治、经济与环境资源加以整合，形成具有覆盖整个区域的便利的交通网络、畅通的信息交流、全面的新闻媒体资源以及统一开放的市场有机整体。

（一）构建地方政府联盟的基本原则

政府联盟建立在区域内各地市的公共利益基础之上，其宗旨在于通过建立区域内无边界的统一市场，实现各地市（区）经济、社会协调均衡发展，合作共赢，扩大区域在国内以及国际竞争中的区位整体优势。地方政府联盟组织的建立，需要地方政府以公共利益为价值取向，主动将区域性的公共问题和公共事务纳入自身职权范围，实现区域共同治理。既要保证各个地方政府成员的自愿性和公平性，同时要保证组织自身的合法性和权威性。[①] 要保证各个地方政府自愿加入和退出，同时要获取上级政府的授

---

① 崔晶：《整体性治理视角下的京津冀大都市区地方政府协作模式研究》，《北京社会科学》，2011 年第 4 期。

权，对区域内公共事务治理拥有一定的财政权和管理权，旨在建立"开放的市场、平等的伙伴、协商的政府、自由的联盟"。

（二）地方政府联盟的组织合法性及权力来源

地方政府联盟不改变原有的行政组织架构，而是在原有基础上形成的地方政府对区域公共事务进行统筹管理的一个新组织载体，直接对各省或本省人大和政府负责并接受其监督。它并非一级行政实体。区域内各政府仅仅是在区域一体化发展中，针对利益一致的公共事务，通过协商的形式，让渡出部分公共权力，共同参与制定共同遵守的、具有一定法律效力的规章制度。其在超出所辖范围时无权干预地方性事务，与地方政府间不存在行政隶属的关系。

可由省级政府赋予其相应的权力，如区域内一定的行政调控权，包括财权、事务管理权，保障其在法定权限内充分协调好区域内地方政府间的利益关系，推进区域内政府间开展深度合作。通过信任和协调机制，促进区域经济一体化，满足共同利益诉求，最终实现双赢甚至多赢。地方政府联盟的权力来自区域内各地方政府的让渡。在保持独立自主的前提下，地方政府基于自愿达成合作契约，让渡部分管理权限交由超地区行政边界的联盟体，但其并不能随意干预地方政府的政治行为。

（三）地方政府联盟的主要职责

地方政府联盟的职责主要在于三个方面。其一，提供区域决策协商平台。在区域内决策的议案提出、制定、实施、监督、评估与修改等过程中，联盟提供各地方政府进行沟通、讨论与协商的平台。为保证决策体现区域公共利益，联盟抑或各地方政府均不能以非规范力量左右决策制定过程。其二，负责制定具有约束力的区域性规则，由跨区域治理主体共同遵守。

其规则包括：建立区域内统一市场，实现人才、资本以及商品在区域内自由流通以及区域经济自由化，外溢性公共产品和公共服务供给（环境、生态、医疗卫生、社会保障等）的区域性，增强区域凝聚力与合作力。其三，负责监督区域内地方政府的跨区域治理行为。基于区域性公共利益的考量，地方政府联盟有权对区域内的地方政府、市场组织、公民及公民社会组织违反与破坏区域合作治理协议的行为提出相应制裁，如在对沿海地区的海洋资源开发中，应本着"转变发展方式，实现科学发展"与"强化生态保护，实现持续发展"的原则和模式，对不考虑海域生态环境承载能力的过度开发与乱序开发行为给予相应的惩罚。

地方政府联盟内部可考虑设置区域交通联盟、区域就业联盟、区域环境联盟、区域旅游联盟等各个不同领域的专业职能部门，负责处理跨区域治理的具体事项。

（四）地方政府联盟的实践探索

近年来，随着区域公共事务不断增多，地方政府合作的实践不断丰富，在组建地方政府联盟方面也进行了初步探索。这里，仅以乡村振兴浙闽边界联盟和"东北陆海新通道"沿线地方政府协作联盟为例作简要评述。

1. 乡村振兴浙闽边界联盟。

乡村振兴浙闽边界联盟成立于 2018 年 5 月 14 日，属于基层政府层面的跨区域合作制度尝试。分别属于浙江、福建两个省四个县十三个乡镇的地方政府通过签订乡村振兴联盟章程，突破行政区划限制，共建合作制度、机制，实施乡村振兴合作治理新模式。[1] 闽浙边界地区跨区域合作开启时

---

[1] 郑容坤：《乡村振兴联盟：地方政府合作的实践探索》，《领导科学论坛》，2019 年 1 月。

间较早。2009 年 11 月，由浙江省庆元县发起召开的共建海西浙闽边际区域协作组织成立大会在庆元县召开，来自浙闽的 19 个县市区共同签署了《共建海西浙闽边际区域协作备忘录》，并通过了《共建海西浙闽边际区域协作组织章程》，成立浙闽边际区域协作组织。其后，又开展了松材线虫病联防联治、食品药品监管、边界矛盾调解等领域专项合作。乡村振兴联盟的成立是该区域政府合作深化的体现，也是跨区域治理机制化水平进一步提升的具体实践。

2. "东北陆海新通道"沿线地方政府协作联盟。

"东北陆海新通道"沿线地方政府协作联盟成立于 2021 年 2 月 4 日，由辽宁省锦州市和内蒙古自治区锡林郭勒盟共同倡议，由赤峰市、通辽市、阜新市、朝阳市共同响应成立。六市签署《"东北陆海新通道"沿线地方政府协作联盟协议》，在联盟成员、秘书处、磋商形式、政策及规划、营商环境、对外经贸人文交流、基础设施互联互通、港口与腹地互动、智库合作等方面达成共识。目前,联盟的运行仍在初始阶段,实施效果有待观察。

当前地方政府联盟运行存在诸多问题，与"跨区域治理"意义上的地方政府联盟相去甚远。有些仅仅是地方政府对合作形式进行的名称上的创新，大多有名无实。首先，合法性无保障。地方政府联盟的合法性来源于联盟政府成员的权力让渡和自觉遵守。就目前的实践情况而言，地方政府联盟仍然是地方政府间松散的联合，不存在权力让渡，不存在上级政府授权，更不存在超地区边界的联盟体。在此意义上，"联盟"更像是"联席会议"。其次，职责有限。目前的地方政府联盟，职责仅限于作为地方政府沟通交流的平台，没有对区域公共事务的决策权，无权制定区域共同规则并监督域内政府的跨区域治理行为。其三，定位较低。联盟的目的多为解决某一项现实问题，比如实现乡村振兴和推进东北陆海新通道建设，远远未提升至实现区域市场一体化、实现经济社会协调发展、提升区域整体竞争力的层次。

乡村振兴浙闽边界联盟与"东北陆海新通道"沿线地方政府协作联盟运行过程中存在的问题在一定程度上折射出地方政府联盟的制度安排在实施过程中遇到的现实障碍。如何进一步细化和优化制度设计，提升与跨区域治理实际问题的匹配度是需要进一步探讨的话题。

二、设立区域公共事务管理局

区域内的公共事务，如生态环境保护、交通运输、公共卫生、水资源分配与管理等公共事务的治理，往往不仅关系到一个地方政府的利益，而且关系到区域内多个地方政府的切身利益。建立区域性公共管理机构，逐步使地方政府间形成跨区域公共事务合作治理的网络，通过独立的公共事务管理部门的设置，以此作为区域内公共政策落实的载体，促进区域公共产品和公共服务的供给。作为服务整个区域的战略性公共机构，区域公共事务管理局的职能在于负责协调区域内的地方政府关系，指导监督相关主体的跨区域治理工作。例如前些年山东省提出推进省会、胶东、鲁南三大经济圈区域一体化发展，制定并印发《关于加快省会经济圈一体化发展的指导意见》《关于加快鲁南经济圈一体化发展的指导意见》和《关于加快胶东经济圈一体化发展的指导意见》，有助于打破区域行政壁垒，促进资金、技术、人力资源等市场要素在区域内的自由流通，有效降低了因地方政府的自利经济人行为而产生的区域合作治理成本。相较于山东省政府乃至中央政府，省会、胶东、鲁南三大经济圈内的各市、区地方政府享有区域发展的信息优势，直接面向区域发展的实际，可较为全面、准确、及时地掌握在跨区域治理的过程中产生跨界公共问题，而区域内公民的利益诉求亦可直接向区域内的地方政府进行直接表达。因此，成立区域公共事务管理局,区域内的地方政府可根据区域问题的实质联合制定针对性的政策。相比山东省政府或中央政府制定的针对全省或全国范围的决策,区域性公共政策则可更快、更好地解决区域性公共问题。

（一）区域公共事务管理局的法律地位

如前所述,必须以立法的形式确立区域公共事务管理组织的法律地位,保证其在跨区域治理中相对于地方政府的权威性,并作为其在区域内有效运行的前提和依据。各省级政府应当制定相应的法律法规,就区域公共事务管理局的构成、职权范围、运行原则等方面作出制度化规定。

（二）区域公共事务管理局的组织架构

区域公共事务管理局并非一级行政机构,而是存在于省级政府与区域内地方政府之间的、由地方政府基于自愿协商、共同合作基础上成立的自组织治理机构,由中央和省政府予以批准成立并对其工作进行监督和指导。区域公共事务管理局与区域内的地方政府两者之间亦非行政架构中的隶属关系。其中,前者为后者就区域性公共事务的合作治理提供了协商交流的平台,同时管理局享有由地方政府让渡的部分有关区域公共治理的职能,有权制定有关区域协调发展的整体性政策,最终由地方政府负责执行。其类似于美国华盛顿大都市区地方政府之间的整体性协调机构——华盛顿大都市区政府委员会,负责为区内各地方政府提供资源信息的自由流通、公共决策以及较低价格的政府采购等领域的服务;同时大都市区政府委员会负责管理联邦政府及州政府的专项拨款,此部分资金将按一定比例分配给大都市区内的地方政府,用于解决跨区域性公共事务,以此保证机构存在的合理性、权威性与合法性。

区域公共事务管理局可内设区域治理委员会、专题项目合作委员会、决策咨询委员会、资金管理委员会以及监督委员会等机构。它们其分工合作，以保证管理局职能的有效履行与跨区域治理目标的实现。

区域公共事务管理局的行政管理人员的产生包括四个部分。一是中央和省政府负责区域发展的机构选派管理人员进驻区域公共事务管理局，成立工作领导小组，对管理局工作和区域发展进行整体性监督，但其并不能任意干预区域性公共事务管理局做出制定的区域发展规划等政策。二是由区域内地方政府的管理人员产生管理局以及各个委员会的领导者，以此在管理局制定区域性政策的过程中，保证每个地方政府的知情权、发言权与决策参与权。三是由区域内各地方人民代表大会选举产生各个委员会的组成人员。鉴于县（区）级地方人民代表大会由选民通过直接选举的制度安排产生（而市级人民代表大会由县（区）级人大通过间接选举产生），其选民与人大代表之间的委托—代理关系相对明晰。此种制度设计在于保障区域公共管理局进行区域决策规划时有公民在场，提升决策的科学化、民主化与透明化，提高行政决策资源利用效率的同时降低了区域性决策的执行成本。四是吸纳高校科研机构的专家、学者以及社会各界的专业人士，为区域性公共事务的解决提供理论支撑与专业分析，提升区域性决策的科学化与合理化。

（三）区域公共事务管理局的职责权限

作为一个整体性区域，域内各地方城市发展水平参差不齐，地方政府之间为争夺政策资源以及资金、技术、人力等市场要素时难免会产生竞争甚或恶性竞争行为。也就是说，地方政府会在综合衡量区域利益与地方利益之后做出的行为选择未必将积极推动区域内的跨区域治理行为；同时，地方政府在采取跨区域合作治理行动时，会就采取此行动的预期收益进行评估，如果不能超出其付出的成本，则会大大影响地方政府采取集体行动的可能性和动力因素。因此，需要区域性公共事务管理局对区域内地方政府在面对区域性公共事务以及交叉性公共事务时，敦促与推动各地方政府遵守区域治理的协议与发展规划的相关要求，规范其跨区域治理行为。

第一，区域治理委员会负责整体性的区域内针对相关公共事务的公共决策商讨与制定。区域内的公共事务主要包括三部分。其一为地区性公共事务，即某一地方政府在不依赖与其他行政区的地方政府合作便可解决的公共问题或提供的公共服务，如部分医疗、公共教育问题等。其二为区域性公共事务，此类事务往往涉及区域内的公共利益，具有整体性和外溢性特征，如流域治理、空气质量改善以及环境保护等。针对区域内的具体情况，区域性公共事务则表现为在海洋资源的共同开发与利用、海洋生态环境保护、铁路等交通基础设施建设等方面，单靠某一地方政府无法完成、需要区域的地方政府实施跨区域治理，由区域公共事务管理局的区域治理委员会负责协调地方政府间关系来解决跨界公共问题。其三为交叉性公共事务，即某一公共产品的生产或公共服务的供给的部分涉及区域公共利益，需要区域性公共事务管理局的区域治理委员会进行区域整体协调，避免因地方政府过分考虑自身利益而导致治理失灵。

第二，专题项目合作委员会负责在具体的项目合作过程中调节地方政府间的跨区域治理行为。其成员由区域内各地方政府的职能部门（规划局、交通局、教育局、公安局、市政公用事业局、人力资源与社会保障局等）按比例产生。专题项目合作一般为双边合作，以减少达成与实施项目合作协议的时间成本与地方政府间的博弈成本；同时，项目合作需要基于地方政府的协商共识，形成具有可行性的中长期项目合作协议，作为行动依据约束地方政府的跨区域合作治理行为。专题项目合作的领域主要集中在行政区划调整、电力、消防、交通、人才交流、共建医院与学校等具体性公共产品与公共服务的供给等方面。专题项目合作委员会应积极协调各地之间的关系，为各地开展跨区域合作提供交流平台。

第三，决策咨询委员会作为区域性公共事务管理局内的智囊机构，负责为区域性公共事务的解决提供专业意见和建议。区域性公共事务管理局应重视高校科研机构的"智囊"作用，以大学以及研究院等高校科研机构为主体，组建跨区域治理的咨询参谋机构，为区域性公共问题的解决提供科学性化论证，向地方政府提供可供讨论的方案以及专业性意见和建议，推动形成决策共识。在珠江三角洲的区域一体化发展进程中，中山大学的"港澳和珠江三角洲研究中心"以及暨南大学的"特区港澳研究所"等科研单位，在珠三角的区域公共管理进程中扮演了不可或缺的角色；而自长江三角洲第二次城市经济协调会开始，浙江、上海等高校的专家学者开始参与到会议过程中，就长三角城市间的合作治理提出专业性意见和建议。

除重视科研人员的重要作用之外，应积极吸纳企业代表以及农业、科技等发展方面的杰出精英参与到决策咨询机构的日常运行中。一方面最广泛地听取与掌握社会各界对区域性公共事务治理的意见和建议，促进区域性公共决策的制定充分反映区域公共利益，切合实际，切实可行。另一方面，跨区域治理的目标之一是创造区域价值，更新区域发展模式。只有全面掌握市场信息以及社会各个层面对区域发展以及区域建设的总体期望，充分了解当前区域一体化进程中出现的治理问题，才能对症下药。

第四，资金管理委员会负责筹措与管理区域性公共事务管理局的运行资金，合理安排区域资金使用。区域性公共事务管理局不是一级行政机构，并不具有向区域范围收取税费的权力，其运行资金主要来源于三个部分。一是中央与省政府的专项财政拨款以及税收转移支付。二是区域内各地方政府按照一定比例让渡的部分财政收入，形成"税基分享"。税基分享在美国的大都市区治理的过程中运作较为成熟。以双子城（明尼阿波利斯—圣保罗大都市区）为例，其在工商业房地产价值的增值部分中，提取

40% 作为双子城的共享资金，用于提供大都市区范围内的公共服务。而由共享资金创造的区域性价值则基于对各个地方政府的发展需要以及人口比例重新分配，以此缓解都市区内的地方政府对税源的恶性竞争行为，改善经济发展相对落后地区的生存环境。三是惩罚性收入，包括对区域的地方政府、市场组织等违反区域治理协议及发展规划的罚款，以及对造成跨区域污染等生态环境破坏行为的企业执行的罚款等。可考虑重新划分区域内跨区域企业等市场组织的税费比例，将其一部分交由区域联盟；抑或以各个地方本年度地区生产总值为依据，按照一定的比例将地区性收入的一部分交由区域联盟，作为联盟运转资金以及由于跨区域生产而产生环境跨区污染、利益跨区转移等对利益受损的地方政府进行补偿的财政支持。

资金管理委员会应科学、合理地安排区域内区域性资金用度，比如：用于跨区域的公共问题的解决以及公共服务的提供，为地方政府实施跨区域治理行为提供资金保证；用于支持服务于区域发展的科技创新与科研课题的研究管理工作，加快人才团队建设，提高区域重大理论和实践问题的研究水平；用于补偿区域内各地方政府在跨区域治理过程中的利益损失。

第五，监督管理委员会以信用评价与监督指标为依据，负责评估与监督区域内各地方政府在跨区域治理中的行为绩效，形成一定的激励或惩罚。监督委员会的管理人员应包括由中央和省政府的选派人员以及企业与公民代表等，以确保监督行为的公平性与全面性。监督委员会须形成评估与监督报告提交区域性公共事务管理局并向区域社会公开，以此作为对区域地方政府进行激励或惩罚的依据。其激励的具体措施包括：为地方政府提供较多的倾斜性政策支持，在合作项目的建设方面给予优先考虑，并将此项措施逐步成为制度性规范；对地方政府取得的积极成果在区域联席会议或省政府的相关会议中给予表彰；在区域内的政务信息公开平台以及电视、报纸等传统大众传媒媒介上予以表彰。

三、组织区域合作论坛与合作洽谈会

区域合作论坛与合作洽谈会的主要职能在于为区域内的地方政府与其他组织的跨区域治理与合作发展提供平等的交流平台。应每年至少召开一次，由区域的大中小企业、各市（区）地方政府以代表团的形式参加，按照各地方政府"共同举办，轮流承办"的原则，由区域内的地方政府轮流举办。代表团成员应在区域合作论坛与合作洽谈会期间，积极就区域发展问题、招商引资、项目建设协议等方面进行磋商，更重要的是就区域内的区域产业分工、区域经济发展合作体系、区域统一市场以及区域发展整体规划等方面进行谈判、对话与协商。

合作论坛与合作洽谈会应下设专题项目组与联络组，就区域内的不同领域（区域规划、商贸、能源、交通、信息、旅游、生态环境保护等）就不同范围的主体进行区域重点合作，明确年度论坛与洽谈会的主题，联系并吸纳不同层面的主体参与。

就论坛的实际组织方式而言，目前有两种模式可供借鉴：泛珠三角模式和京津冀模式。泛珠三角模式是开启时间最长，发展最成熟的区域合作论坛。作为泛珠三角区域合作治理的平台，泛珠三角区域合作与发展论坛以及泛珠三角区域经贸合作洽谈会自2004年首次召开以来，至今已举办13届。论坛由区域内"9＋2"各方政府主办，每届由不同政府轮流承办，并围绕不同主题邀请政府、企业界和学术界代表人士参会。在论坛召开之前，区域内的网络、电视、报纸等多种信息传播媒介均对此进行大规模的报道，扩大其在区域内的影响范围，以试图对既有甚或潜在的论坛与合作洽谈会参与者产生实际的潜移默化的影响。数据显示，仅在2004年至2012年间，泛珠江三角洲区域内的地方政府以及港澳特别行政区政府累计签约项目1.73万个，签约总金额达到2.6万亿元，极大地推进了区域经济一体化的发展进程。

与泛珠三角模式"联合主办、轮流承办"的组织方式不同的是，京津冀模式体现了多渠道、多元化的特点。京津冀协同发展上升为国家战略后，其本身具有的重要地位吸引了各行各业的关注。虽然不存在京津冀三地政府主办的区域合作论坛，但是政府、学术和企业界积极参与，在不同行业组织了有影响力的论坛活动。

一是京津冀协同发展论坛。该论坛由人民日报社主办，目前分别于2014 年和 2018 年举办。论坛旨在探讨交流京津冀三地在政策协同、产业协作、创新协力等方面取得的经验，为三省市务实推进协同发展建言献策、提供智力服务和舆论支持，增强加快京津冀协同发展的自觉性、主动性、创造性。参会人员包括全国人大、全国政协领导，北京市、天津市、河北省领导以及国家和京津冀三地发展改革、交通运输、生态环境等部门负责人。

二是京津冀协同发展正定论坛。正定论坛由民建北京市委、民建天津市委和民建河北省委主办，于 2015 年和 2016 年举办两届。论坛旨在为京津冀协同发展建言献策，发挥建言直通车作用，为京津冀发展争取战略和政策支持。论坛汇集三地专家学者，持续关注京津冀协同发展，聚焦落实五大发展理念、北京非首都功能疏解、加快交通一体化进程、加快产业联动发展、加强污染联防联控、构建协同创新共同体、完善现代城镇体系等重大课题，联合调研，协同发力，共同为推动京津冀协同发展贡献智慧。2015 年正定论坛下设三个分论坛，分别围绕"非首都功能疏解与京津冀协同发展""产业转型升级与京津冀协同发展""公共服务一体化与京津冀协同发展"等专题进行研讨。2016 年正定论坛设北京、天津、河北三个分论坛，主题分别为打造创新共同体促进京津冀协同发展、以改革开放先行促进京津冀协同发展和搞好节点城市与微中心建设促进京津冀协同发展。

此外，粤港澳大湾区近年来也形成了探讨推进跨区域合作的机制化论坛。就影响力而言主要是由《经济观察报》主办的"粤港澳大湾区发展论坛"，分别于 2019 年和 2020 年举办两届，参会者多为学术研究院所、智库的专家学者和媒体从业者。该论坛旨在与社会各方共同探讨湾区未来发展路径，见证粤港澳大湾区在新一轮经济全球化的格局下，如何打造成真正的世界级湾区，成为驱动中国经济发展的引擎中心。与泛珠三角模式和京津冀模式相比，参与该论坛的区域内省级政府较少，但是有望开辟出学术论坛引领，政府、企业多元参与的新发展模式。

第六章 创设跨区域治理的联席会议制度

实践中，随着区域一体化和跨区域合作治理的不断推进，地方政府间联席会议已经成为我国地方政府间进行横向合作的主要形式，但其具体名称却存在较大差别，如"联席会议领导小组会议""主要领导定期会晤机制""城市或发展论坛""协调委员会""行政首长联席会议"等。虽然具体称呼不尽一致，但是其运作方法是基本一致的，即不具有行政隶属关系的地方政府或职能部门，通过行政首长或部门领导的定期或不定期会晤，商讨区域合作中面临的重大问题，并在平等协商的基础上达成相关的合作协议，以解决跨区域合作治理过程中遇到的问题。

目前，学界对"联席会议"及"联席会议制度"的认识尚不统一，也没有形成规范性的定义。刘东辉对行政联席会议制度进行了初步界定，他认为行政联席会议制度是无隶属关系的行政主体间为解决问题而自愿召开会议的协调合作机制。[①] 陈光认为联席会议是由来自不同地区或不同部门的代表（如负责人或其他工作人员），为特定目的而联合召开的会议，它是一项协调参加区域合作各主体间行为的有效机制。[②] 彭庆军认为，联席

---

① 刘东辉：《行政联席会议制度刍论》，《人民论坛》，2012 年第 35 期。.
② 陈光：《论区域立法联席会议机制》，《学习与探索》，2011 年第 2 期。

会议是指由没有上下级隶属关系，但有紧密工作关系的单位，为了解决其共同存在或面临的问题，由一方或多方牵头，自愿参与的会议，它旨在通过召开联席会议的形式，加强联系与沟通，相互学习借鉴经验，研究探索新经验、新方法。① 基于实践的探索和学者们的理论研究，并结合区域一体化和跨区域合作治理背景，地方政府间联席会议制度可定义为：跨行政区域的、无上下级隶属关系的地方政府之间为实现跨区域合作治理，解决区域治理过程中面临的重大问题，地方政府行政首长或职能部门领导通过召开会议的形式，在自愿和平等协商的基础上达成相关的合作协议，以促进区域内地方政府间合作和协调发展的制度。

一、地方政府间联席会议制度的基本属性

（一）地方政府间联席会议制度的理论依据

1. 新区域主义理论。

新区域主义理论最早是由诺曼·帕尔默（Norman D. Palmer）提出的，指的是 20 世纪 80 年代出现的世界范围内的区域合作新浪潮。虽然新区域主义最初解释的是世界范围内国家之间分工与协作的一种理论形态，但随着其影响不断扩大。新区域主义被引入到国家范围内区域发展问题的研究之中，并成为解释区域一体化过程中政府关系和具体合作机制的重要理论。

首先，新区域主义理论认为在解决跨区域问题时应正确处理竞争与合作的关系，无论是政府架构重建还是在原有行政规划的基础上创新协作机制，核心都是激发行政主体之间的协作。其核心观点认为应该在区域内不

---

① 彭庆军：《建立武陵山区跨省际教育联席会议制度的思考》，《民族论坛》，2013 年第 2 期。

同地方政府之间建立跨区域的策略性伙伴关系。它并不坚持上级政府对下级政府的统一指导，或是在不同级别政府间设立机构来进行统一管理。它主张区域内各地方政府为了共同利益自发组成某种区域联盟，进行合作治理。其次，新区域主义认为传统的科层制会因为成本和利益分配不均造成区域成员的非经济理性。因此，它主张区域内地方政府的协作必须建立在利益一致的基础上，从而促进区域内信息的相互交流与合作目标的实现。再次，新区域主义注意在区域内外形成不同层次和不同水平的横向和纵向分工协作，其内容更加丰富，不仅包括政治、经济合作，还包括环境保护、教育、科技等社会领域的协作，广泛涉及民主、人权、环境、社会公正、文化等区域公共事务。①

近年来，随着我国区域一体化进程的不断推进，新区域主义理论被引入到我国，并对我国跨区域合作治理和区域协作机制的构建产生了重大影响。新区域主义理论的许多观点与我国跨区域治理实践中广泛存在的联席会议制度存在许多契合之处。新区域主义理论是解释和阐述地方政府间联席会议制度的重要理论基础，是建立和完善地方政府间联席会议制度的重要指导。

2. 行政区与经济区关系理论。

行政区是国家权力配置在空间上的表现形式，隐藏于其后的是一种相对稳定和制度化的政府权力与利益的划分方式。经济区是在一定地理空间范围内，由一组经济活动相互关联的地区组合而成的经济地域单元，是具有超强集聚性的区域经济的空间组织实体。行政区与经济区是两种具有不同特点的区域类型。② 根据刘君德教授的观点，两者的不同主要表现在以

---

① 贾彦利：《新区域主义与长三角区域化》，《商业时代》，2006 年第 218 期。
② 刘小康：《"行政区经济概念"再探讨》，《中国行政管理》，2010 年第 3 期。

下方面。第一，行政区是与一定等级的政府相对应的政治、经济、社会综合体，而经济区则是与一定等级的经济中心（中心城市）相对应的自然、地理和经济综合体。第二，行政区具有完整的纵向行政系统，并依托这一系统实现其有效运转和职能，而经济区依靠的是发育不均衡的横向经济网络，主要通过市场机制自发调节。第三，政府是行政区内最高决策和利益主体，有自己的决策权、调控权和利益诉求，而经济区不存在全区性的决策和利益主体。最后，行政区具有明确和相对稳定的区域边界并具有法律效应，而经济区没有固定明确的边界，其边界是动态变化的、模糊的。①

从其本质上看，行政区的划分是出于国家政治统治和管理的需要，具有明显的政治色彩，属于上层建筑范畴；而经济区根据经济关联程度对行政区进行的战略组合，是社会生产地域分工的空间表现形式，属于经济基础范畴。因此，两者的关系上升到理论层面就是经济基础与上层建筑的关系。然而，实践中，各级政府往往出于自身利益的考虑，忽视了行政区与经济区的相互关联性，按照行政区来组织和调控经济发展，导致行政区经济的产生，目前该现象在我国的各大区域还广泛存在。这种经济发展模式一方面强化了政府对经济的干预，更严重的是阻碍了区域统一市场的形成和发展。行政区和经济区的内在发展逻辑，让我们深刻地认识到要想推动区域一体化取得实质进展，就必须解决实践中行政区与经济区二元重叠、相互制约的问题，地方政府间联席会议制度无疑成为在尊重现有行政区划背景下，实现地方政府间跨区域合作治理和推动区域经济一体化的一种重要机制。

3. 政府间横向关系理论。

随着我国市场经济的快速发展、行政体制改革的逐步推进以及地方政

---

① 刘君德：《中国行政区划的理论与实践》，华东师范大学出版社 1996 年版，第 31-32 页。

府自主性的不断增强，地方政府组织和管理地方经济、社会发展的积极性和主动性空前提高。同时，仅靠单一政府无法解决的公共事务也越来越多，以经济、社会发展中的竞争与合作以及在跨区域公共事务中合作治理为基础的地方政府间横向关系得到了迅速发展。

在分权化改革的不断推进下，地方政府获得了发展地方的自主权与主动权，而且地方发展水平与政府官员的行政绩效直接挂钩，因此，地方政府成了地方利益的代表者和实现主体。在区域资源有限的条件下，地方政府为了追求自身利益的最大化必然会展开各种博弈，这种博弈既有竞争性的也有合作性的。在现实中，地方保护主义、经济封锁、产业趋同、重复建设、资源大战等"行政区经济"现象一直存在。"行政区经济"分割了区域市场的统一、阻碍了生产要素的自由流动，使得区域资源无法得到合理配置，从而阻碍了整个区域的共同发展。但是，也应该看到，随着区域一体化的不断发展，地方政府之间的共同利益越来越多，为了实现优势互补，地方政府之间的交往和合作也日益增多，同时，在发展过程中呈现出一些依靠单一政府无法解决的难题，如环境保护、流域治理等，这也使得地方政府之间不得不进行相互协作。

纵观当前我国发展的实际，由地方政府追求共同利益和社会劳动地域分工推动的地方政府间合作获得了蓬勃的发展。地方政府间的这种合作极大地促进了生产要素的自由流动、资源的合理开发和区域共同市场的形成，区域整体和综合实力实现重大突破。因此，协调地方政府间关系，促进地方政府间合作成为当前亟需解决的问题，而有效和系统的制度设计是协调地方政府间横向关系的必由之路，地方政府间联席会议制度作为一种经过实践检验的协调机制具有相对优势。

（二）地方政府间联席会议制度的特征

虽然学者们对联席会议制度的理解和具体表述各有不同，但是他们都关注联席会议制度的自愿性和协调性等特性。综合学者们的不同观点和地方政府间联席会议制度运作的具体实践，可以总结出地方政府间联席会议制度具有以下基本特征。

1. 主体多元性。

跨区域合作治理的基本内涵之一即是多元治理。地方政府间联席会议制度作为地方政府间跨区域合作治理的有效合作与协调机制，应当而且实际上也是一种多元主体参与的机制。

从宏观上来说，地方政府间联席会议是由跨越行政区域的、无行政隶属关系的地方政府共同参与的制度，或是由区域内多个省级政府共同参与的，如泛珠三角区域合作行政首长联席会议，或是由区域内无行政隶属关系的市级政府参与的，如环渤海区域合作市长联席会议制度，或是由区域内多个省级或市级政府职能部门共同参与的，如长三角地区环境保护合作联席会议制度——该制度就是由江苏、浙江、上海三地环保部门共同组织、参与的。

从微观上来说，参与地方政府间联席会议人员的身份与级别也不尽相同，既有行政首长也有日常工作负责人。根据《泛珠三角区域合作行政首长联席会议议事规则》的规定，泛珠三角内地省（区）政府的副省长（副主席）和香港、澳门特别行政区政府相应官员，秘书处正副秘书长，合作各方日常工作办公室负责人和联络员，秘书处和当年联席会议承办方有关工作人员等列席会议。同时，根据会议需要，可以邀请国家有关部门、合作各方相关部门的负责人，企业和有关研究机构的负责人等列席会议。由此可见，地方政府间联席会议的参与主体并不囿于地方政府行政首长，合作各方日常负责人、会议相关工作人员、国家相关部门、企业和相关研究机构都是地方政府间联席会议的重要参与方。

2. 自愿性。

从地方政府间联席会议制度的概念可以看出，地方政府间联席会议是由跨越行政区域的、无行政隶属关系的行政主体之间的合作机制。这些行政机关之间并非上下级关系，不存在领导与被领导的行政隶属关系，主体之间的非隶属性决定了地方政府间联席会议以议题自治为基础。地方政府自愿决定是否参加联席会议，自愿决定是否与其他各方达成合作，自愿决定是否接受合作形式和合作条款。随着区域一体化的不断推进，越来越多的地方政府积极、主动地参与到地方政府间联席会议中来，希望借助这一平台，发挥区位和联合优势，促进自身发展。具体而言，地方政府间联席会议制度的自愿性主要体现在以下几个方面。

首先，地方政府自愿决定是否参加区域内相关领域的联席会议。不能否认，跨区域合作治理对区域内各地方的影响是需要具体分析的，有的可能是共赢的，有的可能需要部分地区放弃一定的利益为代价。因此，各地方政府在关乎自身利益的问题上，有自愿决定是否参与相关联席会议的权利。

其次，会议成员选择的自愿性。同一区域内，不同地方政府的情况千差万别，从联席会议的有效性和针对性出发，地方政府完全有理由根据合作的具体领域选择最佳合作对象。如环渤海地区的一些地方政府间联席会议并非将环渤海区域内的所有地方政府囊括在内，而只是选择其中的一部分作为联席会议成员单位。山东区域联席会议的成员只是山东半岛相关城市，并不涉及环渤海区域内的其他地方政府。

第三，会议内容和履行模式也是由联席会议成员自愿确定的。在法定权限之内，地方政府有自主决定联席会议内容和履行模式的自由，各地方政府可以就这两方面的问题自由表达自己的观点。在自愿的原则下，各地方政府通过协商确定联席会议的主要内容和履行模式。

3. 平等性。

地方政府间联席会议制度是建立在区域平等的法治基础之上的，平等性是其基本特征。无论是泛珠三角、长三角还是京津冀等区域的地方政府间联席会议制度都体现了平等的基本精神。有的直接在相关文本中做了明确的规定，如《泛珠三角区域合作行政首长联席会议章程》中指出要加强各区域政府部门间的横向联系与交流，平等合作。有的虽然未直接、明确规定地方政府间联席会议制度的平等性，但都通过相关规定或条款，体现了平等的基本精神。如联席会议由合作各方轮流承办，联席会议的组成人员由合作方同级别的行政人员组成等。具体来说，地方政府间联席会议制度的平等性主要体现在以下三个方面。

第一，合作各方的法律地位平等。省、自治区、直辖市和特别行政区之间是平等的，如浙江省和上海市在法律地位上是平等的；同时，跨省的地方政府及其职能部门也是平等的，如云南省昆明市与四川省成都市。

第二，合作各方权利义务平等。跨区域合作治理的内容由各方协商一致确定，任何一方都不能依靠自身在经济实力、政治地位上的优势，迫使他方承担更多的义务，给自己设定更多的权利。当然，这并不意味着各方的权利与义务是均等的，而只是机会或资格的平等。

第三，职责履行的平等。合作各方在履行联席会议制度规定的职责及达成的合作协议时，必须按照相关规定及协议平等、全面的履行各自的职责与义务，不得强制其他合作方履行职责，也不得在自己为履行职责的条件下要求他方履行职责。

4. 协商性。

地方政府间联席会议制度是地方政府通过对话与协商以各方都能接受的方式实现跨区域合作治理的一种制度。协商贯穿于地方政府间联席会议的整个过程，经过协商达成的一致意见也称为协议。

首先，从过程的角度理解，地方政府间联席会议是区域内地方政府之间反复协商、沟通互动的过程，是合作各方不断博弈的过程。至于能否最终达成合作协议，需要合作各方在协商和对话的基础上予以确定。

其次，合作的内容和形式是由各方协商确定的。合作的内容和形式直接关系到各地方政府的切身利益，同时，区域内地方政府之间具有独立性和平等性，这就决定了单方或部分主体不可能强迫其他主体接受其确定的合作内容与形式。因此，协商成为唯一的方式。

再次，协议的履行也是由地方政府之间协商确定的。现实中，地方政府之间达成的合作协议多是过于意向性和原则化，实施的可操作性差。因此，为了实现跨区域合作治理的目的，需要对履行的方式和内容进行具体化和明确化，这个过程仍然需要地方政府之间的相互协商。

最后，合作纠纷也是通过协商予以解决。地方政府间联席会议本质上是跨区域合作治理中的一种利益配置手段，故在合作过程中难免会产生纠纷，为了保证跨区域合作治理的持续，地方政府之间需要协商确定纠纷解决机制并协商解决纠纷。

（三）地方政府间联席会议制度的类型

随着地方政府间联席会议制度在区域协调与合作中运用的日益广泛，其类型也呈现出多样化的趋势。根据不同的标准，可以划分为多种类型，比如根据召开形式可分为定期会晤和不定期会晤，根据参与主体数量可分为双边和多边，根据会议结果是否签署协议可分为正式会议和非正式会议等。较为常见的分类方法主要包括以下几种。

以地方政府间联席会议的参与主体为标准，可将其分为行政首长联席会议、秘书长联席会议和地方政府职能部门联席会议。比如，泛珠三角区域合作行政首长联席会议、环渤海区域合作市长联席会议和长三角区域合作与发展联席会议都是行政首长联席会议，其参与的主体为区域内各省区或市的行政首长。秘书长联席会议是由区域内地方政府秘书长或副秘书长参与的联席会议，如泛珠三角区域合作政府秘书长协调会，虽然该会议并没有直接以联席会议命名，但在本质上该会议就是联席会议。地方政府职能部门联席会议是指由地方政府职能部门负责人直接参与的联席会议，如长三角农林渔业局长（主任）联席会议、长三角港口管理部门合作联席会议、泛珠三角区域科技合作联席会议等。

按照会议议题的数量可以将地方政府间联席会议分为单一议题型联席会议和多议题型联席会议。单一议题型联席会议是指地方政府之间历次会议仅仅就某一固定的单一事项进行商讨，以求达成某种共识或解决某种问题。如南水北调中线水源保护联席会议，该会议仅以南水北调中线水源保护为议题，而且历届会议都是围绕这一议题。多议题型联席会议是指在历届联席会议会有多项议题须各地方政府共同商讨，而且每届会议的议题并不相同，甚至存在很大差异。例如，泛珠三角区域合作行政首长联席会议每届会议会涉及多个议题，如区域基础设施建设、区域资源共享、区域环境保护等，而且其每届会议的议题会根据当年区域发展的实际状况进行调整，并不完全相同。

根据地方政府间联席会议涉及的领域又可将其分为能源、交通、旅游、工商行政管理、信用建设、文化教育、人才开发、创新体系建设、标准化服务以及环境保护等多个领域的联席会议。例如，泛珠三角区域工商行政管理部门高层联席会议，苏浙沪工商行政管理联席会议与关中—天水经济区工商行政管理联席会议同属工商行政管理领域的地方政府间联席会议；苏浙沪两省一市知识产权联席会议、泛珠三角区域知识产权合作联席会议同属知识产权领域的联席会议。

（四）地方政府间联席会议制度的比较优势

行政区和经济区之间的矛盾以及区域市场行政性分割，已经成为阻碍跨区域合作治理和区域一体化的最大障碍。建立和完善有效的地方政府间合作与协调机制，规范和约束地方政府行为成为清除这一障碍的关键。在众多的区域合作与协调机制中，联席会议制度正焕发出蓬勃的生命力，逐步成为地方政府间进行信息交流与共享、优化资源配置、规划区域发展和处理地区争端的最重要机制。作为区域内地方政府间合作的主要形式，相较于其他合作形式，地方政府间联席会议制度的优势主要体现在以下几个方面。

第一，行政首长或部门领导直接参与联席会议并缔结相关合作协议，有利于议定事项和合作协议的真正落实和履行。这是其他合作形式所不能比拟的。我国《宪法》《国务院组织法》《地方各级人民政府组织法》都规定我国实行行政首长负责制，政府行政首长和各级行政机关部门负责人在我国的政治生活和行政管理体制中具有举足轻重的地位，对协调区域地方政府之间的利益、解决区域内地方政府之间的矛盾和冲突能起到事半功倍的效果，也会极大地推进联席会议合作协议的贯彻执行。

第二，地方政府间联席会议制度的行政成本相对较低。地方政府间联席会议是地方政府首长或部门领导之间的一种定期会晤机制，以高层会晤的形式商讨和解决区域重大或原则性问题，而且会期较短，只需要与联席会议相关的组织费用。地方政府间联席会议合作协议的履行主要采用的是自主履行模式，往往不需要重新建立新的机构，而是可以利用已经存在的各种组织形式，即使必须设立新的组织机构，也可以多个合作协议共用一个组织平台，而无须一一对应。

第三，地方政府间联席会议制度更符合地方政府间横向合作的平等民主原则。地方政府间联席会议的组织形式灵活，采取由各地方政府轮值牵头、轮流承办的方式，各地方政府能够有同等机会承办联席会议，成为会议的承办方和牵头方，行政首长或部门领导成为本届联席会议的执行主席；作为参与主体的各地方政府或其职能部门在会议上拥有同等的地位和发言权，不存在上下级之间的领导与被领导关系。

二、地方政府间联席会议制度运行状况

跨区域合作治理的最大问题在于，如何创新和构建与之相适应的组织体制和运行机制。多年来，长三角、泛珠三角、京津冀及其他地区政府进行了积极探索，积累了丰富的经验，地方政府间联席会议制度已经成为各地区重要的协调合作机制之一。

（一）长三角地区的地方政府间联席会议制度

1. 形成背景。

区域一体化进程中的长三角，虽然以地理上的长三角为基础但又不同于地理上的长三角，它有着严格的界定。根据 2010 年国务院批准实施的《长江三角洲地区区域规划》，长三角的范围包括上海市、江苏省和浙江省，以上海市和江苏省的南京、苏州、无锡、常州、镇江、扬州、泰州、南通，浙江省的杭州、宁波、湖州、嘉兴、绍兴、舟山、台州 16 个城市为核心区，统筹两省一市发展，辐射泛长三角地区。

改革开放以来，长三角地区锐意改革，开拓创新，实现了经济社会发展的历史性跨越，已经成为我国目前经济发展水平最高、发展速度最快的地区之一，区域合作正在不断加强、合作协调制度正在不断建立和完善。自 20 世纪 80 年代开始，中央就开始了长三角一体化的战略规划。从 20 世纪 80 年代起，长三角区域在地方政府合作方面取得了丰富的成果，运

行机制日趋完善。1992 年 5 月，由上海市，浙江的杭州市、宁波市、绍兴市、嘉兴市、湖州市、舟山市，江苏的南京市、南通市、无锡市、扬州市、苏州市、常州市、镇江市等 14 个城市的经济协作办公室牵头，共同召开"长三角城市协作办主任联席会"，上海为常务主席方，定期举办经济协作联席会，协调城市经济发展事宜。5 年后发展成为长三角城市经济协调会，为长三角地区政府间联席会议的发展和完善奠定了良好基础。

2. 运行现状。

现行的长三角联席会议制度主要分为三个层次：决策层、协调层和执行层。

决策层为"长三角地区主要领导座谈会"。2004 年，上海、江苏、浙江三省市建立了省市级主要领导座谈会制度。2009 年，随着安徽省纳入长三角地区发展中，两省一市主要领导座谈会升级为三省一市主要领导座谈会。截至目前，长三角地区主要领导座谈会已举办 17 次。虽然该座谈会并不是以联席会议命名，但其实质与联席会议制度是一致的，都是由跨行政区域的、无上下级隶属关系的地方政府之间为实现跨区域合作治理，促进区域间的合作和协调发展，通过召开会议的形式解决问题的协调合作机制。该座谈会由三省一市主要领导参加，主要任务是决定长三角合作的方向、原则、目标与重点等重大问题。比如，在 2021 年 5 月份最新举行的座谈会中，三省一市主要负责人均到会，围绕新的阶段长三角一体化发展所面临的新形势、新任务，三省一市推进一体化发展的工作成效，以及探索形成新发展格局的路径、夯实长三角地区绿色发展基础、增强区域协同高质量发展动能等方面进行了深入讨论。

协调层为"长三角地区合作与发展联席会议"。它是在 2001 年成立的沪苏浙经济合作与发展座谈会基础上建立起来的，2009 年召开第一次联席会议。会议主要议题是回顾、总结当年长三角合作成果，结合当前长三角合作发展面临的新形势、新任务，确定下一步合作议题。重要会议成果包括签署《2009 年长三角地区合作与发展联席会议纪要》《2010 年长三角地区合作与发展联席会议纪要》，以及审议通过联席会议工作制度和重点专题组工作制度。根据《长三角地区合作与发展联席会议制度》的规定，长三角地区合作与发展联席会议按照长三角地区主要领导座谈会的轮值顺序轮流承办，每年召开一次，由长三角地区两省一市和安徽省常务副省（市）长带队出席。联席会议的主要任务是：做好主要领导座谈会筹备工作，落实主要领导座谈会部署，协调推进区域重大合作事项。联席会议的主要议程是：分析区域一体化发展面临的新形势、新问题，总结交流长三角区域合作与发展工作情况，协商确定新一轮合作的方向和重点，协调解决区域发展重大问题。① 联席会议确立了"高层领导沟通协商、座谈会明确任务、联络组综合协调、专题组推进落实"的具体工作制度。从 2001 年开始至今，这一座谈会已在省市层面上举办多次，涉及交通、旅游、社保、人力资源管理、征信、创新、新能源等领域达达成合作意向，并在许多领域签署了府际合作协议。

执行层包括联席会议办公室和重点合作专题组。两者负责具体推动长三角区域合作工作。联席会议在省（市）发改委下设办公室，主要职责是贯彻落实主要领导座谈会和联席会议确定的重大事项和重点目标任务，负责《国务院关于进一步推进长江三角洲地区改革开放和经济社会发展的指导意见》和《长江三角洲地区区域规划》的组织实施，开展有关长三角一体化发展的重大课题的调查研究工作，协调推进各重点合作专题组和城市

---

① 寇大伟：《我国区域协调机制的四种类型——基于府际关系视角的分析》，《技术经济与管理研究》，2015 年第 4 期。

经济合作组开展专项合作，提出联席会议商讨的合作项目和研究专题，承担长三角区域合作的日常联络协调工作等。[①] 重点合作专题组是由三省一市业务主管部门牵头成立的专题组，已经从 2001 年最初的 5 个逐步发展到交通、能源、信息、科技、环保、信用、人社、金融、涉外服务、产业转移和城市经济合作共 14 个合作专题，积极推进长三角一体化重点合作事项。据统计，专业领域内的合作机制达 30 多个，如长三角城市生态园林协作联席会议、长三角区域创新体系建设联席会议、长三角数据智能产业合作发展联席会议、长三角妇联主席联席会议、长三角审计机关工作协同机制联席会议、长三角对外宣传联席会议等。

长三角地区除了在区域整体层面建立的联席会议制度之外，还在次级区域内次级经济圈层面形成了较为成熟、运作良好的联席会议制度，较有影响力的主要包括南京区域经济协调会市长联席会、杭州都市经济圈市长联席会议、浙东经济合作区市长联席会议等。

3. 简要评述。

长三角联席会议制度建立以来，长三角两省一市重视区域内以及和安徽省的互联互动，围绕建设常设机构、筹建专题组、安排主要会议等重大问题反复磋商，认真讨论，共同研究起草有关制度文件，推动联席会议工作步入规范化和制度化的轨道。2009 年，长三角地区合作与发展联席会议通过了《长三角地区合作与发展联席会议制度》和《长三角地区重点合作专题组工作制度》两个制度文件，为建立健全联席会议制度和促进"协调层"高效运转创造了条件。历届长三角地区主要领导座谈会均提出深化

---

① 寇大伟：《我国区域协调机制的四种类型——基于府际关系视角的分析》，《技术经济与管理研究》，2015 年第 4 期。

和扩大区域合作的对策建议，明确了长三角合作的新重点、新任务，为下一届长三角合作与发展联席会议工作指明了方向。重点合作专题是长三角地区合作与发展的核心内容和主要抓手，遵循"先易后难、与时俱进"的原则，从最初 2001 年的 5 个逐步发展到 2013 年的 12 个，包括交通、能源、信息、科技、信用、涉外服务、社保、人力资源、城市、金融、产业转移、环保、工商等。合作专题组积极推进长三角地区交通一体化、能源供给保障、信息共享、创新体系建设、环境保护平台建设、信用"长三角"、金融业联动发展、异地就医管理服务协作、电子口岸实体平台建设、公平交易执法等一批重点合作事项。[①]

长三角联席会议制度与其他地区最大的不同在于它"三级运作、统分结合、务实高效"的特殊机制：主要领导座谈会明确任务和方向，合作与发展联席会议负责协调推进，联席会议办公室和重点合作专题组负责项目和协议的具体落实。两省一市最高行政首长的参与为推动长三角区域经济一体化向更深层次迈进注入了强大动力，有利于区域合作和协议的最终落实。长三角区域合作与发展联席会议办公室和重点合作专题组都是为了弥补联席会议制度的固有缺陷而设立的常设性工作机构。首先，因为它们长期存在，可以游刃有余地处理日常事务，比较从容地应对应急性事务；其次，两者在组织形式上相对简单，在实践中可以利用闲置的场地作为办事机构，甚至可以直接把已有的机构作为日常工作小组，组织形式的松散性必然带来低廉的行政成本。

在长三角地区府际联席会的跨界协作中，逐渐形成了以上海为主要核

---

① 寇大伟：《我国区域协调机制的四种类型——基于府际关系视角的分析》，《技术经济与管理研究》，2015 年第 4 期。

心，以南京、杭州和宁波等为次级核心，"单核型、多层次经济圈"的跨行政区协作格局。区域内省市基于共同利益、经济发展互补性和共赢的理念，借助联席会议制度平台，开展跨区域政府间合作。南京、杭州、宁波等城市虽为区域内次级核心，但凭借其经济实力和巨大发展空间，同样形成了以自己为核心的次一级区域联席会议制度，形成了多层级、多中心联席会议的良性互动，这是当前其他区域的联席会议制度所不具备的优势。

当然，目前长三角联席会议制度也面临着巨大的挑战，最主要的就是如何正确处理和协调三级机构之间的关系，以便更好地发挥它们的合力。再者区域合作与发展联席会议办公室和重点合作专题组也存在缺陷，即缺乏权威性。它们往往只能处理日常或纯粹的事务性工作，对重大事项的决策至多具有建议权而无决定权。因此，一旦在合作过程中面临重大事项需要决策或协调，还必须向行政首长进行汇报并由其做出决定，这样的决策程序又不可避免地造成行政效率的低下。

（二）泛珠三角地区的地方政府间联席会议制度

1. 形成背景。

泛珠三角区域以珠江水系为纽带，包括福建、江西、湖南、广东、广西、海南、四川、贵州、云南九省区和香港、澳门两个特别行政区（简称"9+2"）。它是我国目前规模最大、范围最广、同一主权国家不同体制框架下的特殊区域组合。与国内其他区域相比泛珠三角区域具有其独有的特点：内地九省区实行的是社会主义制度，港澳地区实行的是资本主义制度；内地九省区和港澳特别行政区分别实行独立关税；覆盖东、中、西部三个地区，经济发展水平参差不齐。

泛珠三角区域合作是泛珠三角区域适应经济全球化和区域经济一体化趋势，促进东、中、西部区域协调发展的重要举措，也是内地与港澳地区建立更加紧密关系的重要战略平台。制度经济学认为，制度是经济发展的决定因素。进一步完善区域协调与合作制度，保证政策的协调性和一致性，是确保泛珠三角区域合作顺利进行，推动泛珠三角区域一体化的必然选择。在此背景下地方政府间联席会议制度成为"9+2"各省区政府，建立统一的市场体系、破除体制性障碍的重要平台，并推动着泛珠三角区域合作不断向务实、纵深方向发展。

2. 运行状况。

随着泛珠三角区域合作与交流的全面深化，该区域的联席会议制度也日渐多样化，如区域科技合作联席会议、人才服务合作联席会议、警务合作联席会议、食品药品监管合作联席会议等，而其中最具代表性和最完善的地方政府间联席会议制度是"9+2"行政首长联席会议制度。它是泛珠三角区域合作的最高决策机构，由"9+2"各省区政府根据《泛珠三角区域合作框架协议》的规定建立，以"9+2"各省区行政首长为组成成员。根据《泛珠三角区域合作行政首长联席会议制度》规定，行政首长联席会议的主要职责是：研究区域合作规划，研究解决区域合作中需要协调的重大问题，审议、决定区域合作的重要文件，根据秘书长协调会议提出的建议研究决定下一届论坛和洽谈会的承办方。各行政首长主要负责部署和推动本方参与区域合作的各有关方面工作，对本方参与区域合作的战略、规划、工作方案以及重大合作项目做出决策，向联席会议提出推进区域合作建议和需要提请联席会议解决的事宜。[①] 联席会议原则上每年举行一次，年会在泛珠三角区域合作与发展论坛举办期间召开。

为进一步完善泛珠三角区域合作机制，推动泛珠三角区域合作健康有序发展，"9+2"各省区政府还制定了一系列辅助行政首长联席会议制度

----

① 《泛珠三角区域合作首长联席会议制度》，泛珠三角合作信息网，2005。

顺利实施的制度。

第一，泛珠三角区域合作行政首长联席会议秘书处工作制度。秘书处设1名秘书长、2名常务副秘书长和若干名副秘书长。秘书处执行行政首长联席会议的决定，负责协调秘书长协调制度、各成员方日常工作办公室、部门衔接的落实和制度运作，协调泛珠三角区域合作与发展论坛及泛珠三角区域经贸合作洽谈会的筹备工作，起草、报送、印发区域合作有关文件等。[①] 根据联席会议秘书处工作制度的规定，秘书处由广东省政府根据工作需要安排相应的机构、编制并配备人员，可按需邀请其他省区派员参加，而其他省区须指定1名日常工作办公室主管人员担任联络员，并负责联系秘书处工作，秘书处设在广东省，经费由广东省政府承担。

第二，政府秘书长协调制度。其职责主要是协调区域内需要政府协调的合作事项，指导和督促政府及有关部门落实推进合作事宜，定期向行政首长汇报合作进展情况，为行政首长联席会议年会做准备。[②]

第三，日常工作办公室工作制度。内地九省区日常工作办公室设在发改委（厅），港澳特别行政区由其指定专门部门负责。其主要职责是掌握本地区区域合作进展、向政府秘书长反映相关情况并提出相应的对策和问题解决建议，筹备并组织政府秘书长协调会议并跟踪落实行政首长联席会议和政府秘书长协调会的相关事宜。[③]

第四，部门衔接落实制度。它要对行政首长联席会议决定的与本部门相关的事宜制定相互衔接的具体工作方案、合作协议、专题计划，衔接落实有关合作事宜。

---

① 《泛珠三角区域合作行政首长联席会议秘书处工作制度》，泛珠三角合作信息网，2005。
② 《泛珠三角区域合作行政首长联席会议秘书处工作制度》，泛珠三角合作信息网，2005。
③ 陈瑞莲、刘亚萍：《泛珠三角区域政府的合作与创新》，《学术研究》，2007年第1期。

3. 简要评述。

2004 年，由广东省倡导的泛珠三角区域合作拉开大幕。十年来，泛珠各省区在优化资源配置、实现优势互补、加强协调与合作方面做出了不懈努力。区域协调与合作机制日臻完善，联席会议制度已然成为协调区域关系、增进区域合作的最主要的机制。泛珠三角区域合作行政首长联席会议制度作为泛珠三角区域合作的最高决策机构，在促进泛珠三角区域发展、推动区域合作方面取得了显著成效。

截至 2019 年，泛珠三角区域累计签约项目超过 2 万个，签约金额 4.9 万亿元。昆明深圳工业园、衡阳深圳工业园、湘西广州工业园、广西凭祥广东工业园、赣州香港工业园等跨省（区）园区相继建成。粤桂合作特别试验区等建设加快，江西与广东结对共建开发区，湖南与香港推进建设湘港创新创业基地，广西联合香港、澳门地区及东盟国家共同打造中医药大健康产业国际创新合作圈，广东、贵州共同推进建设广东（贵州）产业园。福建、湖南、江西、广东、广西、贵州积极落实《赣闽粤原中央苏区振兴发展规划》《左右江革命老区振兴规划》《珠江—西江经济带发展规划》《湘赣开放合作试验区发展规划》《粤桂合作特别试验区总体发展规划》《闽粤经济合作区发展规划》《北部湾城市群发展规划》等相关工作。[①]

泛珠三角区域合作联席会议制度之所以能够在跨区域合作治理中取得较为显著的成效，主要是因为以下几点。

第一，明确的制度规定。为保证行政首长联席会议制度的顺利推进，泛珠三角各省区对行政首长联席会议制度进行了较为详细的规定。《泛珠

---

① 自治区发展和改革委员会：《构建全方位开放格局，谱写新时代合作新篇》，《广西日报》，2019 年 8 月 5 日。

三角区域合作行政首长联席会议制度》《泛珠三角区域合作行政首长联席会议章程》《泛珠三角区域合作行政首长联席会议议事规则》《泛珠三角区域合作行政首长联席会议秘书处工作制度》等对联席会议的组成、职责、成员的权利与义务、经费、议题的提出和审议以及执行、检查、反馈和报告、秘书处相关问题进行了详细规定。这极大地提高了行政首长联席会议制度的可行性和可操作性。

第二，相对完善的配套制度。泛珠三角区域合作行政首长联席会议秘书处工作制度、政府秘书长协调制度、日常工作办公室工作制度和部门衔接落实制度等协调合作制度为行政首长联席会议决策职能的充分实现提供了外围保障。

第三，广东省的积极促进。广东省作为泛珠三角区域的龙头省，充分发挥自身优势，在联席会议制度的制定和会议的组织、召开方面发挥了重要协调和带头作用，如联席会议秘书处设在广东省，工作经费由广东省人民政府承担等。

虽然，泛珠三角区域行政首长联席会议制度在实现区域合作治理过程中取得了显著成效，但仍存在一些问题：一是目前该制度还缺乏相关的法律依据，各省区政府达成的合作协议的法律效力和约束力还有待明确；二是缺乏明确的利益协调和补偿机制。社会制度、关税和经济发展水平的巨大差异，使得泛珠三角区域利益协调的难度加大，利益冲突和矛盾还时有发生。此外，在泛珠三角区域，除行政首长联席会议制度相对较为完善以外，其他联席会议制度的运行还相对随意，建立并进一步完善相关制度是联席会议制度充分发挥其作用的基本保证。

（三）京津冀地区的地方政府间联席会议制度

1. 形成背景。

京津冀地区位于环渤海经济区的中心位置，包括北京市、天津市和河北省全部，具有政治、科技、人才、区位、资源等多方面优势，是北方沿海的黄金海岸带和重要出海通道，加之广阔的腹地和巨大的市场潜力，京津冀地区成为我国经济最发达、人口聚集最多的三大区域之一。京津冀地区的协调发展不仅有利于三地发展水平的提高，对于整个北方地区，乃至全国综合实力和竞争力的提升都有重要战略意义。[①] 改革开放以来，京津冀三地借助改革开放的动力，不断加强经济技术协作，经济增长速度有了较大提升，合作机制也日益增多。

2. 运行状况。

1986 年，为了扩大区域经济联合，由天津市发起，联合环渤海沿岸的丹东、秦皇岛、唐山、沧州等 15 个城市成立了环渤海地区经济联合市长（专员）联席会，并于 2008 年更名为环渤海区域合作市长联席会，这一制度成为推进京津冀地区区域合作的常青树。时至今日，其成员已经从成立之初的环渤海 15 个沿海城市发展到包括天津、河北、内蒙古、山东、山西、河南、辽宁在内的 41 个成员城市，是我国最早成立的地方政府间区域性合作组织。环渤海区域合作市长联席会是由各成员市市长召开的会议，其市长会议是联席会的最高组织形式和决策机构。市长联席会议原则上两年举行一次，根据情况可提前或延期召开，由各成员市轮流主办。市长联席会设秘书长一名，并下设办公室，是市长联席会的常年办事机构，在秘书长领导下负责处理日常工作。该联席会设有市长特派员，并定期召开特派员工作会议，负责通报情况，协商相关事宜并落实相关任务。同时，联席会议办公室可根据工作需要召开专业工作会议。

---

① 马海龙：《京津冀区域治：协调机制与模式理》，东南大学出版社 2014 年版，第 23 页。

除了环渤海区域合作市长联席会议，京津冀三地还建立或参与了其他一些联席会议。1988 年，北京与河北环京地区的 6 地市（保定、张家口、承德、廊坊、唐山、秦皇岛）组建了环京经济协作区，并建立了市长、专员联席会议制度，设立了日常工作机构。2003 年由北京市海淀区政府与天津开发区管委会首倡，"首届京津塘科技新干线论坛"在北京召开，提出建立京津政府间科技联席会议制度，建立联络员制度，开通两地科委视频系统会议，建立高速信息通道，形成对话交流与区域合作决策沟通机制。2004 年 6 月，国家发改委、商务部和京津冀晋蒙鲁辽七省区在廊坊召开会议，达成了《环渤海区域合作框架协议》，决定建立由各省省长、直辖市市长、自治区主席担任环渤海合作机制轮值主席，每年举行一次的联席会议制度，研究决定重大合作事宜。2008 年 2 月，由天津市发改委倡议和发起，经过京津冀发改委共同协商、酝酿的"第一次京津冀发改委区域工作联席会"在天津召开，并共同签署了《北京市、天津市、河北省发改委建立"促进京津冀都市圈发展协调沟通机制"的意见》。2014 年 10 月京津冀三地六局在固安县签署了《京津冀协同发展税收合作框架协议》，决定京津冀三地税务部门建立京津冀税收合作联席会议制度、建立区域税收协调制度、成立专题工作小组、举办税收协作会议等多项合作机制，共同推进京津冀协同发展进度。2015 年 6 月京津冀政协主席联席会议制度建立，决定每年召开一次，三地政协轮流承办，联席会议将建立五项制度，形成协商成果报告、采纳、落实和反馈机制，旨在使政协联席会议成为推动京津冀共同发展的新平台。京津冀协同发展上升为国家战略后，区域内政府间联席会议呈现出多领域、多参与主体的特征。2014 年后召开的联席会议主要有京津冀常务副省市长联席会议、京津冀三省市协同办主任联席会议、京津冀政协主席联席会议、京津冀环境执法联动联席会议、京津冀产业协同发展联席会议、京津冀戒毒工作协同发展联席会议和京津冀人力资源和社会保障事业协同发展部省（市）联席会议。

3. 简要评述。

就京津冀地区联席会议本身运作的情况而言，多以一事一议型联席会议为主，且多为政府职能部门领导参加，关注的议题集中于政治、经济、文化、公共服务和生态环境等领域。整体来说，京津冀区域的政府间联席会机制，如主要分为"京津冀协同发展领导小组—府际联席会—府际协议"等三个层次。[①] 京津冀协同发展领导小组在中央层面负责制定区域整体发展目标与规划，省市级层面的省市长联席会议为政府间的协作搭建平台，最后通过府际协议将联席会议决定的事项推进落实。其中，环渤海区域合作市长联席会作为京津冀地区最主要的区域合作制度，在推动区域经济发展、充分发挥企业在推动区域经济合作中的主体地位、推动不同地方不同层次行业组织的整合发展等方面发挥了积极作用。在市长联席会的推动下，环渤海地区成功开启了科技博览会、建材交易会、人才智力交流洽谈会、经贸洽谈会等多项合作平台，促进了区域内人才、资金、技术、信息等要素的合理流动和优势互补；组建了环渤海控股集团有限公司，建设了环渤海经济发展中心，组织成立了区域性人寿保险公司——恒安人寿；建立了环渤海港口城市旅游合作组织，并签订《环渤海 16 港口城市旅游合作框架协议》；组建了包括环渤海地区 30 个成员城市 120 余家企业组成的环渤海企业合作促进会。这些组织的建立和发展在推动环渤海地区合作向更实、更深方向发展发挥了重要作用。

虽然环渤海区域合作市长联席会在增进区域合作，促进区域协调发展方面发挥了重要作用，但是该联席会较为松散。成员虽然众多，但北京市

---

① 锁利铭：《京津冀协同发展中的府际联席会机制研究》，《行政论坛》，2019 年第 3 期。

却没有参与。因此，在推动京津冀区域合作方面，该联席会议制度的协调能力受到严重制约，作用也因此受到限制。而其他的一些联席会议制度或因缺乏持续性而没有延续，召开几届之后就不了了之，或因只是达成相关共识却并没有落实到实践中而被束之高阁，"廊坊共识"就是最好的例证。此外，因京津冀地区属于范围更广的环渤海经济圈的一部分，目前仅以三地为会议成员的联席会议尚且有限，大多数的联席会议制度不仅包括京津冀三地而且包括环渤海经济圈的其他会员城市。仅由京津冀三地组成的为数不多的几个联席会议也都处于初始阶段，运行机制还很不完善。因此建立和完善符合京津冀三地实际情况和合作特点的联席会议制度是当务之急。

（四）粤港澳大湾区地方政府间联席会议机制

与长三角、泛珠三角和京津冀地区不同的是，粤港澳大湾区目前不存在仅由三省（特区）级政府共同参加的联席会议机制。但是，粤港澳三地政府共同作为泛珠三角地区联席会议机制的成员单位参加相关活动。目前，区域内的联席会议制度主要存在于两个层面：广东和香港、澳门分别建立的粤港合作联席会议制度和粤澳合作联席会议制度，以及三地政府职能部门之间召开的专题性联席会议。

粤港合作联席会议成立于 1998 年，至今已举办 22 次。粤澳合作联席会议肇始于 2001 年，至今已举办 18 次。两者组织架构高度相似。联席会议均由广东和香港、澳门行政长官领导和参与，负责讨论并确定合作方向、重点以及重大经济社会发展问题。联席会议之下均设有联络办公室，负责提供联席会议议题，协调推动各项合作事宜。根据项目合作需要，都成立了若干推动合作项目落实的专责小组。粤港合作联席会议成立之初设立了 15 个专责小组，粤澳合作联席会议目前下设 27 个专责小组，旨在确保所有的合作项目能顺利推行。

三地政府职能部门之间的联席会议近年也有所增多，主要包括由广东省总工会、香港工会联合会、澳门工会联合总会轮流举办的粤港澳大湾区工会联席会议，由广东省司法厅、香港特区政府律政司及澳门特区政府行政法务司共同举办的粤港澳大湾区法律部门联席会议（截至目前已举办两次），由广州市民政局主办，香港特别行政区政府劳工及福利局/社会福利署、澳门特别行政区政府社会工作局以及广州、深圳、珠海、佛山、惠州、东莞、中山、江门、肇庆市民政局主要负责人参加的粤港澳大湾区城市民政部门联席会议等。总体而言，粤港与粤澳合作联席会议机制化水平较高，议题涵盖推进基础设施互联互通、提升市场一体化水平、推进协同发展现代产业体系、建设重大项目平台以及打造世界级城市群等方面。政府职能部门之间的联席会议机制，在涵盖领域和召开次数等方面，与长三角、泛珠三角和京津冀地区还存在一定差距。

整体而言，随着跨区域合作治理实践的不断推进，我国各大区域的联席会议制度正在向制度化、规范化方向发展，但是因不同区域情况的特殊性给联席会议制度的完善带来巨大挑战。目前，我国各大区域联席会议制度建设基本上还处于起步阶段，目标不够明确，组织机构和运行机制不完善，权威性不高，法制基础薄弱、执行力有待加强，现阶段我国地方政府间联席会议制度还存在许多不足和问题。

三、地方政府间联席会议制度存在的问题及成因

（一）地方政府间联席会议制度存在的问题

通过召开联席会议的方式商讨和解决治理过程中遇到的问题，已成为各行政主体解决共同问题的一种重要路径选择。联席会议制度在地方政府间跨区域合作治理过程中逐步得到了应用，国内几大经济区相应建立了自

已的联席会议制度。然而，目前地方政府间联席会议制度在运行过程中仍存在一些问题，也缺乏相应的配套措施，这极大地限制了其在地方政府间跨区域合作治理过程中的作用发挥。

随着实践的不断发展，虽然地方政府间联席会议制度正在向规范化、制度化的方向发展，但是跨区域合作治理的特殊性使得健全和完善地方政府间联席会议制度异常艰难。跨区域合作治理涉及的是特定区域内不同的行政区划，成员之间在自然条件、经济发展水平、社会状况、发展思路等方面往往存在较大差别，同时，国内不同区域的特殊性，也加剧了相互借鉴的可能性和难度。这给地方政府间联席会议制度的完善带来了巨大的现实挑战。从总体上来看，我国地方政府间联席会议制度建设还处于初始阶段，尚存在诸多问题和不足。

1. 功能定位不明确。

深化研究论证地方政府间联席会议的功能定位，科学合理确定联席会议制度在跨区域合作治理中的"角色"和"职责"，是充分发挥联席会议促进区域合作和发展作用的基础。

在区域一体化背景下，通过召开联席会议的方式来商讨和解决区域合作与发展中的问题，已成为当前各区域合作主体的常见做法，并广泛涉及科技、能源、交通、环境保护、农业、信息化、知识产权保护、旅游、社会保障等各个领域。然而，当前诸多联席会议制度还停留在参观、对话阶段，与协商乃至谈判还相距甚远，更是难以达成促进区域协调与合作的相关决策。此外，对于什么样的、哪个层次的问题需提交会议讨论，还不甚明确，往往只是依靠秘书处或日常联络办公室的判断，随意性较大。据相关报道，2015 年长三角区域创新体系建设联席会议的主要内容是：总结 2014 年长三角区域创新体系建设工作，听取了上海市科委关于建设全球有影响力的科技创新中心有关情况的通报；讨论 2015 年长三角区域创新体系建设工作，确定将以上海建设具有全球影响力的科技创新中心为契机，搭建各类平台，加速创新资源在区域内流动；开展科技联合攻关，为解决区域内面临的重大难题提供技术支撑；加强交流、联动，提升区域一体化水平。[①]可以看出，该联席会议主要是对提高对长三角科技合作的认识、优化协同创新推进机制、加强区域科技创新战略研究及重大平台建设布局等问题进行交流，并未就各地方政府如何提高长三角创新体系建设做出协调和决策。此外，《沪苏浙共同推进长三角区域创新体系建设协议书》中指出，在科技部指导下，建立长三角创新体系建设的联席会议制度，下设办公室，负责长三角创新体系建设有关重大问题的组织协调。每年召开一至两次联席会议，研究决定有关重大事项。[②]对于什么类型的问题属于重大问题、什么事项是重大事项，该协议书并未做出相关规定，也无其他制度对该联席会议予以说明和规定，这就使其应该和能够处理的事项存在很大的不确定性。

2.会议机制不够完善。

从当前地方政府间联席会议制度运行实践来看，这主要表现在三个方面。

首先，联席会议周期较长、会期较短，并不能有效解决所有问题。目前大多数联席会议都实行会期制，一年一次甚至两年一次，每次会期只有几天，与会各方很难对合作事项进行深入而细致的交流，更无法对某些存在分歧的事项进行协商和谈判。以粤港合作联席会议制度为例，该联席会议每年举行一次，名义会期为两天，而实际上只是两个半天，前半天参观考察，后半天会议讨论，一共三个小时左右的时间要分给粤港双方，每方

---

① 安徽省科技厅：《2015年长三角区域创新体系建设联席会议在安徽合肥召开》，中华人民共和国科学技术部网站，2015年。

② 《沪苏浙共同推进长三角区域创新体系建设协议书》，中华人民共和国科学技术部，2004年。

一个半小时。在这有限的一个半小时中，各方行政长官要做半个小时左右的发言，然后是参会的各专责小组负责人发言，每次会议一般安排十个左右的专责小组发言，平均下来每个专责小组的有效时间大约为5分钟。[①]在有限的时间内，发言代表们既要对去年工作进行总结，又要对新一年的规划进行说明，这样时间就已经到了，使得联席会议更像是工作总结会，很难有足够的时间和精力充分讨论地区合作事宜和具体合作项目。

其次，地方政府间联席会议的组成人员为地方政府行政首长或地方政府职能部门领导，作为地方政府或相关职能部门领导他们事务繁忙、精力有限，不可能把全部精力放到准备、参与、执行、监督旨在增进区域协调发展的联席会议上来。这种现状就决定了行政首长只能对原则性的或重大问题做出指导性的决策，对于合作中的具体性或日常性事务，则无能为力。[②]

再次，在区域一体化大背景下，各地方政府基本上都能参与到跨区域合作治理中来，成为区域地方政府间联席会议的一员，但是参与程度却大相径庭。就目前情况看，那些经济实力强或政治地位相对重要的省份或城市参与性较高，这些龙头省市往往是地方政府间联席会议的积极推动者和主导者。而其他一些省市在联席会议上的态度却相对保守，参与讨论与协商的积极性不高，往往处于被动地位，不能充分发挥自身作用，平等协商程度还需提高。

3.议题选择过于随意。

其一，会议的议题要么过于宏观，要么过于具体，中观决策和微观问

---

① 官华、唐晓舟、李静：《粤港政府合作机制的变迁及制度创新》，《当代港澳研究》，2013年第4期。
② 何渊：《行政协议——中国特色的政府间合作机制》，《2008年政府法制研究》，2008年第6期。

题涉及较少。其二，通过比较历次会议议题会发现，每一届联席会议的议题往往与往届议题存在较大的相关或相似性，这一方面说明了地方政府之间合作的持续性，另一方面也体现出地方政府在进行合作时有原地徘徊的嫌疑，在合作领域上难以实现创新。其三，纵观当前地方政府间联席会议制度运行现状，可以发现，在合作各方利益一致或比较容易达成一致的事项上，如食品安全、公共卫生、科技创新等领域，联席会议往往能够发挥较大作用，而在产业分工、流域治理、环境保护等地方政府间利益冲突比较明显的事项上，地方政府间联席会议要么无法发挥作用、难以达成合作，要么成效不大、表面应付，仍然各自为政，"谈得来就谈，谈不来可以不谈"的问题还广泛存在。

4. 合作协议缺少可操作性。

在跨区域合作治理背景下，地方政府间通过召开联席会议的方式缔结了数以千计的合作协议，广泛涉及科技、能源、交通、环境保护、农业、信息化、知识产权保护、旅游、社会保障等各个领域，具体表现为"意见""协议（书）""章程""纪要""宣言""方案""提案""意向书""议定书""倡议书""计划"等形式。然而，这些旨在增进区域内各行政区之间协调与合作的协议的内容往往过于原则或抽象，缺乏可操作性，实践中由联席会议达成的行政主体间的合作协议面临履行难的尴尬。

其一，共识性条款过多。如《长三角人才开发一体化共同宣言》共分为5个部分，其中3个部分在谈合作的共识，具体包括长三角人才开发一体化的机遇和挑战、长三角人才开发一体化的基础和条件以及长三角人才开发一体化的目标和原则，这些抽象的合作共识条款几乎占到该合作协议条文总数的80%，而没有实质性履行内容。[①]

---

① 何渊：《行政协议——中国特色的政府间合作机制》，《2008年政府法制研究》，2008年第6期。

其二，合作各方的权利义务不够明确。具体合作安排，即合作各方的权利与义务是地方政府间合作协议的最主要条款，这部分应尽可能明确具体，以便协议的履行，但在实践中，很多合作协议还不尽如人意，不够明确和具体。以《泛珠三角区域工商行政管理合作协议》为例，在该协议第三条合作要求中提出"各成员方着重从下列四个方面推动合作发展：打破地区封锁和贸易壁垒，促进商品和生产要素的合理流动、优化组合；加强协调，推动解决行政执法中相互关联的重大问题；共同推进，培育和保护好区域内的驰名和著名商标，增强区域的整体竞争力；强化监管合作，共同营造法制、诚信、文明、公平的市场环境"。[①] 通过这样的措辞，我们很难确切得知各缔约方的具体权利与义务。

其三，具体履行规则或实施细则缺乏。在多数情况下，地方政府间达成的合作协议往往是一种合作的意向，并没有进一步约定实施细则或具体的履行规则，这样的合作协议很难在跨区域合作治理中得以具体实施。如《泛珠三角区域农业合作协议》只是笼统地提出八项合作内容，比如"要推动区域内农产品流通，促进区域内农产品出口贸易"。至于如何推动和促进，该协议只是一笔带过，简单提出在区域内的九省区建立统一、开放的农产品市场，开辟农产品"绿色通道"。仅仅凭借这样的合作意向，"推动区域内农产品流通，促进区域内农产品出口贸易"的目标恐怕是遥不可及的。

5. 合作事项难落实。

其一，目前，区域内地方政府间联席会议主要是作为各个成员政府交流、协商的平台，缺少法律保障、决策权限和监督机制。地方政府间在联

---

① 《泛珠三角区域工商行政管理合作协议》，南方网，2004 年。

席会议召开期间达成的共识、签署的文件、通过的协议等都是采用由成员地方政府及其职能部门各自执行的方式来落实实施，本质上有赖于区域内各政府的自觉。由于缺乏相应的约束机制很容易出现"会上签共同协议，会下各打各的算盘"的情况。

其二，在联席会议中行政首长或职能部门领导发挥着巨大作用，许多共识大都是由地方领导人的个人承诺来保障，有可能出现 "人走政息"的情况，一旦调离难以继续执行，合作缺乏连续性。中央政府为了阻断地方行政长官与地方利益集团交织，可能引起的压榨地方民众与消解中央集权的威胁，而采取了一种确保中央权威与化解地方分离倾向的制度安排，[①]也即官员的不规则交流。地方政府官员，尤其是最高层领导人的交流很容易导致在创设初期、尚未机制化的联席会议制度中断，合作事项搁置，项目落实难以为继。

其三，无论是一体化程度较高的长三角还是泛珠三角，对于联席会议本身和合作协议的履行状况都缺乏相应的反馈和评估，也未涉及协议履行中的纠纷解决机制。联席会议达成的合作事项往往只是在下一次会上进行简单的回顾和总结，对合作事项落实过程、落实效果和质量缺少追踪、反馈和总结。这严重削弱了在事前、事中和事后对合作各方自觉履行协议的约束能力，并丧失了改进制度本身和合作协议履行机制的机会。如果不尽快完善这些机制，合作协议必将变成一纸空文，区际合作的成果也将流于形式。

---

① 刘瑞明：《政绩考核、交流效应与经济发展——兼论地方政府行为短期化》，《当代经济科学》，2015 年第 3 期。

（二）地方政府间联席会议制度面临问题的成因

如上所述，地方政府间联席会议制度在跨区域合作治理过程中仍存在诸多问题，这严重削弱了其协调和增进区域合作的能力。追根溯源，寻找导致这些问题出现的原因是实现地方政府间联席会议制度功能最大化的基础。

1. 观念落后。

实现地方政府间联席会议制度最大效用的重要一条是地方政府要树立起自身利益是建立在整体利益基础之上，自身利益与他人利益唇齿相依的意识，在平等协商基础上实现区域整体利益。但是，目前地方政府在这方面的观念和意识还较为落后，影响了地方政府间联席会议制度的正常运行和效能达成。

第一，合作观念薄弱。区域合作是地方政府间联席会议制度的主题。无论是制度化较强的泛珠三角行政首长联席会议制度、长三角地区合作与发展联席会议制度，还是相对不太完善的其他一些联席会议制度的主要职能都是协调区域合作事宜。合作协议的缔结、合作协议的内容以及合作协议的履行都需要精诚的合作精神。但是，地方分权化改革以来，基于地方利益的考虑，竞争成为区域内地方政府间关系的主要内容，包括人才的竞争、项目的竞争、资源的竞争，等等，地方政府的合作意识较为薄弱。合作观念的薄弱使得地方政府间联席会议制度在协商共谋区域整体协调发展时遇阻，大大降低了合作协议达成的可能性以及落实和履行合作协议的效能。

第二，区域观念缺乏。地方政府间联席会议制度是以区域一体化和跨区域合作治理为背景的，以区域为基础，其中"区域"是指已经形成的、较稳定的，由相邻的若干行政区组成的行政区域，特指"跨行政区划的地域范围"。① 因此，区域观念是地方政府间联席会议充分发挥作用的前提。但是，当前，各地方政府行政区观念仍深入人心，整体区域观念还很缺乏。区域是开放的网络系统，其边界是动态变化的，而行政区是封闭的垂直系统，边界是静止固定的。区域观念的缺乏、行政区观念的盛行使得各地都以本地发展为主，地方本位主义思想泛滥，从本地而不是区域整体利益出发来决定是否进行合作。因此，地方政府作为联席会议的主体在进行讨论或决策时考虑的是自身利益的最大化而不是整个区域利益的最大化。

第三，缺少契约精神。从一定意义上讲，平等、自由、互利是契约精神的内在本质，契约精神强调主体的自主参与、平等协商、合作宽容、相互妥协以实现互利双赢。② 契约精神中的这种自愿参与意识、平等协商意识、积极合作意识以及在契约实践中形成的一整套订约、履约和违约的责任制度与程序为地方政府间联席会议合作协议的达成、履行及违约的追责提供了保障。然而在跨区域合作治理过程中，地方政府间联席会议参与主体却缺少契约精神，主要表现为主体间的不平等和合作协议缔结的不自由。科层制体制形成的是一种自上而下的命令服从关系，是一种单一权威中心的金字塔式闭合结构，这影响到区域内地方政府间联席会议主体间的自愿参与和平等协商，影响到主体间契约精神的形成。我国是单一制国家，下级服从上级、地方服从中央的政治原则根深蒂固，这使得按行政区划横向切割的地方政府之间很难形成一种平等协商的制度安排，当地方政府之间不能以平等地位进行合作，并且行为因受到外界的干预而不能自愿选择时，它们履行合作协议的程度将大打折扣。

---

① 叶必丰、何渊、李煜兴、徐健等：《行政协议——区域政府间合作机制研究》，法律出版社2010年。
② 肖海军：《契约精神与宪政》，《法制与社会发展》，2005年第3期。

2. 现行体制的制约。

中国是一个从计划经济向市场经济转型中的国家，政府和因行政区域形成的体制因素对区域发展产生着重要的影响，地方政府间联席会议制度受到体制因素的深层影响。

首先，行政区划的限制。改革开放以来，我国逐步从计划经济向市场经济转变，但是因行政区划而导致的行政壁垒和地域分割的现象还广泛存在，长期形成的条块分割的"行政区经济"现象并未从根本上得到改变。为了保护行政区范围内的经济发展，地方政府会人为地制造一些政策和体制方面的壁垒，在市场准入制度、跨区域行政执法、跨区域经济主体待遇等方面必然会采取地方保护主义的策略。[①] 地方政府在考虑发展规划、产业调整、招商引资、基础设施建设和生态环境保护与治理等问题时，仍将目光锁定在行政区划范围内，通过考虑区域发展全局来审视各自发展规划的意识明显滞后。受传统"行政区行政"观念的影响，地方政府都以本地利益最大化为根本目标，并以此作为是否进行区域合作的标准，如果一方利益小于合作前收益，就会对合作采取抵制的态度。"表面上的座谈、签署战略合作我们也有……但我们现在还没有项目上的合作，只是通过沟通、思想的交流，建立形式上的一种契约"（天津滨海新区综合配套改革办访谈记录）。[②] 这正是目前诸多地方政府间联席会议制度的真实写照。

其次，政府绩效考核机制的影响。当前我国地方政府绩效考核更加注重绿色 GDP、社会福利等指标，但是各项指标的统计仍以行政区划为界线，行政区内经济发展水平、纳税额的多少仍是政府绩效考核的重中之重，

---

① 方雷：《地方政府间跨区域合作治理的行政制度供给》，《理论探讨》，2014 年第 1 期。
② 马海龙：《京津冀区域治理——协调机制与模式》，东南大学出版社 2014 年版。

并没有将地方政府对相邻区域经济社会发展的影响作为绩效考核的参考。这影响到地方政府参与旨在促进区域整体发展的联席会议的主动性和积极性，最终影响区域合作与共赢的实现。

再次，财权与事权的分离。现有的行政体制和财政体制使得国家财权不断上收、事权不断下放，导致中央政府掌握了大部分资源，地方政府却出现财权和事权的严重不对称，负担沉重，甚至出现财政赤字。这种状况使得地方政府在谋求经济社会发展时仍然注重走"上级路线"，力图从中央或上级政府那里获取经济社会发展所需要的资金扶持或优惠政策等，中央和上级政府主导了地方政府的行为取向。这导致地方政府忽视了通过跨区域合作从相邻地区获得相应资源的可能性，也加剧了地方政府之间的利益冲突，使得地方政府间或难以通过建立相应制度加强合作或使已经建立的诸如联席会议等制度难以发挥作用。

3. 相关法律、法规和制度的缺位。

在法治社会，地方政府间联席会议需要以合理有效的法律、法规和相关制度为存在和运行的基本依据和保障，但目前我国在这方面的法律、法规和相关制度还非常欠缺，突出表现在以下几个方面。

首先，地方政府间联席会议制度的地位得不到法律认可。我国现有法律对纵向政府间关系作了明确规定，而对地方政府间的横向关系问题涉及较少。我国宪法和地方组织法只明确了各级政府对其辖区内事务的管理及上级机关在跨辖区事务中的角色，关于地方政府合作的规定几乎是空白。这些平行且互不相属的地方政府在合作中的地位如何、共同成立的区域合作制度或常设机构的法律地位如何等问题都难以找到相关的法律依据。联席会议制度作为地方政府间进行交流与合作的主要机制更是难以在法律、法规中找到与其相关的规定。这一方面使得地方政府间联席会议制度的权威性得不到法律认可，影响其协调作用的发挥，另一方面强化了上下级政府之间的关系，弱化了地方政府间加强区域合作的需求。

其次，合作协议的效力得不到现有法律的确认和保护。从目前我国跨区域合作治理的实践来看，地方政府间通过召开联席会议所达成的合作协议的履行情况并不理想，根本原因在于这些合作协议缺乏有效的法律保障。而在西方国家，地方政府之间签署的合作协议的主体、内容、程序和纠纷解决、效力均有明确的法律规定。在美国，地方政府间签订的合作协议被视同为合同，应当具备合同法所要求的主要条款，并且受到宪法中禁止违反契约义务的法律制约。在西班牙，将地方政府间签订的合作协议视为公法协议，并在《西班牙公共行政机关及共同的行政程序法》中对其主要条款作了明确规定："协议文本应按照以下内容格式化：1.签署协议的机构及各方的法律能力；2.各行政机关所行使的职能；3.资金来源；4.为履行协议需进行的工作；5.是否有必要成立一个工作机构；6.有效期限；7.前项所述原因之外的终止及因终止而结束有关行为的方式。"[①] 而在我国，对地方政府之间签订的合作协议是否存在法律效力并未作明确的规定。如果存在法律效力，其内容应当包括哪些，如何履行以及出现纠纷如何解决，这些问题都需要法律予以明确规定，否则这种合作协议将难以对地方政府形成有效的行为约束，合作协议也会沦为一纸空文。

第三，联席会议制度化进程缓慢。在跨区域合作治理背景下，地方政府之间组织召开的各类联席会议不计其数，但是许多联席会议仍停留在开会阶段，为了开会而开会，缺乏相应的制度规定做保障，对于联席会议的

[①] 叶必丰、何渊、李煜兴、徐健等：《行政协议——区域政府间合作机制研究》，法律出版社2010年版，第13页。

职责、联席会议成员的权利义务、联席会议的议事规则、年会的筹备与组织、会议经费等具体问题都未做出详细而具体的制度化规定。如果这些事关地方政府间联席会议的具体问题无法实现制度化，其在跨区域合作治理中的作用必将受到极大的限制。

4.配套机制不完善。

地方政府间联席会议制度的有效运转，需要一系列配套机制作保障，但是目前我国地方政府联席会议制度在运行过程中却缺乏这样的保障机制。

第一，利益协调与补偿机制缺失。在跨区域合作治理过程中，地方政府的利益是客观存在的，共同的利益是地方政府间进行合作的基础，地方政府间联席会议的成功与否从根本上取决于各地方政府的利益一致性程度。但是，同一区域内各地方政府的经济发展水平往往存在较大差距，资源禀赋也有较大不同，它们在通过联席会议制度进行交流与合作时，难免会在支付成本和获得收益方面产生矛盾与冲突。如果地方政府间联席会议不对区域合作带来的总体收益进行合理分配，不对一些地方政府因区域合作带来的地方利益损失进行补偿，合作局面将会难以维系。利益协调与补偿机制成为地方政府间联席会议正常运转的基本保障。但是，目前地方政府之间并没有建立起相应的利益协调和补偿机制。

第二，信息沟通机制不顺畅。地方政府间联席会议制度合作低效的部分原因是信息不对称。信息的有效、充分交流是取得合作方理解、信任和支持的重要途径。信息经济学认为，完全信息是达到合作最优状态的条件，只要信息是不完全的，经济代理人对于经济环境的认识就包含不确定因素，因而也具备承担风险的可能。① 因此，在跨区域合作治理过程中，对彼此

---

① 谢康：《西方微观信息经济学不完全信息理论》，《国外社会科学》，1995年第2期。

信息的不完全掌握，将使得参加联席会议的各地方政府在决策和行动时面临一定的风险。区域内地方政府之间发展政策和措施的公开，可以增加地方政府之间合作的可预测性，最大限度地降低由于彼此之间的信息隔绝而导致的合作风险。但是，就目前情况来看，各地方政府的信息交流还主要停留在联席会议召开时，缺乏信息互通、互动和共享的长效机制。信息沟通机制的不完善影响了地方政府间的合作和发展。

第三，监督考核机制缺失。地方政府间联席会议制度是无行政隶属关系的地方政府之间进行区域合作的主要机制，它的行为主体不是单一的地方政府，而是多个基于平等地位的地方政府。合作执行的主体利益倾向，以及地方政府之间客观存在的利益矛盾或冲突从一定程度上阻碍了地方政府间联席会议合作协议的有效执行，因此必须对地方政府履行联席会议达成的合作协议的情况进行监督和考核。有效的监督和考核机制是纠正执行偏差、达成合作目标的基本保障。但是跨区域地方政府之间的联席会议制度不同于行政区行政，它无法像行政区行政一样设置相应的行政监督体制或通过自上而下的控制手段对下级政府实施有效的监督和控制。监督与考核机制的缺失容易使得合作协议的执行进度出现差异和错位，执行效率和执行效果也大打折扣。

四、地方政府间联席会议制度的创设路径

随着经济全球化和区域一体化的逐渐深入，跨越传统行政区划的区域公共事务日益增多，区域公共问题层出不穷，这对地方政府之间的跨区域合作治理提出了新的需求与挑战。地方政府在跨区域合作治理方面也做出了持续不断的努力。他们或是组建跨省协调机构，或是建立经济协作区。但是经过实践检验，在这种种努力中，地方政府间联席会议制度是进一步

推动地方政府间跨区域合作治理最现实和最重要的途径。因此地方政府间联席会议制度的创新成为进一步推动跨区域治理的必然要求。

（一）理念层面

理念是行动的先导。为充分实现地方政府间联席会议制度在促进跨区域合作治理过程中的效能，作为参与主体的各地方政府必须转变传统的行政区行政观念，树立新型的区域观念，并培育契约精神，以此来深化区域合作，形成区域合力，实现区域共同发展。

1.树立新型区域观念。

行政区划的设置往往是处于国家管理的需要，而不是为了便于公共事务的管理，它严格限制着地方政府的管辖范围，使其不能有效地提供跨越行政区划的公共物品与公共服务。同时，在区域一体化背景下，地区竞争已经从单个的地方行政区转变成整个区域之间的竞争。因此，需要从区域整体出发来考虑经济发展、社会运行、区域公共服务、基础设施建设、环境保护等问题，而不能局限于各自的行政辖区。跨区域合作治理以区域公共事务为价值导向，摒弃了传统的"内向型行政"的弊端，主张将超越行政区划界限的"外部性"问题通过区域联合或某种集体行动而有效内部化。因此，地方政府间联席会议制度的创新，首先要突破传统的以行政区划为基础的分割型行政体制的约束，确立区域合作治理的新理念，主要包括区域合作意识、区域共赢意识、区域责任意识等。

其一，要树立区域合作意识。地方政府间联席会议是地方政府间意志表示一致，并愿意接受该共同意志约束的过程。合作的意愿是地方政府间联席会议召开和运行的基础，如果区域地方政府间没有合作的意愿，就不可能通过地方政府间联席会议来协商共谋区域的整体协调发展，也不可能达成相关合作协议并积极主动落实合作协议的内容。地方政府间要树立区域合作的意识，以通过地方政府间联席会议制度来打破区域间的分割，实现地方政府间的对抗性竞争关系向合作性竞争关系的转变。

其二，要树立区域共赢意识。地方政府间联席会议制度在运行过程中，应当体现出所有地方政府都能够从以联席会议制度为平台的合作中受益，所有地方政府为之付出的代价都降到最低这一精神。如果在协调中存在利益偏向，或者以牺牲一方利益来实现另一方的利益，那么，地方政府间联席会议将无法进行，更谈不上通过联席会议制度来协调区域内地方政府间的横向关系。地方政府间联席会议制度发挥作用的基础是各地方政府能够破除以自我为中心的独赢思维，确立起共同利益基础上的互利共赢意识，并在理念上充分肯定各方的努力以及考虑各方的利益诉求。如果地方政府抱有独赢或损人利己的思维模式，地方政府间联席会议制度的基础将荡然无存，即使确立起了合作关系，也是非常脆弱和短暂的。

其三，要树立区域责任意识。在现代汉语中"责任"有两重含义：第一层含义是积极的，表示分内之事，有"职责""义务"之意；第二层含义是消极的，即如果不履行第一层含义中的"职责"和"义务"则必须承担的否定性后果。[①] 据此，区域责任是指地方政府在区域发展当中应当具有的职责以及不积极或不正确行使职责和履行义务时所应承担的不利后果。作为整个区域组成部分的地方政府应当具有通过相关的协调制度共同承担区域发展责任的意识和主动采取行动的积极性；地方政府要有自觉接受地方政府间联席会议这种协调制度的约束以保障责任实现的意识；地方政府除了要有履行职责的自觉性以外，还要树立对自己违法或不当行使职权承担否定性后果的意识。

---

① 傅颖：《地方政府环境责任研究》，浙江大学博士学位论文，2012 年。

2. 培育契约精神。

与传统科层制的组织结构和自上而下的控制方式不同，地方政府间联席会议制度涉及的多个参与主体之间没有行政上的相互隶属关系，没有强有力的权力约束做后盾，呈现出经济上紧密联系、政治上极度松散的现象。再加上单一制国家结构形式的长期影响，地方政府在参与联席会议时，往往存在主体间不平等和合作协议达成不自由以及合作协议履行难等问题。而契约精神以主体地位的平等，彼此选择意志的自由，利益分享的互赢，对已成立契约效力的尊重和信守为最基本的内容，[1] 契约精神蕴含的自愿参与意识、平等协商意识和对已成立契约效力的尊重和信守意识正是地方政府间联席会议制度充分发挥作用需要的精神支撑。因此，培育参与主体的契约精神是充分发挥地方政府间联席会议效能的必然要求。

第一，要尊重参与主体自愿参与的权利。作为联席会议参与主体的地方政府享有相对于法律和事实可能性的最高限度的自由来做其愿意做的事情。要保证地方政府可以按照自己或者彼此的共同意愿自主行事，而不受外在因素的干扰；要肯定各参与主体在关乎自身利益的问题上享有自主决定的权利，这种自主决定权，既包括自愿决定参与或不参与联席会议的权利，也包括自愿决定参与联席会议所达成的全部或部分合作协议及项目的权利。同时，地方政府还有自愿决定是否参与合作协议的修改或补充，以及退出联席会议的自由。

第二，培育参与主体的平等协商精神。要培育各地方政府法律地位平等的意识，各地方政府及其职能部门之间要以平等的法律地位参与联席会议，在联席会议上不能将自身意志强加于他人之上，要通过协商和对话确定

---

① 李步云、肖海军：《契约精神与宪政》，《法制与社会发展》，2005 年第 3 期。

是否召开以及怎样召开联席会议；要培育各地方政府权利义务平等的意识，联席会议合作协议要在地方政府协商一致的基础上确定，任何一方都不能强迫他方承担更多的义务，而自己享有更多的权利；要培育各地方政府平等履行合作协议的精神，各地方政府通过协商确定履行的方式和内容，不得强制其他参与主体履行合作协议，也不得在自己未履行的情况下要求他人履行。

第三，要养成尊重和信守契约的精神。实践证明，通过联席会议制度实现跨区域合作治理的障碍之一是参与主体之间缺乏相互信任。这种信任的缺乏，增加了地方政府间协商与谈判的难度，减少了合作协议达成的可能性。而契约精神中有约必守、违约必究的契约诚信规则为地方政府间联席会议制度的建立和完善提供了重要的启示。地方政府间联席会议各参与主体在联席会议协商和合作协议的履行过程中必须具备诚实、善意的心理状态，[①] 要信守诺言并在达成一致后不得擅自反悔，建立起彼此之间的信任关系，以保证联席会议制度的正常运行和合作协议的实际履行。

（二）制度层面

地方政府间联席会议制度的有效运行需要良好的外部环境作保障，其中最主要的是法律和制度保障。欧盟以国际条约——《马斯特里赫特条约》为基础，建立权威、统一的组织、机构，推进其区域一体化进程；美国的州际合作和跨域治理亦有州际协定和条约作保障，而这些州际协定和条约是基于制度化合作的需要而缔结的国际性或区域内法律、法规。但由于我国缺少地方政府间合作的相关法律和制度规定，地方政府间联席会议制度的运行以及由该制度达成的合作协议也就缺乏相应的法律和制度保障，也

---

① 何渊：《区域协调发展背景下行政协议的法律效力》，《上海行政学院学报》，2010 年第 7 期。

缺乏相应的法律、法规予以规范，特别是各参与主体的正当权益及利益分配缺乏可靠的法律与制度保障。因此，必须通过立法和制度建设明确区域内地方政府间关系，规范地方政府间合作行为，明确地方政府间联席会议合作协议的法律效力，确保地方政府间联席会议制度的有效运转和各参与主体利益的平等实现。

1.明确地方政府间区域合作的法律地位。

建立健全区域合作法律法规体系，为地方政府间合作提供法律规范和基本架构。随着区域一体化的不断推进，我国区域合作实践日益增多，但是我国法律对于区域合作包括地方政府合作的支撑和规制明显缺位，这限制了区域合作向深层次拓展和长效机制的建立。为此，需要从顶层设计和专项立法两方面着手，加快区域合作法律法规建设。

在顶层设计方面，为规范地方政府之间的合作行为，协调地方政府之间的关系，降低地方政府利益摩擦带来的弊端，要从战略层面和全局层面对深化区域合作做出法律约束和规制。第一，尽快制定《区域合作法》《区域合作章程》等法律法规，从法律角度明确地方政府在区域合作中的法律地位、职权、职责等内容，特别是要明确地方政府在处理与区域发展相关事宜时享有的权利与应尽的义务，对地方政府在区域合作中不作为或乱作为的行为依法追究责任。第二，尽快制定区域合作与协调机制方面的法律法规，明确规定地方政府间合作与协调机制的法律地位。地方政府间协调与合作的主要平台是地方政府间的各类合作与协调机制。但是，由于我国缺乏地方政府间合作与协调的法律法规，地方政府间协调与合作机制的创立和运行也缺乏相应的法律保障，其合法性受到质疑。因此，需要通过立法对区域合作与协调机制的职能、权限等基本问题进行法律界定，以保证区域合作与协调机制的合法性和充分发挥作用。

在专项法规建设方面，可以对地方政府在跨区域合作治理过程中遇到的具体问题进行法律规范。一方面要对阻碍区域合作与协调发展的各种问题进行法律控制，如地区垄断与封锁、不正当竞争、限制生产要素自由流动等；另一方面，要对有利于区域合作与协调发展的各种行为进行法律保护，如区域合理产业分工、信用体系建立、区域规划制定等行为。

2. 提升合作协议的权威性。

地方政府间联席会议制度在尊重各参与主体意愿的前提下会达成一系列合作协议。在法学界，一般将地方政府间联席会议达成的这种合作协议称为行政协议或行政契约。这些合作协议在增进区域合作、协调地方政府间关系方面发挥了很好的作用。但是，由于我国并未对地方政府之间达成的这种合作协议进行法律化，在实践中呈现出了一些诸如缺乏约束力、履行难等问题，限制了地方政府间联席会议制度效能的实现。因此，必须提升合作协议的权威性，这需要从以下几个方面进行努力。

第一，明确地方政府间合作协议的法律效力。通过联席会议缔结合作协议只是地方政府间合作的起点，而非事情的全部，真正重要的是合作协议的履行和内容的实现。但是现实中地方政府不履行和消极履行合作协议的现象还广泛存在。其中最主要的原因是合作协议效力的模糊不清。为此，必须对现状进行改变，明确地方政府间合作协议的效力。其中美国的做法给我们带来了一定的启示。早在 1787 年，美国宪法中就明确了州际协议的法律地位，各州之间受州际协议的约束。此后，为了保证州际协议的法律效力，美国宪法和相关法律规定州际协议的效力是优先于成员州之前颁布的法规，甚至也优先于之后新制定的法规，且一旦参加了州际协定，各州就不能随意地单方面修改或者撤销该协定。[①] 因此，必须通过相关法律

---

①Green, v. Biddle, 8 Wheat 1.(1823); State v. Hoofman, 9 Md.28 (1856); President, Managers C. v. Trenton City Bridge Co.,13N.J.Eq.46(1860); State v. Faudre,54W. Va. 22 (1903). Cf. Coffee v Groover, 123 U.S.1(1887).

和制度建设明确地方政府间合作协议的法律效力及其内容，明确合作协议的效力等级，合理界定合作协议与地方政府范围内的规章和行政规范文件的关系，而在目前的情况下，通过上级机关的批准明确合作协议的法律效力和效力等级是最好的选择。

第二，合作协议的内容应当明确具体。地方政府间联席会议制度是在跨区域合作治理的实践中发展出来的，达成的合作协议也无现成的法律依据可以遵循，因此地方政府间合作协议的内容参差不齐，可操作性低，限制了其对地方政府的约束能力。因此，在法律缺位的情况下，保证合作协议内容的明确具体是一个好的合作协议最基本的要求。结合国内外实践和经验，地方政府通过联席会议达成的合作协议应当包括以下内容：标题，介绍，合作安排，履行方式，成本与收益，违约责任和纠纷解决机制，生效时间，签署和日期，以及其他。

第三，明确规定合作协议的履行模式和违约责任。合作协议履行是实现地方政府间联席会议制度功能作用的前提与基础。履行模式的选择和违约责任的确定直接关系到合作协议实现的程度，因此有必要在合作协议中通过专门条款规定合作协议的履行模式和违约责任。在实践过程中，我们应该根据合作协议的性质、内容及本区域的具体情况来决定采用自动还是非自动履行模式。一般来说，对于那些存在法律技术困境的合作协议应该采用非自动履行模式，而其余的合作协议可采用效率高成本低的自动履行模式。对于违约的责任，合作协议的各缔结主体应通过合作协议的条款事先就违约方应该承担的违约责任、损害赔偿的方法、标准或者赔偿金做出约定。这不仅有利于增强合作协议对各地方政府的约束力，也有利于解决事后赔偿的困难。

3. 实现地方政府间联席会议的制度化。

虽然联席会议制度已经成为当前地方政府间商讨和解决区域合作与发

展问题的主要方式，并广泛涉及科技、能源、交通、环境保护、农业、信息化、知识产权保护、旅游、社会保障等各个领域，包括行政首长联席会议制度、秘书长联席会议制度以及地方政府职能部门联席会议制度等。但是这些联席会议的制度化和规范化水平却参差不齐，有的甚至根本没有相关的制度予以规范和保障。这不仅影响到各地方政府对联席会议的态度和在联席会议上的表现，而且深刻影响到联席会议在促进区域协调和发展中的效果。为此，各区域必须根据本区域的特点以及联席会议的类型和涉及的具体领域制定适合本区域的联席会议制度。

泛珠三角是我国较早运用联席会议进行区域协调与合作的区域，其行政首长联席会议的制度化和规范化水平在全国处于领先地位。泛珠三角区域各省区先后制定了《泛珠三角区域合作行政首长联席会议制度》《泛珠三角区域合作行政首长联席会议秘书处工作制度》《泛珠三角区域合作行政首长联席会议章程》《泛珠三角区域合作行政首长联席会议议事规则》《政府秘书长协调制度》《日常工作办公室工作制度》《部门衔接落实制度》，这七项制度为保证行政首长联席会议的规范性和有效性提供了保障，也为其他区域地方政府间联席会议的制度化提供了有益借鉴。

其他区域内地方政府在借鉴其有益经验的基础上，要根据本区域的特点，制定适合自身的联席会议制度，就联席会议的组成、职责、成员职责、执行主席职责、列席人员做出详细规定；要制定联席会议章程，具体可包括总则、权利和义务、联席会议年会、会议纪要、经费和附则等，以明确联席会议的规程或办事条例；联席会议议事规则要具体明确，包括会议的召开、议题的提出和审议、执行、检查、反馈和报告等，为规范联席会议议事制度，提高议事效率，促进议定事项的落实提供保障。除此之外，也要对辅助联席会议运行的其他机制进行制度化，通过明确具体的制度规范使其辅助功能更好发挥。

（三）机构层面

地方政府间联席会议的组织筹备、年会召开、议定事项的贯彻执行等各项工作的顺利推进是联席会议制度充分发挥其区域协调与合作功能的基础。但是，政府间联席会议的组成人员为地方政府行政首长或地方政府职能部门领导，作为领导他们事务繁忙、精力有限，不可能也无法将全部精力投入到联席会议的准备、组织、执行、监督上来。此外，地方政府间联席会议间隔周期长、会议时间短的特点使得联席会议难以对具体或日常事项进行处理，无法实时追踪与监督参与各方贯彻执行合作协议或议定事项的程度，也不可能根据变化了的情况及时修正原有区域决策或做出新的决策。据此，地方政府间联席会议制度的有效推进必须要依托相应的组织机构，唯此才能实现地方政府间联席会议的顺利召开、决策的与时俱进和议定事项的贯彻落实。

1. 设立联席会议秘书处。

地方政府间联席会议制度实行的是会期制，每年会期只有短短的几天，在此期间，与会各方需要研究区域合作规划、协调与解决区域合作中出现的重大问题、审议决定合作协议等诸多事务。如果没有一种日常工作机构负责会议筹备与组织、会议决定和交办事项的贯彻执行以及各项事务的统筹协调，地方政府间联席会议制度将难以正常运转。为此，可以设立地方政府间联席会议秘书处作为联席会议的日常工作机构，而且要制定联席会议秘书处工作制度，详细规定秘书处的组成、工作职责、组成人员各自工作职责、机构与人员配置以及驻地及经费等。

对于联席会议秘书处的组成，各区域可根据自身实际情况设置秘书长、常务副秘书长和若干名副秘书长，这些人员由各成员方推荐协商确定；秘书处作为联席会议的日常工作机构起统筹协调的作用，其主要职责包括筹备联席会议、执行联席会议的决定和交办事项、跟进并协调合作项目的开展、提出联席会议研究的重大区域合作问题、指导和协调专责小组及各成员方日常工作办公室的运作、编辑印发区域合作有关文件等；合理界定秘书长、常务副秘书长和副秘书长的职责，各负其责、合理分工，秘书长负责秘书处的全面工作，对政府间联席会议负责，并通过成员方的日常工作办公室向其行政首长或部门领导汇报工作进度，并在需要时征求他们对重要事项的意见。常务副秘书长要协助秘书长主持秘书处的全面工作，并负责秘书处的日常工作管理。副秘书长由各方分管秘书长担任，他们要协助秘书长和常务副秘书长工作，要协调本方有关部门配合秘书处的工作，同时可对秘书处提出工作建议和意见并其完成工作情况进行督促；对于秘书处的机构、人员和驻地、经费等具体事项，各地方政府可通过协商、共同决定。

2. 成立议定事项专责小组。

在美国，有一类非常特殊的机构专门负责履行各州达成的州际合作协议，这些机构不是由州际合作协定产生，也不是联邦政府设立的新机构，而是各合作州已存在或已设置的机构，他们除了完成自身应承担的职责外，还负责州际合作事项的推进和落实工作。美国的这种模式可为我国地方政府间联席会议制度的完善提供有益借鉴。

为保证地方政府间联席会议年会结束以后，会上议定的事项和达成的合作协议得到落实和履行，合作牵头方应牵头成立专责小组，在各地方政府的支持与配合下，制定落实和履行方案，并认真组织实施。专责小组是地方政府间联席会议议定事项的具体落实机构，应制定明确的专责小组工作规程，规范其运作，具体包括专责小组的设立、职责、实施、检查和报告等。

要在事关地方政府间联席会议的相关制度中明确专责小组设立的必要性，为其充分履行职责提供制度基础；专责小组由牵头方和相关合作方的有关职能部门和单位组成，设组长单位和副组长单位，组长单位有牵头方指定本政府相关部门担任,相关合作政府指定本方相关部门为副组长单位，共同落实议定事项；专责小组应在牵头政府的领导下开展工作，通过与牵头方的沟通协调，负责落实联席会议所制订的议定事项、合作协议和有关工作安排，并接受有监督与检查。组长单位要牵头制订具体工作方案和计划，要建立专责小组工作机制，监督检查各成员方工作完成情况，解决工作中遇到的难题，及时向联席会议秘书处报告工作进展等。副组长单位负责本方工作方案和计划的制订，组织相关职能部门落实和履行相关事项，并及时向本方政府联席会议日常工作办公室汇报工作进展；各专责小组按职能分工各自开展工作，如遇问题可报请联席会议秘书处进行协调。专责小组的工作完成情况要及时向秘书处进行汇报，内容包括工作完成进度、未完成事项和下一步的工作安排和建议。已经完成任务的专责小组经联席会议秘书处同意后自行解散。

3.设立日常工作办公室。

为进一步实现地方政府间联席会议在促进区域合作与发展方面的功能，各地方政府还应在发展改革委设立日常工作办公室，负责区域合作日常工作。其主要职能包括根据本地参与区域合作情况，研究制定参与区域合作的方案及推进区域合作的政策、措施；跟踪落实地方政府间联席会议确定的各项事宜；加强与其他地方政府日常工作办公室之间的信息交流和沟通协调，[①] 共同推进区域合作的实现；负责区域内各地方政府之间的信息交流与共享，并进行平台建设；不定期召开区域合作日常工作办公室会议等

---

① 陈瑞莲、刘亚萍：《泛珠三角区域政府的合作与创新》，《学术研究》，2007 年第 1 期

第七章　构建跨区域治理的利益协调机制

在跨区域经济合作取得诸多成绩的同时，越来越多的问题也摆在了地方政府面前。受传统的行政区行政观念、地方保护主义、部门主义的影响，在跨区域合作过程中，地方政府人为制造了很多政策、体制方面的壁垒，影响了生产要素的流通，导致跨地区交易成本过高，限制了资源的合理配置，导致区域内部统一的大市场难以形成。这些问题既与我国现行的行政管理体制有关，同时也与跨区域地方治理中的利益协调困境有关。目前我国跨区域合作多是"强—弱"联合的状况，在合作过程中利益协调问题矛盾突出。虽然跨区域合作取得了一定成果，但各方利益并不一定同时实现最大化。

地方政府之间的竞争，本质上是围绕利益展开的争夺。跨区域公共事务的治理在很大程度上是区域内地方政府的利益冲突、妥协、调和的过程。利益协调机制是否有效，在一定程度上决定着跨区域合作治理的成败。目前，跨区域地方治理中的利益协调主要依靠高层联合会议、合作磋商会等方式解决。这些方式尚存在诸多不足，难以解决不同行政区划之间复杂的利益协调问题。要防止区域合作中合作效果"渗漏"，实现跨区域地方治理中不同利益主体的合作共赢，就必须把改善合作成员中的发展不平衡问题作为重要的政策目标。通过制度创新，建立科学合理的区域合作利益协调机制，是实现区域协调发展的重要保障，也是化解跨区域地方治理中负外部性的重要工具。

一、跨区域治理利益协调机制的概念与形式

（一）利益协调机制的概念

1. 地方利益。

要确定跨区域地方治理中利益协调的概念，首先应该明确地方利益的内容及其冲突表现形式。"所谓地方利益，是指地方政府及其官员利益、本地企业利益和本地居民利益之综合表现，涉及到社会、政治、经济和文化等多方面的内容，但经济利益是地方利益的基础。"[①] 地方经济利益包括与经济发展息息相关的 GDP、人均 GDP、财政收入、居民收入，还包括地区的资源、贸易投资、经济发展潜力等。地方政治利益包括中央政府的认可、政策支持，地方政府的权威性，民众支持度，以及政策制定、落实能力等。地方文化利益包括满足辖区民众精神文化需求有关的利益，涉及教育、文化、艺术、体育等领域。一般而言，地方利益的最大化就是指地方经济利益、地方政治利益、地方文化利益等综合利益的最大化。[②]

地方政府除了作为地方整体利益的代理之外，还是其自身利益的代理，包括各组成机构的部门利益，政府官员个人利益（声望、政绩、晋升需求等）。综合而言，在区域合作的背景下，地方政府所代理的外部利益主要包括在发展地方经济、争取有利于促进地方发展的优惠政策、提供公共产品和公共服务、社会和环境治理，参与区域合作与竞争等；地方政府所代理的内部利益主要包括政府机构及其下属部门的利益，政府领导及其官员

---

① 汪伟全：《推进区域一体化必须协调地方利益冲突》，《探索与争鸣》，2009 年第 11 期。

② 涂晓芳：《政府利益论—从转轨时期地方政府的视角》，北京大学出版社 2008 年版。

的利益，行政区内企业的利益、非政府组织的利益、居民的利益等。[①]

2. 地方利益关系。

地方利益冲突的内容复杂，表现形式也多种多样，如对资金、技术等经济资源的争夺，人力资源的流动，地方保护主义盛行，跨界生态环境的污染，地区发展失衡等。根据利益竞争性的程度，可以将地方利益关系划分为竞争性利益关系、互补性利益关系和非竞争性利益关系三种类型。[②]

竞争性利益关系是指一方利益的增加必然导致另一方利益的减少，是一种零和博弈。因此，竞争性利益关系是跨区域治理中利益冲突最激烈、最难以协调的关系。竞争性利益关系既可以促进地方政府间相互学习借鉴，提高效率，也会导致各地方政府过度关注本身利益而造成恶性竞争，最终损害区域整体利益。互补性利益关系也即优势互补、互利共赢。比如强势省份具有先进的技术、管理经验和转型升级带来的产业转移需求，弱势省份拥有丰富的资源、充足的劳动力以及承接产业转移的需求。互补性利益关系中开展的合作过程同时也是利益补偿的过程，利益协调难度较小。非竞争性利益关系指的是各地方政府只有通过采取共同的努力才能达成目标的共同利益，其最重要的属性是相互依存和不存在利益冲突。例如，在区域经济一体化过程中，各方共同建设交通基础设施，畅通区域交通网，在大气污染区域治理中，各方建立信息共享机制，加强联合执法，开展大气污染联合会商，联合制定大气污染应急预案等，都属于非竞争性利益关系

---

① 游鹏：《成渝经济区合作发展中地方政府间利益协调机制研究》，重庆大学硕士学位论文，2014年4月。

② 王红梅等：《大气污染区域治理中的地方利益关系及其协调——以京津冀为例》，《华东师范大学学报（哲学社会科学版）》，2016年第5期。

的范畴。① 应根据地方政府间不同类型的利益冲突，采取不同的协调手段，从而推动利益相关方达成一致，促进区域合作与发展。

3. 利益协调机制。

利益协调指的是对特定利益主体的综合利益进行全面考量、分析，对利益冲突矛盾在通盘、公平原则的基础上，兼顾各利益主体的利益，运用各种手段协调和解决各利益主体之间的利益矛盾。机制是指有机体各部分的构造、功能、特性及其相互联系和相互作用等。"机制作为潜藏于各种社会表象之后的运行机理和内在逻辑，本身是抽象的，通过一定的制度、体制、规范、政策等表现出来。"② 利益协调机制则是指从区域整体利益出发，通过一系列的制度、原则、规范、政策等，在区域内地方政府之间达成利益共享和利益分配的协议，通过制度化的方式规范地方政府间利益分配方式，协调利益关系，化解利益冲突，实现互利共赢。

（二）利益协调机制的形式

1. 制度安排。

在跨区域合作过程中，参与主体为了争夺稀缺资源，实现自身利益需要展开竞争，同时又需要通过相互合作实现协同效益。为了避免跨区域合作陷入"囚徒困境"，需要制定一系列的制度措施，规范参与主体的行为方式。

新制度经济学认为，制度安排可以是正式的（法规、政策等），也可以是非正式的（意识形态、风俗习惯、惯例等），主要用以提供一种结构

---

① 王红梅等：《大气污染区域治理中的地方利益关系及其协调——以京津冀为例》，《华东师范大学学报（哲学社会科学版）》，2016 年第 5 期。

② 李忠杰：《论社会发展的动力与平衡机制》，《中国社会科学》，2007 年第 1 期。

使其成员的合作获得一些在结构之外不可能获得的追加收入。[①] 跨区域地方治理的利益协调同样包括正式制度和非正式制度。正式制度指的是参与跨区域合作治理的主体，通过一定的程序确立的约束合作共治的一系列规范形式，例如，各种成文的法律、政策、规章、契约等。这些正式制度对区域合作治理主体具有强制性的普遍约束力。非正式制度主要是指区域合作中，各治理主体依循传统的互动惯例而达成的一种合作默契，它并没有明确的制度规定。此外，利益协调的制度安排还包括一些激励措施和惩罚措施等内容。

2. 组织机构。

组织机构是利益协调的重要组成部分。在传统的科层制管理体制下，地方政府的行政能力受到了行政区划的重要影响，在跨行政区划的公共问题处理上很难发挥作用。目前，随着区域一体化的发展，跨行政区经济取得了很大的成果，随之带来了很多跨区域公共问题。而"开放性是区域经济各地区和经济主体得以不断运动和升级的必要属性，也是经济区域得以形成的必要条件"。[②] 这种状况下，区域经济的开放性与行政区划之间就产生了冲突，需要跨越行政区划范围的组织机构来协调跨区域主体的行动，同时为社会公民参与地方治理提供参与渠道。区域组织机构按成因分为上级政府设立的、自发形成的和同级政府通过协商设立的，按内容又可分为处理单一事务的组织和综合性组织等。

针对地方政府间利益冲突的不同类型，对利益协调组织机构和制度安排的依赖程度也是不同的。竞争性利益关系中，更多需要跨行政区划的利

---

① 周桂荣：《区域合作中的政府管理模式选择——以滨海新区为例》，南开大学博士学位论文，2009 年。
② 汪伟全：《国外区域合作协调机构的比较研究及其启示》，《中国科技论坛》，2011 年第 1 期。

益协调机构或中央政府直接出面。互补性利益关系更大程度上需要通过法律法规、政策协调等明确区域内政府的利益补偿标准、形式和机制等。非竞争性利益关系则需要配合联席会议等既有制度安排，由政府间协商确定合作过程中的成本分摊、利益共享等问题。

（三）利益协调的机制

利益是地方政府开展跨区域合作的原动力，利益关系是地方政府间跨区域合作关系的核心问题，贯穿地方政府跨区域合作的始终。利益机制作为跨区域合作治理的核心机制，对于合理整合利益关系，保证跨区域合作治理的顺利开展至关重要。

1. 利益形成机制。

利益的形成机制是跨区域地方治理中利益协调机制的一个重要内容，科学、合理的利益形成机制可以从根源上减少跨区域地方治理中的利益冲突。地方利益冲突涉及多个利益相关者，包括地方政府机构及其组成部门，辖区内的非政府组织、企业、民众等，他们是地方利益冲突的重要组成部分。

经济利益是地方利益冲突的最主要因素，地方经济利益的主要来源是地方税收。在跨区域地方治理中，地方税收最主要的影响因素是区域经济产业政策，即产业结构。目前我国跨区域合作中普遍存在着产业结构趋同的状况。地方政府在经济利益的驱动下，盲目上项目，选择能够快速增加地方财政收入的经济项目，很容易造成区域产业结构趋同，无法形成合力，难以提高区域产业分工协作水平。区域产业结构趋同，重复建设容易加剧区域内不同主体之间的竞争，增加原材料的供给压力，造成设备闲置、资源分散、利用率低等状况，严重影响区域经济的整体协调发展。而科学、合理的利益形成机制可以有效地避免这些情况。

2. 利益分享机制。

区域整体发展水平提高的最根本目的仍是提高区域内部各个成员的发展水平，使参与区域发展的成员享受到区域整体发展带来的收益。因此，构建有效的利益分享机制在保障公平方面显得尤为重要。构建跨区域地方治理的利益分享机制主要是为区域内各地区发展创造一个公平的竞争环境，使各地区都有同等分享整体区域经济利益的权利。各地方政府具有理性经济人属性，在区域的发展过程中，为达到地方利益最大化，可能会人为设置很多行政壁垒，限制资金、技术、人才等资源的自由流通，不利于区域各主体共享区域发展成果。要实现区域发展成果的分享，各地方政府首先应该树立整体观念，培养利益让渡意识，减少人为设置的行政壁垒，充分发挥市场调节的作用。"与传统的利益协调手段相比，利益分享机制强调在市场经济的基础上，通过中央政府的政策协调，建立一种新型的地区利益关系，即在平等、互利、协作的条件下形成地区间的合作关系，并通过地区间利益的分享实现区域经济的协调发展。"①

3. 利益补偿机制。

区域合作是各方参与主体在共同的利益诉求下开展的合作活动，各主体的稳定参与是跨区域合作组织维系的重要条件，利益分配问题是合作的核心问题之一。目前的区域合作实践，很多都是"强—弱"组合的形式，参与主体的实力差距使得各主体很难共享利益发展的成果。而相对落后地区为相对发达地区提供了很多资源，如原材料、劳动力等，长期的利益不均衡将严重影响区域合作集团的稳定性。构建良好的利益补偿机制将有助于改善不同主体的不均衡。利益补偿可以通过相应的制度建设，实现区域利益在各成员间的利益转移和再次分配，从而弥补落后地区在发展机会、

---

① 于绪艳：《长三角区域经济一体化中地方政府合作机制研究》，吉林大学博士学位论文，2009年。

成本收益方面的损失，帮助自我发展能力不足的成员提高发展能力，保障区域成员间的公平，减少区域合作的阻力。利益补偿机制最重要的工具是财政转移支付，既包括中央政府层面的财政转移支付，也应该尝试在区域内部建立转移支付制度，而后者发挥的作用将更为明显。

4. 利益约束机制。

目前我国跨区域合作组织多为松散型的合作组织。由于参与主体多为同级别的地方政府，缺乏行政层级上的隶属关系，因此，达成的很多协议、合约在执行上多依靠地方政府的自觉，出现违背协议、合约内容的行为时，也缺乏强制性措施和严格的约束机制。这一点在涉及地方利益问题上体现得更为明显。利益约束机制是跨区域地方治理中解决利益冲突，实现利益协调的重要保障。利益约束机制主要包括建立跨区域合作机构、完善区域立法、改善政绩考核体系等多方面内容。

（四）现有利益协调方式的优劣

在我国的跨区域治理实践中，地方政府间利益协调的实现方式主要分为三种：行政约束式协调，市场机制协调，网络协调机制。

行政约束协调是指通过行政权威进行协调，通过设立利益协调机构，对区域内利益的形成、分享、补偿和约束进行管理。中央政府可以凭借其权威地位，直接以行政命令的方式，对区域内各地方政府行为进行约束和规制。中央政府也可在区域政府协商一致的基础上，牵头成立由国务院和区域内各地方政府组成的跨区域利益协调部门，从区域全局出发，根据区域实际情况，统筹区域内利益协调事务，推进区域一体化发展。行政约束式协调优势在于机制化程度高，决策具有强制性。它以官僚体系的科层制为基础，制度设计中融入上下级政府，在行政权和财政权保障的前提下达成协议。在此背景下，地方政府拒不履约，中央政府或区域利益协调机构会采取通报批评、财政罚款，甚至行政撤职等处罚措施。

然而在实际执行过程中，行政约束式协调机制的表现不尽如人意。有学者研究了 20 世纪 80 年代初国务院成立的"上海经济区规划办公室"的运行情况，发现因执行难度过大而难以发挥实效。[①]上海经济区规划办公室的管辖范围包括上海、江苏、浙江、安徽、福建、江西等五省一市，目的在于探索成立以大中城市为依托，不同规模式网络型经济区。规划办提出的规划由国家计委批准，以行政命令方式下达各省市，同时规划办以每年召开各层次会议的方式与区域内省级政府进行沟通，协调各类冲突和矛盾。五省一市政府在执行有关区域合作政策时，存在明显的机会主义行为，对有利于增加辖区内财税收入的决策予以积极推行，对涉及产业转移、影响本地财政收入的政策则不予推行。最终，上海经济区规划办公室存在五年即宣告解散。

市场机制协调是指顺应区域内经济发展特点和规律，通过发挥市场在跨区域资源配置中的基础作用，实现利益协调。市场协调机制致力于影响跨域治理参与主体的决策过程，并最终引导参与主体改变市场行为，让参与主体将其行为可能产生的副作用纳入成本的考量范围。[②]通过市场因素可以在一定程度上突破现有的行政区划，实现生产要素的跨区域流动，有助于区域大市场的形成；可以实现产业体系的跨区域分工，解决区域资源分布不均问题，实现优势互补，优化区域产业结构，缩小不同地区的经济发展差距。市场调节机制的缺陷同样明显：容易受行政区经济和地方保护

---

① 汪伟全：《长三角经济圈地方利益冲突协调机制研究——基于政府间关系的分析》，《求实》，2008 年第 9 期。

② 范永茂，殷玉敏：《跨界环境问题的合作治理模式选择——理论讨论和三个案例》，《公共管理学报》，2016 年第 2 期。

主义的限制，导致其跨区域资源配置功能无法实现。此外，市场机制也无法解决跨区域公共物品的供应，导致跨区域公共物品供应不足，损害区域公共利益。

网络协调机制是中央与地方政府之间、区际政府之间以及行政区内政府、企业和社会组织之间等多元主体基于信任的合作治理网络。[①] 网络协调机制强调跨区域治理的多元主体参与，包括区域内地方政府、企业、社会组织、公民个人等。通过各参与主体形成特定的利益协调组织或机制，在平等的基础上通过协商达成一致，进而解决合作过程中的利益冲突。这种方式的缺陷是决策约束力不够，各参与主体地位平等，出现矛盾冲突时，不存在超越区域的组织进行调解，无法从根本上化解利益协调难题，只会在利益协调过程中产生新的冲突。各治理主体基于相互信任开展合作，作为理性经济人的行政区政府必然会采取机会主义行为使自身利益最大化，很容易损害相互信任，进而侵蚀合作的基础，利益冲突的化解更是无从谈起。

二、跨区域治理与地方利益的发展变化

（一）新中国成立后至改革开放前

新中国建立后，通过"三大改造"将社会资源收归国有，采取了中央集权的、高度集中的计划经济体制。在这个体制下，中央政府处于权力的最高层，掌握了全国范围的资源配置权、人事任免权等。这段时间，在经济上实行"中央计划配置，是以指令性的计划投资和生产、管制价格、集

---

① 胡熠：《我国流域区际生态利益协调机制创新的目标模式》，《中国行政管理》，2013 年第 6 期。

中税收与统一金融为基础的。在这种四位一体的传统计划体制下，地方政府并不具有独立利益主体的地位，缺乏经济管理权力和资源配置的功能，其经济管理权限是很小的，管理范围也十分有限"。① 在计划经济体制下，中央政府完全掌握各地方的经济调控权和经济发展的收益。地方政府的政绩，主要表现在执行中央计划的完美程度上，如绝对服从安排，一丝不苟地按照计划的要求办事，按时完成计划任务等。② 地方政府的主要角色是中央政策的执行者。它们服从并落实中央的经济社会政策，不具备独立的经济权利和行政权力，缺乏追求自身经济利益的动力和能力。

在这一时期，地方政府之间的横向关系基本被切断，但仍然存在着同级地方政府间的相互竞争。"计划经济时代的地方政府竞争可以理解为一种交易过程，即作为供应者的地方政府与作为购买者的中央政府之间的交易。在这个交易市场中，供应者和购买者均有自己的'商品'和'筹码'：地方政府的交换代价是地方政府为获取稀缺资源而提供的物品，即地方政治产品，具体表现为迎合中央的偏好与要求、执行中央的方针政策等方面；而中央政府的交换代价是分配稀缺资源。"③ 这一时期的跨区域合作，如跨地区的商品流通、区域分工协作等都被切断，跨区域合作和区域经济陷于停滞，造成了资源的严重浪费。虽然存在地方政府之间在投资和货币发行领域的横向竞争以及地方政府和中央政府之间在同一领域的纵向竞争，但那不过是地方之间的"兄弟之争"，并非市场经济意义下的竞争。④ 因此，地方政府间利益协调的方式，主要是中央政府通过计划手段和行政强制力

---

① 周振华：《地方政府行为方式与地方经济自主发展》，《学习与探索》，1999 年第 3 期。
② 张紧跟：《浅论协调地方政府间横向关系》，《云南行政学院学报》，2003 年第 2 期。
③ 汪伟全：《当代中国地方政府竞争：演进历程与现实特征》，《晋阳学刊》，2008 年第 6 期。
④ 樊纲、张曙光：《经济效率与经济潜在总供给》，《中国社会科学院研究生院学报》，1990 年第 5 期。

完成，基本不存在市场因素的作用。

（二）改革开放以来至分税制改革前

改革开放之后，我国由高度集中的计划经济体制向有中国特色的社会主义市场经济体制转变。1980 年，我国在中央与省级地方政府的财政分配关系方面做出调整，实行财政包干体制，即"划分收支，分级包干"，后来逐步演变为"总额分成，比例包干"的包干办法。我国初步建立了适应有计划的社会主义商品经济的税收制度，对于保证财政收入、加强宏观调控、促进改革开放、推动经济与社会发展起到了重要的作用，为后来深化税制改革奠定了基础，也为此后税利分流按税收划分中央和地方的财政收入范围、改革财政管理体制、使国家与企业、中央与地方的分配关系得到比较合理的解决做好准备。[①]

"分权让利"是这一时期的主要特征。它打破了中央政府垄断社会经济资源的状况。中央政府收入不仅取决于与地方达成的分配比例，也与地方的积极性和主动性也息息相关。同时，经济体制改革促进了社会所有制形式多元化，利益主体由中央政府为单一主体演变为中央政府、地方政府、企业三足鼎立，地方政府的代理权不断扩大，日益参与到地区经济发展中来。

改革开放后，市场在资源配置过程中发挥着越来越重要的作用。由于资源的稀缺性，为了追求经济效益，地方政府横向间的经济联系不断加强。同时，地方政府作为独立的利益主体的地位也得到广泛认可，被割裂的区

---

① 邓子基、唐文倩：《从新中国 60 年财政体制变迁看分税制财政管理体制的完善》，《东南学术》，2011 年第 5 期。

域经济开始发展。我国第一个经济协作组织是华北经济技术协作区。1984年，《中共中央关于经济体制改革的决定》提出在对外开放的同时对内开放的要求，并归纳了新的16字方针："扬长避短，形式多样，互利互惠，共同发展。"①20世纪80年代，"横向经济技术联合"发展迅猛，地方政府之间重视区域经济技术交流，大量区域合作组织不断出现，如环渤海经济区、东北经济协作区、湖南长株潭经济协作区、长江三角洲城市经济协调会等组织。1991年，《国民经济和社会发展十年规划和第八个五年计划纲要》又提出了继续完善和发展区域合作，以省、区、市为基础，以跨省、区、市的横向联合为补充发展经济协作区，提倡经济上较发达的沿海省、市与内地较不发达的省、区开展经济联合的要求。②

这一时期的财政体制既促进了区域经济的发展，同时也带来了很多问题。中央财政在国家收入中占的比例逐步减低，减弱了中央宏观调控的能力。分权化改革使得地方政府独立的经济利益不断增强，地方政府为了增加地方财政收入，盲目上项目、求发展，导致低水平重复建设，行政区经济观念盛行。为了争夺原材料，地方政府保护行政区内部市场和需求，纷纷采取地方保护主义的经济政策，导致市场封锁，资源要素流通不畅。当年的"棉花大战""羊毛大战"就是地方保护主义盛行的标志。

（三）20世纪90年代中期分税制改革后

1992年，国家提出建设社会主义的市场经济体制，针对财政包干体制的问题，为了进一步协调中央与地方的分配关系，调动地方的积极性，

---

① 《中共中央关于经济体制改革的决定》（单行本），人民出版社1984年版。
② 李鹏：《关于国民经济和社会发展十年规划和第八个五年计划纲要的报告——1991年3月25日在第七届全国人民代表大会第四次会议上的讲话》，人民出版社1991年版。

发挥税收的调配资源的作用，我国从 1994 年开始在全国范围内推进分税制改革。与以往的放权不同，这次改革采用了分权制的思路。具体内容包括：根据中央与地方事权划分状况，明确划分中央与地方支出责任；按税种划分中央与地方收入范围；分设中央和地方两套税务机构；建立政府间转移支付制度等。①

分税制改革对中央和地方的利益关系产生了重大影响。在分税制体制下，税种分为中央税、地方税、共享税三种形式，同时开辟了国税、地税两套征税系统。地方政府获得了如个人所得税、营业税、企业增值税等财政收入来源，极大地提高了地方政府开辟税源、加强税收征管的积极性，提高了财政筹资能力，地方财政收入有了大幅度提高。同时，针对原属地方的支柱财源被划作中央收入或共享收入的情况，中央采取了税收返还的政策，从而保障了地方既得利益不受影响。财政收入的增加使得地方政府有能力通过财政政策调节地区经济，影响资源分配，主要表现在通过提供优惠政策吸引外资，发展本地区经济，解决本地区劳动力就业问题，通过税收调节，提供土地等政策，促进新建企业发展，特别是高利润的行业等。

在分权体制下，地方政府成为一级独立的利益主体，其政府角色和政府责任也发生了很大的变化。在计划经济体制下，地方政府扮演着中央政府的决策执行者角色，但在分权制下，地方政府拥有行政、经济自主权，由政治主体向经济主体转变，承担着发展地方经济的责任。地方政府与地方企业间的关系越来越紧密。它们更加重视市场的力量，根据市场规律制定本地区经济政策，促进区域企业发展。当然，这也导致了很多不良结果。

---

① 吴庆阳：《从"两税法"到"分税制"——中央地方博弈下的财政税收制度》，《开发研究》，2009 年第 3 期。

例如：地方政府为了追求地方经济利益最大化，忽视公共利益；同时，地方经济增长成绩与官员考核升迁挂钩的考评体制直接导致了"行政区经济"的出现，为跨区域地方治理埋下了隐患。

随着地方经济自主权的加大，地方政府纷纷寻求区域合作，希望通过整合区域资源，提高区域整体实力，从而达到发展地方经济的目的。20世纪90年代，全国区域合作十分活跃。例如省（区）际间的协作组织有西南五省区七方经济协调会、环渤海经济区、由中南六省（区）三市九方（粤、桂、湘、鄂、豫、琼、穗、汉、深）组成的中南协作区、黄河经济协作区等；省毗邻地区协作区有苏、皖、赣三省十九地市组成的南京区域协调会、由湘鄂赣豫四省25地市组成的武汉协作区、淮海（苏、鲁、豫、皖）、中原（晋、冀、鲁、豫）、闽赣粤三边经济协作区等；还有省内经济协作区，如辽宁中部城市群经济区，城市间经济协作网络，如长江沿江岸中心城市经济协调会（由上海、南京、武汉、重庆等26个沿江中心城市组成），丝路重镇经联会（由西安、宝鸡、天水、兰州、武威、张掖组成）等。[①]这一时期，地方利益发生了一些新的变化，地方政府间的利益冲突也有了新的特征。

三、跨区域治理中阻碍利益协调的影响因素

（一）行政区划及"行政区经济"观念的影响

1."行政区经济"。

所谓行政区划，是指国家在综合考虑地理条件、历史条件、经济联系

---

① 陈栋生主编：《区域经济研究的新起点》，经济管理出版社1991年，第58页。

等状况的基础上，根据政权架构和职责履行的需要，对行政管理区域的划分和调整。它也是地方政府行事的地域性依据。[①] 行政区划是一级地方政府进行政治统治、社会管理、公共服务的地理范围。地方政府是本辖区行政区划范围内的政治主体，担负着促进本行政区社会、经济发展的政治责任，同时也作为理性经济人，又是独立的经济主体，拥有自身的经济利益。

市场机制不是万能的，完全依靠市场的自我调节来促进经济发展是不现实的。在市场失灵时，就需要政府介入经济领域，发挥政府的调节作用。但是，政府作为独立的利益主体，有其自身独特的经济利益。受传统行政体制、行政区划的影响，在政府介入经济活动中，诞生了以行政区划为地理范围、以辖区内地方政府为经济核心的一种经济现象，即"行政区经济"。所谓"行政区经济"是指由于行政区划对区域经济的刚性约束而产生的一种特殊区域经济现象，是我国区域经济由纵向运行系统向横向运行系统转变过程中出现的一种区域经济类型。[②]

"行政区经济"拥有很多区别于其他经济类型的特征。首先，行政区经济具有很强的行政性，受行政区划的刚性约束。我国的行政区是一个自上而下的，涉及政治、经济、文化等诸多要素的社会体系，政府在行政区经济中发挥着非常重要的作用。由于政府本身也是独立的利益主体，为了实现自身利益，政府不断通过自身拥有的行政、经济权力，直接干预区域内产业结构、企业发展。同时，行政区经济还具有很强的封闭性。这与传统行政体制的封闭性有很大的关系。在传统体制下，政府的行政管辖范围有限，各种政治、经济政策的影响力度也仅限于本行政区域，各项经济指

---

① 于绪燕：《长三角区域经济一体化中地方政府合作机制研究》，吉林大学博士学位论文，2009年版。
② 刘君德：《中国转型期凸现的行政区经济现象分析》，《理论前沿》，2004年第10期。

标的统计也以本行政区划为分界线。因此，为了提高区域的经济指标，地方政府盲目上项目，投资高利润的行业，同时设定了各种区域封锁的政策，导致区域内部产业同构现象严重，限制了资源的有效流通，增加了跨区域经济活动的交易费用。

在区域合作中，各地方政府作为相对独立的行政区域，在决策中拥有较大自主权，容易只顾本行政区利益和眼前利益而损害区域整体和长远利益。各地方政府为了争取上级政府在政策优惠、项目投资、资源开发和基础设施建设等方面的更大支持，很容易导致恶性竞争。这些恶性竞争不仅损害各地方政府的利益，破坏区域市场秩序，还导致区域内政府相互不信任，侵蚀地方政府间各种跨区域治理制度安排的有效性。因此，我国地方本位色彩浓厚的行政区经济特征强化了区域非合作博弈，进一步激化区域冲突与矛盾，而弱化了区域合作博弈。[①]

2. 地方保护主义。

虽然我国不同行政区划间执行国家统一的经济、财政、税收政策，但是行政区划却是一条无形的分界线，不断影响着地方政府的行为。其中，区域封锁、地方保护主义盛行就是"行政区经济"的一个重要表现，同时也是影响我国跨区域地方治理中利益协调的一个重要因素。

利益分享机制作为利益协调机制的一个重要组成部分，客观上要求区域内部形成一个统一的大市场，地方政府之间以同等的经济政策、措施对待行政区范围外的合作主体，从而使区域内部的不同主体能以平等的地位参与地方区域发展，利用区域整体资源，分享区域大市场，最终平等地分享区域整体发展带来的成果。但是，受"行政区经济"的影响，

---

① 王泽强：《区域冲突、区域合作与中部崛起》，《当代经济管理》，2008 年第 8 期。

地方政府为了保护自身行政区范围内的经济发展，采用地方保护主义策略，不断地人为设置贸易壁垒，封锁区域市场，阻碍资源的自由、有效流通。这种地方保护主义观念在市场准入制度、跨区域行政执法、跨区域经济主体待遇等方面表现突出。地方保护主义限制了资本、人力和技术在区域内的自由流通，不利于生产要素的合理配置。有些地方政府为了维持本地企业的竞争优势，对本辖区内企业出台政策、资金、税收等方面的优惠政策，而对辖区外的企业进行排斥和打压，同时对可能不利于本地区发展的生产要素，进行流入限制，对有利于本辖区发展的生产要素设置各类条件，限制其流出。

我国目前的行政体制导致了条块分割的局面。地方政府为了发展本地区经济，增加财政收入，达到自身利益最大化，在制定经济政策的时候以本地区经济发展为出发点和核心。在企业创立时，首先考虑该企业是否能够增加本行政区的财政收入，解决区域内部的就业问题，忽视区域整体产业结构协同需求。为了吸引资金、技术、人才等资源，地方政府竞相提供优惠的经济政策和土地资源，造成了恶性竞争、重复建设、区域产业同构等问题。在跨区域的商品和服务业准入方面，人为设置了很多限制条件，忽视了构建区域统一大市场的要求，造成了市场分割的局面，影响了资源的有效流通。地方保护主义行为破坏了区域内统一的市场，导致市场碎片化和条块化，牺牲区域内各政府的长期利益，不利于区域整体利益的最大化和区域整体竞争力的提升。

（二）利益主体之间经济发展现状的影响

1. 经济发展水平不平衡。

目前，我国跨区域地方政府合作大多是"强—弱"联合的形式，合作主体之间经济发展水平存在很大差距，不平衡状况突出，严重影响了跨区域地方治理的利益协调。

在传统的中央集权的计划经济体制下，中央政府统管全国范围内的经济发展，虽然地方经济发展缓慢，但地区间的发展水平却相对平衡。财政分权改革，特别是分税制改革以来，地方政府获得了相对独立的行政、经济权力，纷纷在本行政区划范围内，制定符合自身发展需求的经济社会政策，促进本地经济社会全方面发展。由于我国幅员辽阔，各地自然条件、区域条件差异较大，自然资源丰富或者地理位置优越的地区容易优先获得发展的机遇，而自然资源匮乏或者地理位置封闭的地区则在经济发展中处于劣势地位，很难获得发展的机会。再加上传统经济基础，以及各地区经济社会发展政策、发展观念的差异，导致我国各地经济发展水平和状况大不相同。在跨区域地方政府合作过程中，地区发展差距有可能进一步扩大。由于经济发展水平的影响，各地区在生活条件、基础设施、工资水平、人文环境等方面存在着较大的差异。生产要素由低效率地区向高效率地区转移是基本经济规律。因此，在跨区域合作中，处于竞争优势地位的地方政府具有吸纳资金、人才等资源的能力，而落后地区才成为发达地区生产要素的输出地。但是，跨区域经济体的产业梯度转移并没有得到实现。同时，地方政府作为理性经济人，在跨区域合作中努力追求自身利益最大化，重视自身的经济效益，而忽视其他地区的发展。因此，资源在区域合作主体之间的转移将进一步拉大区域成员间经济发展水平的差距，同时也将加剧地方政府之间的利益冲突，从而不利于跨区域合作组织的建立，最终将导致跨区域合作组织的瓦解。

2.产业同构、基础设施重复建设。

受"行政区经济"的影响，目前我国经济发展中普遍存在着产业同构、区域协同力不足的状况，即产业构成类型、比例，资源配置间的要素具有高度的相似性，在实际中表现为各地区没有发挥自己的比较优势，而极力追求大而全、小而全、门类齐全的封闭式的产业经济系统，区域间缺少分工协作。[①] 产业同构降低了经济发展效率，加剧了资源短缺与生产能力过剩的矛盾，增加了产业调整和升级困难。[②] 改革开放之后，我国经济领域中的利益主体和投资主体更加多元化，随着中央财政分化、分税制改革的推进，地方政府为了追求区域利益最大化，纷纷建设"大而全"的经济产业结构。同时，为了在经济发展中掌握主动权，获得竞争优势，从而吸引社会资金、技术、人才，地方政府更加重视发展高利润率、高回报的产业。这造成了很多地方政府不顾区域产业政策，盲目上项目，低水平重复建设。产业结构趋同、发展目标趋同在地方之间客观上造成了竞争的态势，使得地方经济的比较优势得不到发挥，区域专业协作水平低，无法形成区域专业分工的优势。同时产业同构也使得区域内部相同行业的企业数目过多，而市场需求有限，导致地方政府采取贸易保护主义，封锁市场，增加了行政区外商品进入该市场的成本，加剧了地区之间的贸易冲突和利益矛盾，不利于区域大市场的建设。

　　我国区域内部基础设施重复建设问题也非常突出。所谓重复建设，是指建设那些提供的产品或服务在数量上已超过社会需求、在质量上不如已有的产品或服务，建成后有损宏观投资效益的建设项目，主要表现为空间分布上的重复和时间分布上的重复。前者即某建设项目在一定区域范围内是重复的；后者指某建设项目在一定时期内是重复的。跨区域治理语境下的重复建设，主要是指空间分布上的重复建设。目前，我国跨区域地方治理涉及基础设施建设的合作占了很大部分，但是区域基础设施建设仍然缺

① 王扩建：《长江三角洲区域合作中的利益协调机制研究》，《云南行政学院学报》，2008 年第 2 期。
② 游鹏：《成渝经济区合作发展中地方政府间利益协调机制研究》，重庆大学硕士学位论文，2014 年。

乏有效的协调和统一的规划，导致区域公共资源出现严重浪费。从短期来看，重复建设会带来经济繁荣和快速发展，但对区域整体经济发展有着长期严重的危害。

（三）政绩考核体制的影响

政绩评价体制是对地方政府的一个重要评价体系，评价的对象是政府管理活动所取得的工作成绩。政绩评价原意在通过政绩考评增加政府、地方官员的积极性，促进地方经济社会的全面发展。在跨区域地方治理的利益协调过程中，政绩考核体制也是影响利益协调的一个重要原因。但是目前，我国的政绩考评体制存在一些不完善的地方，产生了一些负面效应，是阻碍跨区域地方治理中利益协调的一个重要因素。

1. 评价主体较为单一。

我国的绩效考核体制的最初目的就是上级政府用于考评下级地方政府，是一种自上而下的内部评价体系。在评价的主体上主要依靠上级政府和上级领导，评价主体较为单一，忽视了民众、媒体、人大等主体的参与。封闭性的考评体系有其固有的缺陷。由于上级主体是根据下级政府上报的经济财政数据进行考核，这客观上造成了下级政府上报虚假数据的情况。而上下级信息存在不对称等问题，因此上级政府很难确定上报材料的真伪，评价结果缺乏公信力。同时，单一的评价主体使得地方政府在开展工作过程中更为重视上级政府的喜好，而缺乏对公共满意度的关注。政府的工作成效最终应该从公众的满意度方面获得体现，而公众又没有被纳入考评体系内，也就很难保障政府的工作绩效。虽然有的地方将公众满意度作为参考标准，但是由于统计等多种原因，在很大程度上仍然难以真正反映公众需求。

在跨区域地方政府合作过程中，受传统绩效评价体系的影响，地方政府官员更为注重上级政府的评价标准,权衡地区利益及政府官员自身利益,发展本行政区划范围内的经济。中央政府倡导进行区域合作,构建区域大市场,促进区域整体协调发展。但是在绩效评价体系中并没有考虑地方政府在跨区域合作中的表现。在跨区域地方政府合作过程中,同级合作的地方政府也应该纳入考评的主体中,地方政府间的互评应该成为绩效评价体系中的一个重要指标。此外,还存在缺乏独立的第三方评估机构、评估体系尚未建立等问题。

2. 评价指标体系不完善。

目前,我国政绩评价体系的核心是地方经济发展水平,即地方 GDP。历史上,在政绩考核中注重 GDP 确实起到了激励政府官员,从而促进地方经济发展的目的,但是也形成了很多问题。

"政绩经济"的产生就是源于政绩考评标准单一,进而过度重视 GDP。以经济发展指标作为官员考核晋升的重要指标,导致地方政府官员片面追求 GDP 和财政收入,强化资源配置的本地化,与其他的行政区域经济形成竞争态势,努力吸引其他社会资源,同时避免内部资源流失。跨区域合作是一个长期的过程,需要不断完善和调整区域产业政策,从而形成合力,达到整体效益最优化。但是,在目前我国的人事体制下,官员跨区域调动比较频繁。因此,在有效的行政任期内取得突出的经济发展成果成为诸多官员努力追求的目标。这就导致经济短视效应明显。官员急功近利,盲目上项目、设企业,努力避免对其他区域有利的"溢出效应",并将不利因素转嫁到相邻行政区。

总而言之,目前我国以上级政府为考核主体,以 GDP 为主要标准的政绩评价体系容易导致地方政府与区域内其他地方政府进行政绩攀比,从而片面追求本行政区划内部的经济发展,与相邻区域形成竞争态势,努力吸收其他区域资源,避免本区域资源流失。以经济绩效为主要标准的考核体系与行政区经济和地方保护主义相互强化，导致地方政府官员注重短期目标，割裂区域市场，陷于恶性竞争，不利于区域产业结构协调，也不利于区域大市场形成，最终将阻碍跨区域地方治理的利益协调。

（四）中央政府的影响

强调中央政府的协调作用，是因为它可以作为超越地方政府利益争端的公证裁判，在地方政府的博弈结构中发挥信息沟通与调解冲突的作用。这就需要不断强化中央政府的宏观调控能力，加强中央政府的政治权威，提高中央政府的财政能力，加强宏观政策的执行与监管力度，集中管理具有全国性影响的公共事务。[①]

1.宏观调控政策的影响。

随着市场经济的深入发展，跨行政区域的大市场正在形成，跨区域的经济合作组织也得到了迅速发展，中央政府与地方政府，以及地方政府之间的关系日益复杂，利益冲突也更加激烈。区域内部地方政府追求自身利益最大化，导致"囚徒困境"，而上级政府的引导和调控则是解决跨区域地方治理中"囚徒困境"的一个重要途径。

在市场化的条件下，中央政府直接调节经济的能力虽然有所降低，但是，中央政府运用法律、财政、税收政策调节区域经济和跨区域合作的能力仍然是其他主体所不具备的。在横向的跨区域合作中，合作主体为同级别的地方政府，相互之间没有行政的隶属关系，作为独立的行政主体具有同等的合作地位。这赋予作为合作主体的地方政府平等的谈判能力，可以通过协商达成公平的合作契约，充分保障各地方的利益。另一方面，在跨区域

---

① 谢庆奎：《中国地方政府体制概论》，中国广播电视出版社 1998 年版，第 355-356 页。

地方治理中，涉及跨区域公共产品、公共服务供给、基础设施共建、跨区域执法等很多问题。合作主体的地位具有平等性，而目前我国跨区域合作的谈判机制尚未建立，导致达成合作共识的交易成本较高。此外，目前我国的区域立法尚不完善，地方政府制定的行政法规只能约束本行政区域范围内部，已经成立的区域合作组织没有立法权，对于违背区域合作协议的行为没有约束机制。因此，需要上级政府发挥其引导和宏观调控的作用。

目前，我国中央政府涉及跨区域公共事务协调的宏观调控政策不完善，协调机制运行效率低。首先，从组织机构上说，中央虽然有诸多部门管理跨区域问题，但多是纵向系统内部的中央—地方的对应关系，缺乏统一的协调部门来协调跨区域公共问题。同时，中央政府各个系统部门之间也存在利益的争夺。这种矛盾极易带到跨区域公共事务处理中来，造成区域内部利益协调不畅。其次，虽然我国分权化改革取得很大进展，但是中央对于地方的经济控制力度仍然较大，特别是近年来的条块体制调整，使得中央的控制权限和范围更大。在跨区域地方政府合作过程中，地方在获取经济、政策资源的时候仍然注重走"上级路线"，努力从上级政府获取经济发展所需的财政资金扶持、优惠政策等，而忽视通过跨区域合作取得相应资源，导致跨区域合作的效果打折扣。

2. 财政分权制度不完善。

我国的财政分权改革，扩大了地方政府的权力范围，刺激了地方政府发展本地经济的积极性，成为我国地方经济发展的一个重要推动力。但是，我国的财政分权是在一个制度供给失衡的环境中进行的，财政分权缺乏法律保障，财政分权和行政垂直集权相矛盾，分权制度安排本身不规范。[①]

---

① 姚洋、杨雷：《制度供给失衡和中国财政分权的后果》，《经济战略》，2003 年第 3 期。

这对我国的跨区域地方政府合作产生了诸多不良影响。

首先，财政分权没有相应的宪法及法律上的保障，分税制改革前后，中央政府存在调整地方与中央税收获享份额的机会主义行为。[①] 中央的机会主义行为导致地方政府对中央政府不信任，增加了地方政府预期的不确定性。为了增加本地区的经济收益，达到经济效益最大化的目的，地方政府与相邻区域的竞争行为和不合作行为增加，严重影响跨区域合作。其次，近年来，我国行政集权化趋势明显，造成了地方政府事权与财权的严重不对称。1995—2005 年，中央财政收入水平占国家财政总收入的 52%，但财政支出平均只占国家财政总支出的 30%；地方财政收入占国家财政总收入的 48%，但财政支出平均却占国家财政总支出的 70%。[②] 中央政府不断上收权力，同时，将社会责任不断向下转移给地方政府，权力与责任的不对等加重了地方政府的负担，目前我国很多基层政府都出现了财政赤字。不乐观的地方经济状况使得地方政府更加积极地吸引资金、技术等社会资源，甚至不惜采取地方保护主义、区域封锁的措施，这些都会加剧地方政府之间的利益冲突和矛盾，不利于跨区域地方治理的利益协调。

（五）制度化程度的影响

作为制度的规则，是指业已形成的行为准则，具有相对的稳定性与长效性。构成制度的行为规范既包括成文的规范，也包括不成文的规范，既有得到权威机关认可并要求强制执行的法定制度，也包括未经任何权威机构发布，但潜在的制约着人们的行为的非正式规则。[③] 跨区域地方治理中

---

① 潘曦：《区域合作困境与地方政府竞争失效》，西南大学博士学位论文，2009 年。

② 姚洋、杨雷：《制度供给失衡和中国财政分权的后果》，《经济战略》，2003 年第 3 期。

③ 俞可平等：《中国公民社会的制度环境》，北京大学出版社 2006 年版，第 6 页。

利益分享问题的制度化程度是能否顺利协调地方利益的关键。

1. 管理体制。

跨区域地方治理是一个非常复杂的系统，涉及政治、经济、文化等诸多领域，利益主体纷繁复杂。为有效协调利益冲突，避免社会矛盾，维护跨区域合作组织的稳定性，需要依靠科学、合理、高效的社会管理体制。

目前，我国的区域管理体制还不健全，存在很多问题。最为突出的问题即我国区域内部各地方政府制定的政策不一致。地方政府在制定经济社会政策时主要从自身利益出发，缺乏对区域整体利益的考量，从而导致在跨区域合作过程中，不同地区在招商引资、人才交流、市场准入、信息共享等方面存在很大差异。即使在单一地方政府内部，也存在着不同部门之间的政策冲突现象。政策不一致，严重影响了资源跨区域流通的效率和成本，也容易导致地方保护主义等问题，激化不同地方政府主体之间的利益冲突和矛盾。此外，在政企关系调整、行政审批政策等方面也存在很多问题。

在跨区域合作过程中，各地方政府应该努力弱化行政区划的概念，树立区域整体意识，在资金、技术、人才、贸易等诸多方面达成共识，形成统一合作环境和协调的行政管理政策。

2. 法律法规。

法治是市场经济的内在要求之一，跨区域地方治理合作不仅需要协调一致的区域管理体系，发挥税收、财政等经济调节和行政调节手段的作用，同时，更需要法律手段的支持。法律具有稳定性、强制性、规范性等特征，是跨区域地方治理的重要保障，能够有效约束地方政府的机会主义行为，减少利益冲突和矛盾，同时能够在利益损益双方之间进行协调，有助于合作的持续、稳定、规范发展。

跨区域治理中地方政府之间的利益协调涉及宪法、行政法、民法等综合性法律关系系统，需从法律层面理顺中央与地方、人大与政府、上级与下级，以及地方政府之间的权责关系。目前，我国在跨区域地方治理方面的法律基础还比较薄弱。在中央与地方政府的权力分配方面，尚缺乏明确的法律规范。在跨区域地方治理的权力分配、组织运行、职责规范、违法惩戒等方面也缺乏专门的法律规范，从而导致目前我国跨区域合作组织多为松散型的机构，作用有限，面对跨区域公共问题时，也容易造成地方政府之间相互推诿，争夺利益。因此，地方政府在区域合作中日益明显的利益冲突，很重要的一个原因是跨区域治理中规范和约束地方政府行为的法律法规缺失。法律缺失使得对利益主体的行为约束力不足，对地方政府违背区域整体规范的行为没有惩罚措施，从而导致在跨区域地方治理中。地方保护主义盛行，利益冲突矛盾得不到有效解决。

四、跨区域治理利益协调机制的制度构建

（一）确立制度设计的基本原则

1.合理划分中央与地方的利益。

区域经济要想实现长期、稳定、健康发展，必须以实现各成员单位的经济协调发展为目标。为此，各成员单位不可避免地要进行权力的部分让渡，并由超越行政区划的组织机构来行使由各成员单位让渡出来的权力，以制定整体性的合作发展规划，协调解决成员之间的利益矛盾。

利益协调机制的建立离不开中央政府的直接介入。应积极发挥中央政府的协调作用，努力形成中央政府、地方政府、市场中介组织三个层面的制度性协调机制。

2.坚持平等、互利、协作。

利益协调机制强调的是不同地方政府之间的合作能够创造额外的利益，利益的分配要体现各方利益，要坚持平等、互利、协作的原则。这样

才能建立起不同利益主体之间的信任关系，从而降低交易成本，使今后的合作创造出更多的价值。

3. 兼顾效率与公平。

地方政府参与跨区域地方治理的主要目的是为了利用区域整体优势，提高地方自身经济效益。因此，在跨区域地方治理的利益协调时应该注重协调的效率，鼓励各方通过合作获取自身应得的利益。同时，利益协调还应该兼顾公平原则。因为跨区域合作的主体间经济状况存在差异，获取利益的能力不同，在保证效率的前提下，应该对区域利益进行再分配，从而使各方获得的利益达到相对公平的状态。

（二）完善制度设计的主要内容

"在市场经济发展的初始阶段，市场参与者是行为多样、利益分歧的行为主体。作为经济人，他们的理性是有限度的，他们的自律是有条件的。没有充分有效的利益激励和公正强劲的利益制约，他们不会自觉地完全遵守道德的承诺，将利益最大化的行动约定在合理与合法的限度内。"① 目前，我国跨区域地方治理中存在诸多问题，而利益冲突是矛盾的根源。因此，要解决我国跨区域地方治理中地方政府间的矛盾，消除恶性竞争，促进地方政府间的良性合作，需要建立有效的利益协调机制，从而促进跨区域合作主体间的优势互补，实现整体共赢。

1. 利益形成机制。

税收是地方政府财政收入的最主要来源，是地方利益的重要内容，也是跨区域地方治理中不同地方政府间冲突的原因和目的所在。构建合

---

① 袁祝杰：《竞争秩序的建构——行政性限制竞争研究》，北京大学出版社 2003 年版，第 89 页。

理的财税政策有利于提高地方政府配置财政资源的能力，也能够在地方政府之间形成科学、合理的地方利益，避免中央与地方、地方政府之间的利益争夺。

财税体制是影响中央与地方关系的一个重要因素。自财税改革以来，地方利益得到迅速发展，但也出现过度强化的问题，缺乏有效的约束，导致地方政府在合作过程中出现机会主义行为，陷入"囚徒困境"。税收是地方财政收入的主要来源，构建科学、合理的财税体制有助于理顺中央与地方的关系，形成良好的利益分配格局，促进全国统一大市场的形成，同时也有助于协调地方政府间的利益冲突。

构建科学、合理的财税体制首先要明确中央和地方的事权划分，在此基础之上赋予与之配套的财权，达到事权与财权的有机结合。财权和事权的划分需要在确保中央政令统一的前提下，兼顾增强地方活力的需要，将属于中央地方管理的国防、外交等划归中央政府管辖，将跨区域的公共基础设施、公共服务体系等兼有中央政府管辖属性和地方政府管辖属性的公共物品由中央和地方政府共同管辖，并确定具体的分担比例，将其他属于地方政府管辖的划归地方政府。在事权确定的基础上建立与之配套的财权，从而真正做到财权与事权的统一。

在税收体制上也要进行相应的调整。目前，我国的税收划分体制在税种、税权的划分上存在不足，随意性较大，缺乏稳定、科学的划分依据。而税权的划分直接决定着地方政府的财政收入，以及地方政府的经济调节能力，因此首先应该建立科学的税权划分标准，保证中央政府的宏观调控能力，同时要充分考虑地方政府的财权与事权统一，保证地方政府在其职能范围内的财政自主权。具体来说，"按照统一税法与分级管理相结合的原则，应将税收管理权包括税收立法权、解释权、税基税率选择确定权、税种开征停征权、减免权、调整权等在中央和地方之间进行合理划分，不应全部集中在中央"。①要将具有明显地方特征、适合地方征收的税种划归地方；赋予地方在税收征管、税率制定、税收政策调整方面的自主权。同时不断完善税收征管体制，开发新税源，并给予地方适当的税收立法权，可以确保税收工作的顺利进行，协调中央与地方，以及地方政府之间的税收。

2. 利益分享机制。

跨区域合作治理是一项复杂的网络化、系统化、组织化的区域多元主体之间的利益博弈过程，如果缺乏必要的利益分享机制，则难以保证治理主体不受彼此间搭便车行为以及机会主义的心理影响。在区域发展过程中，国家及省政府多以整体发展规划、政策支持和专项资金投入等主要的制度性安排方式促进区域内各地方政府间的合作，但其仅构成跨区域治理的外部动力。如果缺乏利益分享机制，基于地区利益妥协或协商合作而产生的跨域利益往往得不到制度化的分配，就会产生地方政府为追求此部分利益而导致恶性竞争行为，抑或处于劣势的地方政府因无法获取相应利益而终止或退出合作进程，对区域的整体发展而言无疑是破坏性的。因此，建立多主体间利益分享机制的正式性制度安排，有利于平衡各方利益，特别是协调地方政府间的利益竞争行为以实现理性预期，从而实现各地区利益获得的帕累托最优，降低跨区域合作治理的成本，促进其稳步顺利推进。

利益的分享伴随的是权责的明晰和受益的分配。地方政府应遵循平等、互利、风险共担的原则构建让合作各方都能接受的利益分享机制，以实现地方政府合作中的利益共享，形成互动、互补、互惠的发展格局②，以"成

---

① 吴勇波：《我国分税制财政体制存在的问题及对策》，湘潭大学博士学位论文，2008 年。

② 杨爱平：《从垂直激励到平行激励：地方政府合作的利益激励机制创新》，《学术研究》，2011年第 5 期。

本责任均担、收益共享"为基本原则建立区域利益分享机制并予以立法等规范形式确认其权威性。以高层联席会议或合作论坛和合作洽谈会等形式为区域内各地方政府之间的沟通平台，除达成合作意向、签署合作协议框架外，更须以利益分享协议的形式明确地方政府在跨区域治理过程中的利益分享内容、分享标准、分享手段以及分享资金来源等。

利益的合理分享有三种途径：契约型分配方式，股权型分配方式，分工型分配方式。契约型分配是以合作协议的形式，确定各方生产要素的投入方式、责任、权利和收益分配等，在经济合作中按共同商定的分配比例分配收益，承担成本；股权型分配是合作各方按所投入的生产要素比例，形成相应的股本结构，并根据合作各方股权的大小和比例分割合作收益；分工型分配是在合作各方并未建立紧密产业联盟的情况下，合作各方通过各自获取由区域分工所带来的"比较利益"而分享区际经济合作的成果和收益。[①]

利益分享内容包括由合作开发或共同治理取得的财政性收益、为区域发展所引进的高端人才资源、企业发展所创造的就业机会等经济社会发展资源以及基于合作治理成果所争取到的政策支持和资金投入等方面。利益分享协议须明确规定区域内各地方政府对基础设施等专题合作项目投资比例，同时，按此比例确定利益分享标准，即各地区在项目合作失败时须承担的责任比例以及取得收益时的分配比例。以欧盟为例，其《2000 议程》对结构基金和聚合基金的来源与分配情况做了制度性规定，其中前者主要用于支持人均 GDP 低于欧盟平均 GDP 水平 75% 的相对发展滞后地区，而此类地区在区域性项目投资中所承担的比例为 25%—75%。

---

① 汪伟全：《区域一体化、地方利益冲突与利益协调》，《当代财经》，2011 年第 3 期。

一是建立区域地方政府间 GDP 和财税收入的共享体制，对跨地区投资、跨地区产业转移进行合理的制度设计和政策安排，[①] 并设计合理的计算方式和比例分成，缩小区域差距，实现利益共享。

二是设立多种形式的区域合作基金，实现区域公共问题的合作治理，形成区域内公共事务治理的责任和风险共担机制，避免搭便车和公地悲剧现象。

三是形成差异化、互补式发展战略，协同规划区域产业政策。[②] 协同规划地方政府间的区域产业政策，克服区域政策和产业政策的冲突及资源在某一产业的过度集中，改变产业趋同现象，以此实现利益共沾、各方共赢。

四是利益分享以区域性公共事务管理局的区域治理委员会和资金管理委员会为组织机构支撑，必须对区域内各地区的出资份额进行备案，其目的是保障利益分享协议的有序执行。此外，委员会须对可供分享的利益进行专业性、专门化的评估，同时，负责监督利益分享的过程与结果。

3. 利益补偿机制。

在跨区域治理的过程中，新行政制度的供给必然产生成本和收益，而由新制度安排导致的强制性制度变迁或诱导性制度变迁则会产生相应的成本和收益，进而影响跨区域治理主体对新制度的实施意愿。例如，产业结构升级导致企业的迁移或整合，势必将对原地区的财政收入和生产总值造成影响，或地方政府合作在提供跨区域公共产品和公共服务时产生某些地区受益而其他地区受损的利益"溢出效应"。因此，需要建立一定的利益

---

① 杨爱平：《从垂直激励到平行激励：地方政府合作的利益激励机制创新》，《学术研究》，2011年第 5 期。

② 杨爱平：《从垂直激励到平行激励：地方政府合作的利益激励机制创新》，《学术研究》，2011年第 5 期。

补偿机制，对区域内处于相对弱势的地方政府及其他治理主体给予一定的补偿，使得跨区域治理主体不会因暂时性的利益损失而进行消极合作甚至产生地方政府之间为争夺资源的恶性竞争行为。

利益补偿机制是对区域合作可能造成的过大利益差距的制度救济，同时也可减少和避免地方政府的机会主义和地方保护主义倾向。跨区域合作中的利益补偿有横向的区域间的利益补偿和纵向的中央政府的利益补偿。在区域合作过程中，要改革区域利益分配体制，形成地区间合理的利益分配和补偿机制，调动各方面的积极性，保证合作的顺利进行。

利益补偿涉及其较为复杂的制度设计，需解决的问题包括资金筹集、管理、分配，财政转移支付、税收等，以及合理确定补偿依据、补偿对象、补偿方式、补偿范围等。此外，鉴于区域内利益相关者的多元化，补偿机制必然是多层次、多向度的，需处理好横向关系、纵向关系，辖区内政府与企业、社会组织、公民个人的关系，以及辖区之间不同利益相关者的关系。

一是分别建立区域合作的专项补偿基金。区域合作的专项基金可用于区域经济发展的基础投入和区域内的利益补偿。资金可按区域合作中各地区国内生产总值的比例筹集，也可以针对区域合作产生的合作剩余征收特别税。设立区域合作专项基金，可缩小合作伙伴之间的发展差距，强化合作的根基、层次与力度，有利于区域内各地区的协调发展。

二是建立区域内的横向转移支付制度。横向转移支付制度主要针对区域内横向利益受益方对利益受损方的合理补偿，主要依据成本收益对等的原则，即在合作中贡献多的一方得到利益相应多一些。通过横向转移支付，可以改变、平衡和优化区域内政府的利益格局，实现各方利益协调。

三是在配套机制上，还应明晰产权，建立一个明确、合理的成本分摊体制，以及相配套的预算体系，保障利益的顺利转移，通过规范的利益转移可实现地方政府间各种利益的公平分配和合理补偿。

利益补偿机制还可以包括生态补偿机制和财政补偿机制两部分。其中，生态补偿机制针对生态环境开发产生的负外部性。以流域补偿为例，国外在对流域生态进行补偿时通常采用购买生态或环境服务的方式，在产权明晰且交易费用为零的前提下，通过自由交易完成。澳大利亚马奎瑞河下游的农场主通过向新南威尔士州的林务局支付"蒸腾作用服务费"，激励河流上流的林地所有者保护森林，减少水土流失。针对区域内的生态环境补偿，可考虑按照一定的比例由地方政府的财政收入中产生部分生态补偿基金，交由区域性公共事务管理局的资金管理委员会统一管理和支配，用于补偿由于滩涂、海湾以及海岛等海洋环境及资源开发导致的地方性损失。此外，可考虑采用项目补偿的方式，由开发资源占优势的一方直接就海洋资源的开发项目资助劣势一方。

财政补偿机制资金来源于中央和省政府的专项拨款、财政转移支付以及地方财政收入三部分，须以具有制度性约束的区域合作协以立法的形式予以保障资金供给的稳定性与规范化。对区域内的财政补偿机制而言，可考虑从三部分中按一定权重拿出部分资金交由区域性公共事务管理局的资金管理委员会进行统一调度。以区域内产业调整为例，在产业链的发展中，必然存在某些地区的企业生产低附加值的上游产品，反之某些地区的企业将生产高附加值的下游产品，从而产生由于区域合作生产引发的地方性利益流失。此时，资金管理委员会可对上游企业及其所在地的地方政府进行一定的财政补偿。此外，对于因企业的跨区域而产生的跨域收益，亦根据地方政府的财政收入中让渡财政补偿资金的比例，由区域性公共事务管理局的资金管理委员会负责分配。

同时，针对区域内弱势地方政府的利益补偿，还应包括拓宽弱势地方政府利益表达机制。公共选择理论创始人布坎南认为，公共决策并不存在根据公共利益进行选择的过程，而是集团或组成集团的个体间相互讨价还价、妥协与调和的过程。公共利益的最优化应该是契约的结果，而不是选择的结果。[①] 针对跨区域合作中出现的利益纷争，应建立一种公共决策程序，从而提供一定的制度激励，使各地方利益偏好得以表达。此外，在区域内，可通过教育支援、人才培训、技术转让、资源共享、政策优惠等方式对区域内的利益受损方进行一定的利益补偿。

跨区域地方治理中的纵向利益补偿机制主要是中央政府针对在跨区域合作中的利益受损方，或者由于自身因素无法享受发展成果的主体的宏观调控政策，其目的主要是对区域利益的再分配，从而使跨区域地方治理的主体都能比较公平地享受到发展的收益。这主要通过财政转移支付实现，内容包括财政补贴和税收返还等。

在跨区域地方治理中存在多个地方政府主体，由于经济发展水平参差不齐，财源分配不均衡，部分地方可能拥有较多的税基，而其他地方则很少。此外，由于公共物品存在外部性特征，公共物品的提供方与受益方并不完全一致，导致在跨区域公共服务供给或者跨区域公共事务处理中，部分地区的利益受到损失，需要给予一定补偿，矫正成本与收益不统一的情况。这些调节很难通过市场的作用达成，需要中央政府调节下的财政转移支付体制对发展较慢或者受损方进行补偿，从而保证区域发展的相对公平，保障公共服务均等化。

我国在跨区域地方治理中的财政转移支付包括三个方面：税收返还、一般性的转移支付、专项补贴。一个有效的转移支付体系应该坚持公平与效率兼顾的原则，在不妨碍市场效率的基础上，弥补市场运行机制的缺陷，

---

① 马治海、姚烁：《中国地方政府合作治理跨区域公共事务的制度设计》，《经济视角》，2009 年第 11 期。

实现纵向和横向的财政均衡。同时，应实现转移支付的形式和内容的规范化，科学地确定转移支付的规模、结构、方法。

构建科学合理的财政转移支付体制，首先需要明确财政转移支付的目标。我国的财政转移支付体系包括调节纵向、横向财政差距的任务，目前财政转移支付着重纵向层面的转移支付。但是，近年来我国横向地方政府间的经济差距逐渐拉大，特别是在跨区域地方治理中体现得更为明显。目前我国的跨区域地方治理多为"强—弱"联合的形式。随着区域整体水平的快速发展，不同地方间的发展差距不断拉大，严重影响了区域整体协调和稳定发展。因此，在跨区域地方治理中，应该着重横向区域差距的调节，加大对相对落后地区或者发展受损方的财政转移支付，提高公共服务均等化水平。其次，要明确跨区域公共事务中不同地方主体间的事权、财权。针对跨区域公共基础设施、公共服务体系、经济合作项目、环境保护等问题，明确不同参与主体的权力范围和应该承担的义务，并以法律或者政策等制度化形式规范下来。再次，应该调节转移的支付结构，弱化税收返还的力度，以一般性转移和专项转移支付为主。此外，设定科学的转移支付数额的计算方法。目前转移支付的计算方法是基数法，即主要依据地方向中央提供的税收额度。这种计算方法忽视了各个地方的财政状况、人口资源等因素。在跨区域地方治理中，应该完善转移支付额度的计算方法，选取一些不易受到人为因素控制的、能反映各地收入能力和支出需要的客观因素，如人口数量、人口密度、工业化程度等作为测算转移资金规模的依据，尽可能地做到客观公正地分配资金。[1]最后，应该加强跨区域地方治理中的财政转移支付的法制化和制度化程度。在中央为主的转移支付体制

---

[1] 仇鹏：《平衡区域经济差距的财政转移支付制度研究》，山东大学博士学位论文，2010 年。

完善的基础上，可以逐步探索建立区域内部自我实现的转移支付体制。

4. 利益约束机制。

由于跨区域合作中的利益纷繁复杂，各利益主体为了实现自身利益最大化，往往违背区域整体规划，采取利己手段，最终将危害区域整体利益。建立有效的利益协调约束机制可以有效避免这种状况。约束机制可以将复杂的利益协调行为简单化。通过完善法律法规，可以有效约束跨区域合作中各利益主体的行为。

市场经济是法治化的经济，跨区域地方治理需要一个良好的法治环境。具体包括硬约束和软约束两个方面。硬约束主要是指，"当利益主体拒不履行协调意见，或者履行义务时违反协议规定的，必须承担违约责任。事先应规定相关处罚措施，并强制执行其处罚和制裁，包括承担相应的政治责任、经济责任或法律责任"。[1] 我国目前尚未出台专门的区域合作法，应该尽快出台相关法律，明确跨区域合作中各地方政府之间的关系，跨区域合作的基本原则、方式、类型、范围，违背区域整体规划行为的处罚措施和方式等。同时，关于区域利益协调，主要是对区域统一市场建设、财政转移支付等给予明确的规范。以区域合作法为标尺，清理违背相关规定的因地方保护主义而产生的部门规章等内容，从而规范地方保护主义行为，构建统一的区域市场。此外，软约束主要是指参与主体的自我约束力。这种约束力来源于其违背区域政策行为可能引发的损失，即违约方所丧失的权利等内容。跨区域合作应该尝试建立政府的信用体系，对于政府的违约行为给予相应的处罚，如取消优惠政策、减少合作项目，甚至取消参与资格等内容，从而增加政府的违约成本，迫使其约束自身行为，遵守区域政

---

① 汪伟全：《推进区域一体化必须协调地方利益冲突》，《探索与争鸣》，2009年第11期。

策规划。

5. 利益激励机制。

我国传统的以 GDP 为导向的政绩考核体制，在促进地方经济发展方面的确发挥了重要的作用，但同时也产生了很多负面影响，如片面追求经济发展、地方保护、区域封锁、产业同构等问题。这些负面影响日益成为制约区域整体发展的一个重要障碍。我国跨区域合作中存在多种利益导向，如区域整体利益导向、各地方政府利益导向、地方官员个人利益导向。目前，我国绩效评估体制过分重视经济效益，而且受晋升人数限制——政治晋升上的博弈属于零和博弈，地方官员为了增加自己晋升的资本，获得政治收益，将努力提高本地的经济效益，过分关注本地经济发展，导致忽视社会、区域合作等方面的内容。这与区域合作提倡的统一市场、政府间合作协调是相背离的。

完善现行的考评体制需要从考评主体和考评内容两个方面考虑。首先，应该吸纳多元主体参与官员的政绩考评，具体包括上级组织、同级地方政府、非政府组织、专业评估机构、新闻传媒、公众等。其中，地方政府的互评可以充分体现跨区域合作中地方政府官员的合作表现。在绩效考评中应该综合考虑各考评主体的意见，对地方官员的政绩给予综合评价。其次，在绩效考核内容方面，应该建立一个综合化的考评体系，设立多种考评因素，同时进行标准化，增加可量化程度。具体来说，第一，延伸政绩考评的时间跨度，从而避免任期内急功近利的观念。第二，增加政治考评的影响因子，将文化建设、环境保护、公共服务供给、公众满意度等都纳入政绩考评体系中，同时，调整各因素所占的比例。第三，增加对区域合作方面的考评将有助于改善我国的区域合作状况，重视地方政府官员在区域合作中的主要表现，具体包括消除地方贸易保护壁垒的情况、区域产业规划执行情况、区域合作的积极度、对欠发达地区的利益补偿、与其他地方的技术人才交流等内容。

（三）营造制度设计的社会环境

1. 树立区域整体意识。

观念是行为的先导，科学的区域理念对于构建利益协调机制有着重要影响。目前，我国跨区域地方治理中"行政区经济"现象严重，地方政府不断追求实现自身利益最大化，忽视了区域整体利益，从而导致了地方保护主义、地区封锁等问题，使得区域合作进入"囚徒困境"，影响了跨区域地方治理中的利益协调。

在跨区域地方治理中，各地方政府应淡化"行政区经济"的观念，打破贸易保护壁垒，树立区域整体意识和共赢观念。在区域合作和制定本地区经济政策过程中，应注重与其他合作主体间的优势互补，合理分工，树立长远观念，实现区域经济、公共服务一体化。增强区域认同感，使区域横向地方政府间形成整体合力，吸引区域外部资源，从中央政府争取政策、财政资源。同时，地方政府在合作过程中应该增强政府间的互信，以减少交易费用，降低监督成本。

2. 推动多元主体参与。

近年来，随着社会经济发展，公民权利意识觉醒，各类社会组织也得到了长足发展。同时，信息化和网络化的普及也促进了信息在整个社会范围内的传播，公民社会逐渐形成。传统的封闭行政模式下的单一主体模式已经不适应社会发展的需求。近年来，治理理论受到社会各界的普遍重视，治理理论强调构建多元主体共同参与的社会治理网络。在我国的跨区域地方治理中，也需要构建多元主体共同参与的治理网络。公民和企业是跨区域公共产品和公共服务的消费者和目标群体，公民的广泛参与可以充分表达公民利益需求，增加公民与政府组织之间的项目了解、沟通和相互信任，促进区域的政治团结，增强参与主体的归属感和区域意识。

跨区域地方合作离不开各类民间组织的参与。民间组织参与利益协调有其固有的优势。首先，民间组织本身没有固定的地区利益，如行业协会等，所涉及事项往往跨越多个行政区划。其次，民间组织在组织方式、人事行政上都比较灵活，没有严格的层级制，也容易创新工作方式。因此，积极发展各类民间组织参与地方利益协调对于促进跨区域地方合作具有重要的意义。

首先，应该促进各类咨询组织的发展。这些组织由知名经济专业、财政专家等组成，为政府的经济政策提供咨询服务。其次，大力推进行业协会、行业联合会的发展。建立跨地区的行业协会、行业联合会可以有效地促进各地区产业间的相互交流，突破行政区划壁垒，协调各地方产业结构，优化资源配置。积极发挥行业组织在制定行业规则、行业准入条件、发展规划等方面的作用，为区域产业结构优化发挥积极的作用。再次，鼓励建立跨区域的大型企业，鼓励企业跨区域合并、重组，从而打破地方保护和区域封锁，将外部效应内部化。做大做强支柱企业，也能够提高区域整体竞争力。同时，各类社会组织的存在为公民参与跨区域地方治理提供了有效的路径选择，也是约束地方政府行为的有效手段之一。因此，在跨区域地方治理的利益协调机制构建中，需要吸纳多元社会主体参与，鼓励社会团体发展，推进各类行业协会、生态环境保护组织、区域规划发展协会、区域经济协调基金等组织的发展，为跨区域地方治理的利益协调机制构建良好的制度环境。

3.加强组织保障。

建设强有力的组织保障是跨区域地方治理中利益执行机制的重要内容。我国传统的行政体制具有严格的层级性，信息在系统内部传递的速度慢，效率低，同时容易出现信息失真等情况。目前，跨区域地方治理中的协调组织多为联席会议、市长论坛等形式，应该建设多层次、交叉协调的组织体系来协调各地方的利益，具体包括中央、区域地方政府、各类非政府组织三个层面的内容。主要功能包括协调功能、服务功能和监督功能。

　　针对跨区域地方治理中的利益协调问题，中央政府可以设立专门的"区域利益协调委员会"。该部门可以由国家发改委牵头组建，由商务部、财政部、中国人民银行等部门和经济专家组成。这个部门主要负责研究经济区域发展状况调研，为跨区域合作组织的设立提供规划建议，负责跨区域合作组织的具体审批、设立等工作，对跨区域公共事务中出现的利益冲突问题进行协调，约束不同地方政府组织的行为，负责对大型跨区域公共项目的审批，与地方跨区域组织合作，筹集资金，对跨区域政策法规的执行情况进行监督，对区域地方政府的行为进行考核。

　　地方政府作为跨区域地方治理的重要主体，是利益协调的主要参与者。因此，建立一个由各地方政府参与，能够充分反映各地方政府需要，获得其普遍认可的协调组织，是跨区域地方治理的利益协调顺利实现的关键所在。埃莉诺·奥斯特罗姆曾指出："在一定的自然条件下，面临公用地两难处境的人们，可以确定他们自己的体制安排，来改变他们所处的情况的结构。"[①] 可见，促进地方政府之间的合作是解决跨区域合作中"囚徒困境"的一个重要选择。

　　由于跨区域合作主体的自然条件、资源禀赋、社会文化都存在较大差距，需要专门的区域协调组织对合作过程进行组织协调，协调各方利益，发挥比较优势，实现资源互补，从而达到区域利益最大化。具体来说，该协调组织应该由各地方的发改委、财政部门、经贸部门、人民银行等部门

---

① 埃莉诺·奥斯特罗姆：《制度分析与发展的反思—问题与抉择》，商务印书馆1996年版，第98-99页。

成员组成，最高领导由各地方政府协商产生。由地方政府组建的协调组织，应该包括常设的日常协调秘书处，同时还应该设有专门处理专项合作事宜的专门小组和专业委员会。其主要功能包括：制定区域发展的总体规划，同时根据总体规划协调地方产业规划，调整地方产业结构；协调区域内部的大型基础设施建设工程、环境保护工程、能源开发工程、资源跨区域流通；协调区域财政转移支付相关事项等。对于该组织，应该赋予其相应的立法权、执法权等。

另外一个选择是将利益协调功能有机整合到跨区域合作的行政机构设置和制度安排中，实现跨区域合作治理各项制度的良性互动和相互促进。跨区域合作中地方政府间利益的协调需要实体化运行的利益协调机构和成熟的制度安排，不管是地方政府联盟还是跨区域公共事务管理局，其成立和履职的前提是区域内政府承认其合法性和决策的权威性，以为协调地方政府利益关系提供组织保障。可以在区域公共事务管理局之下设立区域利益协调委员会，由中央、省级政府官员、企业界代表、社会组织代表、市民代表等共同担任成员。权威的地方政府利益协调机构可以统筹管理区域内政府间不同利益关系，维持信息的日常沟通和有关事项的常态化协调。在应对地方政府间激烈的竞争和利益冲突中，跨区域行政机构发挥着不可替代的作用。

第八章 完善跨区域治理的行政运行机制

在跨区域合作治理过程中，构建可行的制度架构不可或缺，然而，要想使其正常和有效地运行还需要一套系统的行政运行机制设计加以保障。有效的跨区域合作治理包括治理意向的快速达成、治理过程的顺利开展、治理结果的科学评价、治理行为的永续经营。因此，应建立的基本行政运行机制包括信息交互机制、行为约束机制、危机应对机制、考核评估机制、吸纳退出机制等。

一、信息交互机制

信息机制的建立是实现跨区域合作治理的重要基础和外在保障。信息作为决策和沟通的重要资源，在跨区域合作治理过程中，应为各地方政府所共享。然而，由于受行政区划的限制和地方政府间利益的博弈等因素的影响，信息不对称问题在地方政府进行跨区域合作治理过程中表现突出。[1]

---

[1] 曹满云、戚兴宇：《地方政府间跨区域合作治理中信息不对称问题初探》，《乐山师范学院学报》，2006 年第 1 期。

跨区域治理中的信息不对称指的是各行政主体决策所依赖的信息在区域内各政府之间的分布是不均匀的，换言之，一方所拥有的信息在质量或数量上优于另外一方。信息也是一种资源，掌握更多的信息意味着掌控更多资源，进而可以在政府间竞争或合作过程中处于优势地位。对信息的占有和争夺也是地方政府利益冲突的表现形式。跨区域治理中信息不对称会造成严重后果。首先，阻碍区域资源的优化配置。地方政府只能按照自身的资源、信息做出决策，而缺乏系统思考，不仅不能发挥区域资源的整合优势，而且容易导致区域资源的闲置和浪费。其次，容易导致地方政府间的相互不信任。在跨区域合作治理过程中，处于信息劣势地方政府信息缺乏，容易对信息优势一方产生怀疑和不信任，从而使他们之间的沟通受到阻碍，进而影响到跨区域合作治理的效果。因此，在跨区域合作过程中，为更好地利用区域资源、加强地方政府间的区域合作，构建有效的信息交互机制尤为重要。

（一）完善区域信息交互的相关法律法规

目前，对政府间信息共享的立法多存在于同一行政区划内部的上下级政府部门或同一级政府内部的组成部门之间，跨行政区不同行政主体之间的信息共享尚无法律依据。而国内大多数区域一体化进程或重大区域发展战略都涉及至少两个省级行政区。这也意味着国内跨区域合作治理中政府间信息共享尚缺少立法支撑。

有少数省级政府出台的地方性法律法规对跨区域政府间信息共享做出了规定。比如广东省第十二届人民代表大会常务委员会于 2014 年 5 月 29 日通过了《广东省信息化促进条例》（以下简称《条例》）。其中，第一章第八条规定："省人民政府应当加强与其他省、市、自治区的信息化合作。省人民政府应当推进与港、澳地区的信息化基础设施互联互通、信息服务业发展和电子商务应用以及标准化和应急保障的交流与合作。"①《条例》中虽然有与港澳地区加强信息化合作的规定，但并未提出具体的实施要求，更像是一种合作意向的阐述和表明一种态度。另一方面，这也仅是广东省政府单方面提出的意向，在缺少港澳两地政府同样承诺的情况下，更难以落实。

在跨区域合作中，信息除了是一种资源，还带有公共物品的属性。不同行政主体之间共享信息之所以如此困难，不仅因为信息意味着竞争优势，还因为任何信息共享的行为均是有成本—收益权衡的。信息共享的成本主要包括：（1）信息收集及信息共享系统开发成本；（2）信息共享协调成本；（3）信息共享系统维护成本；（4）信息安全维护成本。② 信息共享的收益主要包括：（1）降低信息资料收集成本；（2）提高行政事务处理的质量与效率；（3）提升决策能力和决策水平；（4）推动知识生产活动中的创新；（5）改进行政组织内外的配合与协调；（6）更好地实现政府、企业和公众的良性互动。③ 作为理性经济人的政府，着手进行信息共享之前必然要解决成本如何分摊、收益如何共享的问题。尤其是对于掌握优势信息的一方，信息共享意味着成本的付出和竞争力的流失。在没有上级行政部门的强制力要求或足够的利益刺激之下，不会考虑与区域内其他政府进行信息共享。在这一层面上，信息交互机制的建立本身就是跨区域合作治理需要解决的问题之一。

信息共享立法的实现途径有两种：可以在制定区域合作有关的整体性

---

① 广东省人民代表大会常务委员会网站，http://www.gdrd.cn/zyfb/ggtz/202010/t20201012_175899.html。

② 关键：《论我国政府信息共享机制的构建》，《行政论坛》，2011 年第 3 期。

③ H. Kaufman, *The Administrative Behavior of Federal Chiefs*, Washington: Brookings Institution, 1981, p.190

法律法规时，将区域内信息共享作为单独的内容，做出详细规定；在区域合作立法难以实现的情况下，也可由参与区域合作的各方政府在协商的基础上，遵循互惠原则，通过分别立法的形式来实现。通过区域信息共享立法，要重点明确以下几个方面的问题。

首先，建立区域内政府间信息共享的权责体系。在跨区域政府间信息共享立法上，应当明确区域内各个地方政府及其部门之间有相互提供信息的义务和获取信息的权利，尤其要规定不共享信息需要承担的法律责任。[①] 对不履行信息共享义务甚至恶意阻挠的行为予以处罚，针对行政机关可使其承担履行职务、撤销违法行政行为、纠正不当行政行为等行政责任，针对行政机关工作人员可给予行政处分。[②] 同时，将跨区域政府间信息共享纳入绩效考评体系，定期对信息共享情况进行考察评估。可从跨区域各层级政府及其部门之间共享信息平台应用程度、跨区域信息共享协同工作效率、信息共享目录体系等方面衡量，对跨区域各地方政府及其部门信息资源共享的情况进行直接或间接的评估。[③] 要综合运用法律法规和考核手段，多渠道推进跨区域治理中政府间信息共享。

其次，建立区域信息共享负面清单。可借鉴深圳市建立政府信息共享负面清单的做法。2015 年，深圳市制定出台《深圳市政务信息资源共享管理办法》，要求政务信息共享工作实行负面清单管理制度，除列入负面清单的政务信息资源外，各单位应无条件对其他单位提供共享信息，并确

---

① 谈箫：《论区域府际信息共享的法治化》，《学习与实践》，2016 年第 12 期。

② 胡建淼、高知鸣：《我国政府信息共享的现状、困境和出路——以行政法学为视角》，《浙江大学学报（人文社会科学版）》，2012 年第 2 期。

③ 陈兰杰、刘彦麟：《京津冀区域政府信息资源共享推进机制研究》，《情报科学》，2015 年第 6 期。

保数据真实和更新及时。[①] 此外，根据广东省人民政府最新发布的消息，深圳将出台国内数据领域首部综合性法律，拟设立公共数据共享负面清单制度，明确指出要"设计共享负面清单制度，即公共数据应无条件提供共享，特殊情况不能提供的，应提供明确的法律依据，经审核后列入负面清单。负面清单以外的公共数据，都应无偿在公共管理和服务机构之间共享。"[②]虽然深圳市的政务信息公开更侧重政府向社会公开，但负面清单的操作方式可以为跨区域治理中政府间信息共享提供参考。区域内各政府根据现行法律法规有关规定，在协商一致的基础上，制定区域信息共享负面清单，并实施动态管理。区域内各政府提交的负面清单项目或对现存负面清单项目的修改须经所有参与方一致同意。

最后，明确区域信息共享的成本分摊和收益共享方式。区域内政府在推进信息共享过程中产生的成本要根据公平、公正的原则进行合理分摊。尤其要处理好对掌握更多、更优质信息的一方的利益补偿方式。在信息掌握中占优势的政府为了区域公共利益而在一定程度上放弃了本身的竞争优势，因此，必须予以补偿。具体补偿方式可根据不同区域的特点、区域内不同政府的特点等采取转移支付、补贴、资源合作、劳务合作等方式。

（二）加强区域信息基础设施建设

聚焦建设互通互享的信息通信网络和大容量高速传输网络，加强区域经济社会发展数据的收集、整理、统计和分析工作，建立区域治理的数据信息库，为各方参与跨区域治理提供信息和数据支持。国内信息技术应用

---

① 刘尚海：《深圳广州工业和信息化发展经验总结与启示》，《宁波经济（三江论坛）》，2016年第10期。
② 广东省人民政府，http://www.gd.gov.cn/gdywdt/dsdt/content/post_3161802.html。

走在前列的几个区域已经着手布局实现域内信息基础设施的一体化，比如《粤港澳大湾区发展规划纲要》和《长江三角洲区域一体化发展规划纲要》分别明确了强化区域信息基础设施一体化的举措，可为其他区域借鉴。着眼于当前信息通信技术的快速发展和最新特点，共通性的举措主要包括以下几方面。

一是推进以5G、固网千兆宽带、互联网数据中心、物联网等为核心的新型基础设施建设。建设高速信息网络，布局下一代互联网，推进骨干网、城域网、接入网、互联网数据中心升级改造。推进5G网络建设，支持电信运营、制造、IT等行业龙头企业协同开展技术、设备、产品研发、服务创新及综合应用示范。加快网络和应用升级改造，打造下一代互联网产业生态。统筹规划区域数据中心，推进区域信息枢纽建设。[①]

二是推动重点领域智慧应用，打造智慧城市群。发展基于物联网、大数据、人工智能的专业化服务。围绕城市公共事务，支持有条件的城市建设基于人工智能和5G物联的城市大脑集群。探索建立统一标准，建设互通的公共应用平台，大力发展智慧交通、智慧能源、智慧市政、智慧社区。深化信息交换共享、大数据分析等管理合作。

三是推动区域内工业互联网建设。推进以"互联网＋先进制造业"为特色的工业互联网发展。统筹推进省际工业互联网建设，推动企业内外网改造升级。加快建设以跨行业、跨领域、跨区域平台为主体，以企业级平台为支撑的工业互联网平台体系，推动企业上云和工业APP应用，促

---

① 《长江三角洲区域一体化发展规划纲要》，南京市发展和改革委员会网站，http://fgw.nanjing.gov.cn/njsfzhggwyh/201912/t20191213_1738706.html。

进制造业资源与互联网平台深度对接。[①]

四是提升信息基础设施安全保障水平。加强通信网络、重要信息系统和数据资源保护，增强信息基础设施可靠性，提高信息安全保障水平。积极推动保密通信技术在政府部门、金融机构等应用。建立健全网络与信息安全信息通报预警机制，加强实时监测、通报预警、应急处置工作，构建网络安全综合防御体系。[②]

（三）搭建多元化信息共享渠道

跨区域治理中政府间信息共享的渠道可以分两种，即点对点信息共享和集中式信息共享。点对点信息共享意指区域内不同行政区域政府各个部门依据自身信息化程度、信息需求状况与需要合作的部门达成协议实现彼此间信息资源共享的共享模式。[③] 集中式信息共享指通过搭建信息共享平台，区域内政府将信息统一上传，共同使用。

1. 点对点信息共享。

在该模式下，信息在不同区域的政府部门之间直接传输，可以在信息化程度较高、信息传输安全性有保证且业务需求较大的政府部门间试点运行，以点带面，由易到难，推动区域整体府际信息共享。需重点解决的问题有以下几个方面。

一是信息共享的动力问题。区域内省级政府应在协商一致基础上，将部门间信息共享列为各组成部门以及各级政府的工作职责。建立跨部门信

---

① 中共中央 国务院：《长江三角洲区域一体化发展规划纲要》，《中华人民共和国国务院公报》，2019 年第 35 号。

②《粤港澳大湾区发展规划纲要》，新华网，http://www.xinhuanet.com/gangao/zt/ldzt/ldzter3/index.htm。

③ 杨静：《京津冀区域政府信息资源协同共享模式研究》，燕山大学硕士学位论文，2016 年。

息共享监督问责机制，明确专人专责，对落实跨部门信息共享不力的人员严肃问责。增强不同区域对口政府部门之间的业务联系和相互信任，化解信息共享的疑虑。针对公务人员加强宣传和培训，提升区域信息共建共享的理解与认知，以实际取得成效为考核基准制定信息共享绩效评价标准，根据为跨部门信息共享做出的成绩进行成果评价体系建设，正向激励地级政府各职能部门实现跨部门信息共享。①

二是信息共享的手段。支持信息化程度较弱的政府部门推进电子政务建设，缩小区域内政务信息化水平差距。在此过程中，要着力解决信息的标准化问题。当前，不同行政区内电子政务网站建设遵循不同标准，导致信息收集异质程度较高，不利于跨行政区部门间信息共享效率的提升。实现信息采集的标准化是府际信息共享和整合的前提和基础。统一的信息采集标准在跨部门信息资源中起着基础性的作用，一方面可以消除因技术标准不同所造成的系统难以兼容，增进政府各部门之间的信息沟通和业务协作，另外，也可以有效消除各部门信息系统各自为政、各部门对信息资源进行垄断独占的现象，有利于减少政府信息化过程中的诸多不确定性。②信息的标准体系建设应当重点涵盖以下内容：（1）信息基础与技术支持标准，包括信息分类、编码、计算机系统软、硬件等标准化的设立；（2）应用标准，包括信息资源的产生、采集、储存、检索、交换等标准化的设立；（3）信息管理与服务标准，包括业务流程标准、信息化服务标准等。③

---

① 王鹏、丁艺等：《整体政府视角下的政务信息资源共享影响因素——基于结构方程的实证研究》，《电子政务》，2019 年第 9 期。

② 何诗懿：《从条块分割走向协作耦合——地方政府跨部门信息共享优化研究》，上海师范大学硕士学位论文，2016 年。

③ 杨静：《京津冀区域政府信息资源协同共享模式研究》，燕山大学硕士学位论文，2016 年。

在信息采集、整理和共享过程中遵循统一的规范和标准，有助于实现不同政府部门电子政务系统之间实现真正意义上的信息互联互通。跨区域信息共享要在确保信息安全的条件下开展。在搭建电子政府平台的同时，还要部署专门的涉密信息远程传输系统。尤其是政府部门涉密信息的传输和共享，涉及国家安全利益，要严格遵循保密工作有关规定。

三是信息共享的保障体系。资金保障方面，区域内各政府部门要将跨部门信息共享列入长期发展规划，划拨专项资金支持信息共享工作。部门间点对点的信息共享是一项长期、复杂的工作，需要机制化的资金支持渠道。人员保障方面，配备专门的信息管理人员，加强对信息管理人员的业务培训，使其充分认识加强信息共享对提升区域整体发展水平和竞争力的影响。在不同行政区政府部门间协调方面，首先通过加强沟通交流、业务协作等，更好地了解双方在信息共享方面的需求，加强彼此间相互理解，提升信任度；其次，信息共享要遵循各取所需、互利共赢原则，确保信息传输的双向性和实效性，避免因部门利益而刻意隐藏或篡改对己方有利的信息；最后，在推进方式上，可先从海关、税务等跨区域部门协作需求较大、信息共享较为紧迫、共享难度较小的部门之间进行，通过试点项目探索符合本区域实际情况的政策落地方式。

2. 集中式信息共享。

建立统一的信息交流平台，健全信息服务机制，整合各类信息，及时发布区域内的政务、经贸、社会、物流、招商引资、交通、物流等各方面信息，促进各市之间的信息交换和共享，建立跨区域的、全方位的、统一的政务平台。[1] 加大政策支持力度，构建信息整合机制。针对区域规划、

---

① 王义、孙涛：《半岛蓝色经济区视域下政府间合作机制研究》，《胜利油田党校学报》，2011年第1期。

土地使用、交通运输、基础设施、环境服务等区域内重要和优先合作的事项，进行信息的整合和统一，加大政策支持力度，构建一批区域重大信息化项目，提高区域整体的信息化水平。在国内主要的区域发展战略中，科技资源共享服务平台的建设是相对成熟的案例。其运作模式可以为集中式信息共享提供一定借鉴。京津冀协同发展战略建立了京津冀科技资源创新服务平台；长三角一体化战略建立了长三角科技资源共享服务平台；粤港澳大湾区战略则建立了粤港澳科技资源共享服务平台。

（1）京津冀科技资源创新服务平台。

平台由北京市科学技术情报研究所、天津市科学技术信息研究所、河北省科学技术情报研究院等机构牵头成立，受北京市科学技术委员会、北京市科学技术研究院指导，于 2018 年 10 月 12 日在北京正式发布，并建设了石家庄分中心。平台旨在推进三地科技资源汇聚、科技协同创新、科技成果供需对接、科技服务示范应用。

平台汇聚了区域内各地收集、整理、加工的各类科技资源数据，包括科技研发机构、科技服务机构、科技企业、专家人才、项目成果等。在正式上线之前，已汇集涵盖科技机构、科技项目等九大类二十多个子库的二百多万条数据。在遵循一定数据标准的前提下，将各地资源融合汇聚，依托大数据、互联网、云计算、地理信息系统等技术手段，整合各类科技资源信息，以"科技资源＋数字地图＋情报预判＋平台服务"为模式，面向政府、企业以及科研人员提供科技资源信息查询与统计、空间分析与可视化、综合评价与预测、供需对接与共享服务等，是地理信息系统在科技资源领域应用的服务创新和模式创新。

平台基于 Web GIS（互联网地理信息系统）框架搭建，将高校、科研院所、企业、技术创新机构、科技园区的位置信息和属性信息直观呈现在地图上，可帮助用户快速查询所需的机构、人才、成果、仪器设备等信息，快速摸清京津冀科技资源总体分布状况。平台的数据可视化分析系统可根据一定的主题和划定区域，通过图层管理对不同类别数据进行统计分析和空间关联分析，满足多样化的科研需求，比如制作京津冀各区县国民生产总值分布图、京津冀节能环保企业细分领域分布图、京津冀氮化镓专利申请合作关系图，等等。

该平台是国内首个跨区域科技资源信息综合服务平台，实现了京津两直辖市和河北省 11 个地级市全覆盖，有助于理顺京津冀产业发展链条，形成区域间产业合理分布和上下游联动机制，促进京津冀优势科技服务资源整合，推动三地高端科技资源共享、共用、共建，提升京津冀三地科技创新整体水平。[①]

（2）长三角科技资源共享服务平台。

长三角科技资源共享服务平台由苏浙沪皖四地科技主管部门共同启动，上海研发公共服务平台牵头共建，于 2019 年 4 月 26 日上线运行，致力于在科研仪器、创新基地、科技文献、高层次人才、科学数据等方面，推动长三角地区科技资源集聚、共享和服务。

平台实现了长三角区域大科学装置、仪器设备、科研人才等科技创新资源数据层面的打通。截至目前，已整合区域内大型仪器 36326 台、大科学装置 22 套、服务机构 2395 家、科研基地 2671 个。平台在各市建立服务分中心，从平台对接、资源互认、政策互通等方面打通资源与服务，并逐渐形成"研发—技术—人才—市场—服务"的创新链条。平台在长三角地区拥有多个服务分中心、服务驿站，与苏浙两省八地建立了"科技创新

---

① 脱连弟：《京津冀一体化背景下科技资源的整合与共享探析》，《智库时代》，2019 年第 5 期。

券"跨区域互认互用机制,逐步构建起了长三角区域科技服务体系。[①]

长三角科技资源共享服务平台集成长三角科技创新券通用通兑平台,推动"科技创新券"的推广应用。科技创新券是指利用长三角试点区域财政科技资金,支持试点区域内科技型中小企业向长三角区域内服务机构购买专业服务的一种政策工具。[②]其实质是为推动创新要素在长三角区域内流动,打破区域壁垒,建立跨区域的平台组织协调机制并开展鼓励区域科技资源互用的政策设计。其工作原理是通过创新券让企业在研发投入上可以资金抵扣,推动长三角范围内科技资源的互认,加速各类创新要素跨区域开放、共享和流动。创新券通用通兑平台可实现企业申领、服务确认、额度确认、申请兑付和资金兑付等功能。

(3)粤港澳科技资源大数据服务平台。

粤港澳科技资源大数据服务平台由东莞理工学院牵头,旨在涵盖区域内有的高校、科研院所、新型研发机构、科技型企业的专家、人才、技术、专利、项目的创新资源,以东莞理工学院为基地,建设大湾区人才、技术、项目的交流、联络、孵化、培育、产业化的服务平台,形成高层次人才的汇聚地、高新技术的集成地以及创新创业配套资源的核心地,全力提升粤港澳大湾区配置全球人才科技创新资源的能力。

该平台面向产业实际的技术需求,投放人才、技术、成果等创新要素,并结合科技金融产品创新,建立高效、安全、快速、可信的技术交易模式与信用服务体系。在对需求经过收集、加工、整理、关键信息提取后,通过人工智能算法,将本地企业需求匹配并推送给专家人才,专家人才在线

[①] 朱凌君:《平台共享,科技资源"牵手"壁垒正在打破》,《解放日报》,2019年9月4日。
[②] 上海市人民政府:《上海市科学技术委员会关于开展长三角科技创新券通用通兑试点的通知》,https://www.shanghai.gov.cn/nw49248/20210119/a295a330a43a4c7ea454f132bba5ea25.html。

应答，开展技术合作的线上沟通。线上对接后，结合本地企业的生产制备能力和资源，为每一个技术合作项目提供深度服务，通过专业团队的深入摸排服务，成为金融机构、知识产权服务机构的杠杆与支撑，实现技术交易方式的设计与协商。

二、行为约束机制

鉴于资源禀赋、市场化水平以及对外开放水平的差异，各地的经济社会发展程度不尽相同，其在跨区域治理过程中对利益的争夺程度以及博弈行为亦体现出因地而异的特性，难免产生"搭便车"等机会主义行为，或者不顾及统一市场与区域联动发展的要求，盲目追求增大本地区的经济收益，而忽视其外部效应。因此，需要形成制度化的行为约束机制，对区域内的各行为主体的自利行为形成实质上的约束与规范，使其逐步趋向理性竞争与理性合作。

首先，调整并明确区域内各政府主体的战略定位，合理分工，避免"龙头之争"。上级政府在出台相关发展规划、规章制度以及法律法规时，应对区域内的单体城市进行科学的发展定位，这是实现资源优势互补、发挥区域最优系统合力的前提。下面以日本的东京城市群为例来说明。日本政府积极推动"展都型首都机能再配置"。其将东京城市群划分为几个分工明确的自立性子区域，在此基础上细化业务核心城市和次核心城市，并根据各城市的资源禀赋、发展现状及发展特征等因素，合理划分各城市职能，实现区域联动发展效应。在国内的京津冀协同发展战略中，《京津冀协同发展规划纲要》也对北京、天津和河北的功能定位做出具有差异化的安排：北京的定位是打造全国的政治中心、文化中心、国际交往中心和科技创新中心，天津要打造全国先进制造研发基地、北方国际航运核心区、金融创新运营示范区和改革开放先行区，河北致力于成为全国现代商贸物流重要基地、产业转型升级试验区、新型城镇化与城乡统筹示范区和京津冀生态环境支撑区。[①] 不同的功能定位确定区域内城市的发展重点和方向，有效规范不同行政区的政府行为，提升协同效率。

其次，对区域内各地方的产业结构进行合理分工，推动产业错位发展。规范区域各地方政府的产业发展规划，以高层联席会议、合作论坛与合作洽谈会为契机，积极就产业调整进行磋商与对话，在区域内实行产业错位发展，尽量规避地区重复建设和产业相似，同时积极推动实施利益补偿与利益分享机制，约束各地方因单纯追逐本地区经济收益的行为而导致的产业趋同现象。区域产业结构合理分工的目标是要实现产业协同。

产业协同是指系统内各个子系统之间的相互配合、相互协作，在关联性和差异性的对立统一中寻求更高协同效益，进而形成协同竞争新优势的过程。[②] 宏观上讲，产业协同包括四个方面的内涵：三大产业之间的协同，不同区域之间产业的协同，统一产业内部各部分的协同，产业与外部环境（政治环境、社会环境、生态环境等）之间的协同。跨区域治理语境下的产业协同主要指不同区域之间的产业要实现有效协同。实现跨区域产业协同要有效保护产业分工中的弱势政府，确保其参与跨区域合作的积极性。有学者在研究了京津冀地区和长三角地区的产业分工后，发现区域内欠发达城市面临相似的难题，也即受周边发达地区"虹吸"效应和"马太"效应的双重影响，在产业转移与承接过程中，既面临着内部要素流失的尴尬，又在吸引并承接发达地区产业转移中后劲乏力。[③]

---

① 《京津冀协同发展规划纲要获通过》，人民网，2015年5月1日。
② H. 哈肯：《协同学——大自然构成的奥秘》，凌复华译，上海译文出版社2005年版，第89页。
③ 魏丽华：《京津冀产业协同发展问题研究》，中共中央党校博士学位论文，2018年。

最后，形成对区域内地方政府之间行为具有实质约束力的合作协议与相关法律法规。在跨区域合作协议以及在高层联席会议中达成的合作治理契约中，须对各地方政府在跨区域治理过程中的行为做明确的制度性规范，并辅之以遵守激励措施或违反惩罚措施，以规范地方政府的行为。此外，中央可针对全国范围的区域发展现实，出台相应的法律法规，调整区域城市的功能定位，协调各地区之间的竞争与合作行为，以法律的强制力保障跨区域治理的有序进行。

三、危机应对机制

区域性危机是指对区域内公民的生存、生产环境造成破坏的现象或行为，包括突然性公共危机——区域群体性事件、军事入侵、恐怖主义活动、突发火灾或爆炸等，突发性自然灾害——地震、海啸、暴雨、洪水以及各种突发性的环境破坏事件，以及区域公共卫生安全危机的高致病、高传染性突发疾病。

（一）区域公共危机的特点

首先，区域公共危机具有明显的边界模糊性。区域公共危机通常会影响区域内相邻的多个行政区，涉及多个政府部门。因自然原因导致的公共危机具有带状分布的特征，比如沿区域内河流、地形、地质构造等产生影响。因社会原因导致的公共危机更多具有团块状分布的特点，比如聚集于特定地区、特定人群、特定产业等。有时候，区域公共危机与全国性公共危机产生互动，相互影响，进而成为全国性危机的地区表现形式。所有的这些特征都导致区域公共危机管辖权不明确，治理主体或主要责任者难以确定。而当前，我国在危机处理中实行的是分级管理和属地管理原则，即各地方政府在各自的行政辖区内享有对危机事件的处置权，同时要对本辖区内的危机事件负责。① 因此，区域公共危机发生时，域内各地方政府推诿扯皮、逃避责任成为常态，加大了危机应对难度。

其次，表现形式的多样性和影响的弥散性。区域是域内各行政区的集合，与单个行政区相比，囊括了更多的自然和社会要素，导致区域公共危机表现形式更为多元化。《中华人民共和国突发事件应对法》和《国家突发公共事件总体应急预案》规定的四类公共危机都有可能超出单个行政区域而演变为区域公共危机，比如自然灾害方面的 2008 年南方特大冰雪，事故灾难方面的 2005 年松花江水污染事件，公共卫生事件方面的 SARS、H1N1 和新冠病毒肺炎，社会安全事件方面的 2011 年广东乌坎事件等。区域公共危机爆发后，因管辖权难以确定，往往存在应对滞后问题，在单个领域的危机事件容易经过领域间相互关联的介质（信息、技术、资源等）从原发领域向相关领域扩展而引发相关领域内的危机，从而涉及多个领域，威胁多个生命维持系统、功能或基础设施，即具有鲜明的涟漪效应和溢出效应。②

最后，区域公共危机具有典型的外部性。从危机的影响层面而言，具有明显的负外部性。比如，过度排污导致的河流生态危机会影响下游所有行政区。负外部性加剧地方政府间矛盾，侵蚀区域内政府间的相互信任，阻碍区域一体化的发展。危机处理具有明显的正外部性。某个行政区政府的应对行为所产生的积极效应很可能会被相邻行政区所共享。正外部性导

---

① 杨龙、郑春勇：《地方合作在区域性公共危机处理中的作用》，《武汉大学学报(哲学社会科学版)》，2011 年第 1 期。

② 张玉磊：《跨界公共危机与中国公共危机治理模式转型：基于整体性治理的视角》，《华东理工大学学报（社会科学版）》，2016 年第 5 期。

致区域内地方政府往往采取机会主义的"搭便车"策略，夸大危机对本行政区的影响或减少合作中的成本付出，影响应对区域公共危机合作的有效性。

区域公共危机应对是跨区域治理的特殊表现形式，公共危机的应对检验跨区域治理制度供给的有效性。同时，也是区域内各地方政府在特殊场合下提升协作水平，完善跨区域治理行政运行机制的良好机遇。

（二）区域公共危机应对的实践探索

在跨区域公共危机应对中，区域内地方政府间加强合作的必要性不断凸显，开展更高层次的合作也成为一些地方政府的普遍共识，并在共同应对公共危机的实践中建立了合作框架和机制，在一定程度上提升了危机应对效率。具体成效表现在以下几方面。

首先，合作形式呈现多样化特征。地方政府应对公共危机的合作初期，较为普遍的做法是签署合作协议或协定，比如 2006 年 6 月，广东、香港、澳门签署的《粤港澳突发公共卫生事件应急合作协定》，2009 年 5 月长三角三省市共同签署的《江、浙、沪传染病联防联控工作协议》，2016 年京津冀三地签署的《关于建立京津冀区域安全生产应急联动工作机制的协议》等。在机制化探索方面，我们也积累了一定经验，主要是建立危机应对联席会议、组建联合工作组、工作委员会等。比如，2006 年 10 月，泛珠三角地区签订《泛珠三角区域安全生产合作协议》，确立了区域安全生产合作联席会议制度；2008 年，杭州、湖州、嘉兴、绍兴四城市联合制定了《杭湖嘉绍边界环境联合执法工作制度》，建立杭州都市经济圈合作发展协调会环保专业委员会，并成立了杭湖嘉绍边界联合执法小组。

其次，形成了区域公共危机应对的不同模式。一是平等协商模式，区域内面对共同的危机，较为均衡地划分职责分工，在区域一体化框架下开展合作。比如 2015 年，北京、天津、河北三省市签署《京津冀卫生计生综合监督交流合作框架协议》，按照平等自愿、优势互补、资源共享、协同发展的原则，在人才培养、信息共享、业务交流、联合执法、重大活动保障、联合应急处置等六个方面进行交流合作。二是主从配合模式。太湖蓝藻治理是该模式的代表。尽管太湖周边有苏州、无锡、常州三个城市，且有 172 条支流涉及江苏、浙江和上海境内多个区域，但太湖蓝藻暴发对无锡市影响最严重。无锡市对太湖的治理一直起着积极推动作用，流域内有关市共同参与。三是支援帮扶模式。该模式多出现于区域内发生重大自然灾害或事故的危机后重建过程中。比如 2008 年汶川地震后，成渝经济圈内各大城市在资金、物资、医疗救助、卫生防疫、生产恢复和灾后重建等方面提供了积极援助和支持。

最后，区域公共危机的有效应对推动区域一体化进程。区域公共危机的治理为区域内地方政府在特殊情形下开展合作提供了良好机遇。公共危机的紧迫性可以在一定程度上降低地方政府间的合作难度。地方政府可以在合作中加深彼此了解，提升信心程度，增强合作意识。应对危机的成功实践也会反向证明合作机制的有效性，从而起到示范作用。比如京津冀三地在应对空气污染的合作中，具体协作事项扩展至交通设施、旅游项目开发、产业转移、高新技术发展以及民生保障等领域的合作，为推动区域一体化不断发展提供了更多合作领域和突破口。

（三）区域公共危机治理机制的构建

区域公共危机治理机制主要可从以下三部分进行制度性构建与完善。

其一，区域公共危机信息的沟通与获取。由于范围较广，人口密度较大，区域危机往往更具破坏性和威胁性，需要区域内的地方政府及时互通信息，在有限的时间内获取准确的危机信息，制定危机解决方案。应积极利用互联网、手机等快速信息传播媒介，向区域公众传递真实信息，减少流言产生，避免不必要的恐慌；同时将危机应对与处理方案在第一时间向社会公布，在专业救援队伍和专业医护人员到达之前，积极开展自救活动，减少由次生危机引起的伤亡进一步扩大等一系列损失。

其二，区域公共危机预警与预防。区域公共危机的预警与预防远比危机解决或处理更加重要。以区域性公共事务管理局的区域治理委员会为依托，建立区域公共危机预警办公室，如对地震等自然灾害在发生前存在的多种征兆实时监测，及时公布。利用互联网、电视、广播、报纸等多种传媒形式宣传危机应对常识，培养区域公民理性的危机应对意识。群体性事件等公共性危机的发生往往是存在由量变到质变的发展过程，其爆发原因也往往与公共管理行为以及区域制度性漏洞有关，因此需要在制定区域性发展政策时积极容纳并考虑公民等的利益诉求，建立与群众利益密切相关的区域重大事项社会公示制度和社会听证制度，完善专家咨询制度，实行区域公共决策的论证制和责任制，防止决策的随意性。同时，积极发展听证会、民主恳谈会、网络互动平台等多种公民与区域决策者之间的协商、交流与对话的制度化渠道，使得公民的利益诉求或意见和建议等可通过规范化路径予以表达，降低群体性事件发生的可能。

其三，区域公共危机控制与危机后重建。建立多元主体共同参与的区域公共危机治理体系，参与区域危机控制和危机后的区域重建工作。首先，以立法的形式确立区域内各地方政府、市场组织以及非政府组织等多元主体在区域公共危机控制中的角色和责任，保障非政府组织筹措与提供危机治理资源——捐款、物资等的合法性；其次，区域内的各级地方政府建立网络式的信息整合机制，成立区域公共危机控制临时工作组，负责调动和动员区域内各级地方政府、各级市场与社会组织以及整个区域社会内可供利用的资源等；再次，对于区域的危机后重建工作而言，也需要多元主体的分工协作，在对区域进行恢复生产、重建住房等保障性工作的同时，需要政府相关部门或相关专业领域的非政府组织等对受灾公民的心理进行辅导与治疗。

四、评估考核机制

地方政府的理性经济人角色以及区域公共事务的非排他性特点，决定了地方政府跨区域合作治理必须要有相应的评价制度。只有建立、健全合作治理的评价制度，才能为地方政府合作治理提供动机和动力。构建地方政府跨区域合作治理的评价制度，关键是要建立一套全面、科学、综合性的地方发展评估体系和地方官员政绩考核制度。通过地方发展评估体系和地方官员绩效考核体系的建立，进一步引导和规范地方政府合作治理的行为取向和行为模式，充分调动地方政府合作治理的积极性，激励地方政府走向自主的合作治理发展道路。

（一）多元性地方发展评估体系

对跨区域治理的客观评估是对其进行积极合作的肯定，同时，根据科学的评估结果所采取的激励措施可较大程度上引导地方政府或其他跨区域治理主体的正向合作行动。因此，需要建立合理的多元性评估体系，就区域内跨区域治理的行为进行评价与监督。

首先，评估实施主体多元性。中央与省政府作为监管者共同评估跨区域治理的成效，对跨区域合作治理主体制定的区域性政策及区域发展规划的执行程度与专项财政拨款的使用情况等重点工作进行评估以考察其推广性；区域公共事务管理局的监督委员会、科研机构及专家学者、区域公民代表对区域发展过程中的经济建设、生态环境改善、基础设施改造等做出最直观的评价感受。为避免形成主观性评价，区域内的地方政府与其他治理主体负责向多元评估主体进行工作汇报，并不实际参与评估实施过程。

其次，评估实施平台综合性。评估主体应积极采用多种评估平台，尽可能多地容纳各方对跨区域治理的评价观点及看法，包括使用互联网、电视、广播、报纸等大众传媒平台宣传客观评估工作的重要意义，同时将评估时间、评估标准以及具体的评估形式告知评估主体，保障其在场。评估的具体形式可包括实地考察、听取汇报、查阅资料、调查问卷以及协商论坛等多种。

再次，评估标准统一性。从空间维度来讲，评估标准统一制定，对区域内所有的跨区域治理主体广泛有效；从时间维度来讲，评估标准具有相对统一性，可根据本年度的发展现状进行实际调整，加强阶段性评估。譬如跨流域治理行为，可推进污水治理，使水质标准逐渐提高。

最后，评估结果开放性。评估主体须将评估结果形成报告，在各种媒介上公开，作为行为依据，改进不规范治理行为。在跨区域治理的过程中，作为理性经济人存在的地方政府总是在进行连续的、多次的利益博弈，其政策选择往往是在对其他地方政府的行为进行考量与判断之后形成的，各地方政府的决策行为亦会随其他地方政府的决策行为调整而不断调整。因此，评估结果在全区域范围内的公开，可在一定程度上对地方政府的跨区域性合作治理行为形成软性约束力，在一定程度上改善其消极合作的现象，促进整个区域一体化的稳定发展。

（二）综合性政绩评价机制

区域一般由多个闭合性行政机构组成，当前对各个地方政府的政绩考核主要依赖以 GDP 为主要标准的评价体系。作为上级政府对下级政府进行人事控制的主要行政手段之一，地区经济效益的政绩考评体系往往导致某一地方政府为取得政绩获得政治晋升而片面追求本地区的经济高增长，从而忽略了区域内公共利益，对其他行政区产生较为严重的负外部性。因此，应建立科学客观的综合性政绩评价体系，改变以经济总量的增长作为单一指标衡量区域内各市、区地方政府绩效的现状。在考虑经济效益的同时，须对由于经济发展所带来的社会效益、付出的环境代价与人力成本及其对区域内其他行政区带来的负外部性，以及市场经济竞争导致的区域利益分配不均衡等各种要素进行评估，解决制度实施的激励困境等难题。

科学全面的政绩考核指标体系，应该坚持以人为本、科学发展的原则，[①]要做到：绩效评估指向于区域公共利益的实现；考核评价指标实现全面、协调、可持续的综合指标体系；考核要注重对成本的分析，在关注政绩的同时，注重其最终目的及受益者，避免在合作中的重复建设、资源浪费、环境破坏等问题。

科学政绩观的构建从操作层面讲，具体应从以下几个方面着手。

1.考核指标体系的综合性。地方政府的政绩考核体系应该不断创新，建立科学的政绩观，正确引导地方政府官员的行为，要设计一套科学、规范、可量化的政绩考核指标体系。科学的政绩考核和评估体系，要做到以下几个考核方面的结合：既要有经济数量、增长速度指标，同时要关注经济增长的质量指标、社会效益指标和环保指标；既要考察地方政府在促进当地经济社会发展方面的政绩，[②]又要考察其在区域共同发展中的作为。可以将绿色 GDP 引入地方政府考核中。绿色 GDP 既反映了经济增长的水

---

① 靳洪波：《区域公共事务治理中的政府合作制度研究》，电子科技大学硕士学位论文，2011 年。
② 同上。

平，而且体现了经济增长与自然的和谐程度，从而反映了地方政府的可持续发展能力，提高了考核指标的综合性和科学性。

2. 考核范围的扩大。绩效考核体系应随着实践的发展不断加以创新，基于跨区域合作治理的实践所需，对于各地方政府的政绩考核范围应该在原有基础上不断扩大。既要考核地方政府对本行政辖区内经济社会发展所做出的贡献，又要综合考虑基于本地区发展而对相邻地区所带来的正负两方面效应。对一个地方政府的政绩评价应该将其对地方经济社会发展与促进区域经济社会发展的贡献结合起来，坚决杜绝一些地方政府只管本地区发展而对相邻地区进行市场封锁，设置投资障碍，甚至转嫁污染。在政绩考核中，政府及其官员在促进整个区域合作、实现区域共同治理的行为应该受到表扬和奖励，而对地方保护主义、封锁市场、阻碍区域合作治理的行为应该受到惩罚。[①] 为此可以出台相关政策，实现赏罚分明，给予关注区域整体利益、注重区域协作的地方政府物质奖励；相反，对以自身利益为核心、在发展中对相邻地方造成负面效应的地方政府予以惩罚。

3. 考核方式的多层次性。地方政府跨区域合作治理中，对于地方政府的考核方式应该实现多层次性，做到考核主体多元化，采取自下而上和自上而下的考核机制，以提高政绩考核的公正性、准确性。对地方政府进行综合性政绩评价的主体同样是多元的，应包括中央和省政府、区域公共事务管理局、区域地方政府联盟、区域公民以及公民社会组织、区域内企业等市场组织。评价结果最终量化为百分制，多元主体的评价各占一定的比例。

对地方政府官员的考核可沿用双重的评价体系，一个是政府部门的自

---

① 靳洪波：《区域公共事务治理中的政府合作制度研究》，电子科技大学硕士学位论文，2011年。

我评价体系，另一个是社会评价体系。其中，社会评价大致分为三种：一是基层代表和群众的评价；二是媒体的评价；三是社会专业性评估机构的评价。[①] 在政府官员考核制度中，要充分做到二者的有机结合。首先，要不断重视社会评价的作用，广泛征集社会各类意见，并将此作为政府考核的重要参考依据。在此基础上，再进行政府内部的指标体系考核。其次，要逐步建立规范、全面的考核机制，进一步变革考核方式，对地方政府及官员的考核应将上级政府的考核与本地居民的考核结合起来，实现考核程序和监督办法的公正、公开和透明。要将政府内部考核、区域公众评分、行政辖区内公众的意见结合起来，做到公开公正。这两种评价体系的结合，不仅可以实现内部监督和外部监督相结合，而且解决了制度实施中的激励困境，能够充分保证组织考核的有效度，对政府工作起到监督作用，更提高了公众的民主观念和参与意识。

（三）评估考核机制的实施

评估考核制度的实施对象是区域内的县市区，以"内部考核与外部考核"相结合的原则，加入社会综合发展评价指标以及绿色 GDP 评价指标，从定量考核、定性考核以及群众满意度三个层面最终确定对区域内地方政府的政绩评价结果。

在考核机制设计中，要重点兼顾内部指标和外部指标的平衡。比如，综合类指标既要包括辖区内的地方生产总值、地方财政收入、固定资产投资、城乡居民收入、城镇化水平、社会消费品零售总额、进出口贸易总额、工业"三废"排放量等，也要包括经济区整体生产总值、财政收入、招商

---

① 姚军：《论我国领导干部政绩考核制度的完善》，吉林大学硕士学位论文，2006 年。

引资总额、城镇化总体水平、进出口贸易结构。产业发展指标既要包括第一产业、第二产业、第三产业、特色产业园等，也要包括区域内产业错位发展、产业协作、产业转移补偿、产业联合发展利益分享、产业配套协作、产业联动发展示范基地、产业技术创新特色联盟等。基础设施指标既要包括地方交通网络、地方水利设施、地方能源保障、地方信息网络等，也要包括跨域交通网络、跨域水利设施、跨域能源保障、跨域资源共享、跨域信息网络等。社会民生指标既要包括辖区内居民福利水平、居民社会保障覆盖率、居民对地方政府的整体评价等，也要包括区域内居民福利水平差异、社会保障覆盖率差异以及区域公民对经济区的整体评价等。

在实施评估考核制度的过程中，中央和省级政府仍然发挥主导作用。国家作为宏观调控者，可以提供的激励包括：出台有关促进区域发展的政策措施并对根据区域内部的发展成果给予政策性支持，对推动跨区域治理的专题项目合作提供政策支撑，对参与跨区域治理的企业放宽准入条件并给予税收政策优惠。省级政府的激励制度则主要应用于省级行政区内部，包括：对区域内各地市、区之间开展跨区域合作行为给予制度性支持与肯定，对区域内主动承担区域社会责任的企业给予税收、发展等政策性优惠，与中央政府一样根据综合性政绩评价指标对区域内的地方政府进行定期考核。

评估考核制度的实施的标准应广泛适用于区域内所有的跨区域治理主体，一视同仁，赏罚分明。可以包括两部分：其一是为跨区域治理提供足够的正向制度性激励；其二是对搭便车等机会主义者和违反区域合作协议等行为实施惩罚，提供反向制度性激励。

目前，随着国内各种跨区域建制的不断增多和区域一体化实践的深入发展，也出现了专门针对跨区域协作的绩效考核实施办法。2018 年 9 月石家庄市人民政府印发的《石家庄市推进京津冀协同发展工作绩效考核方案》①是专门就京津冀协同发展这一主题对石家庄各市直部门、下辖县（市、区）、有关工业园区进行的具体考核制度设计。具体考核指标设计如表 8-1 所示。

表 8-1 石家庄市推进京津冀协同发展工作绩效考核方案

考核对象	考核内容	考核指标及权重
县(市、区)	组织实施情况	明确牵头领导和责任部门（3分） 明确工作重点和任务目标（4分） 召开专题会议，研究解决工作推进中的具体事项（3分）
	完成省市重点工作情况	根据国家、省、市等文件要求，推进国家和省规划实施和省市重点工作落实，按时完成相关工作任务（15分） 推动与京津合作重点项目和事项，扎实做好项目服务，完善管理水平（5分）
	对接京津项目合作情况	引进京津项目资金及到位资金排名（30分） 与京津经常性开展对接活动（10分）
	日常工作	按照要求报送工作进展和成效、年度工作计划及工作总结等相关材料；认真准备会务材料，按时参加工作会议（15分） 完成国家、省、市交办的临时性工作（5分）
	奖励性工作	单项工作受国家、省（部）、市（厅）级表彰或经国家、省、市级媒体宣传报道的（获表彰依次加1分、0.5分、0.2分；获报道依次加1分、0.5分） 引进的京津项目或合作事项被列为省级重点项目的（每个项目加0.5分） （注：基础为5分，总分不超过10分。）

---

① 石家庄市人民政府，https://www.sjz.gov.cn/col/1516346198323/2018/10/08/1538967425991.html。

续表

县(市、区)	惩处情况（减分项）	国家、省（部）、市（厅）级通报批评京津冀协同发展中重大工作失误、重大责任事故等（依次减5分、2分、1分）
市直部门	组织实施情况	明确牵头领导、责任处室和负责人员(10分)协助市协同办制定相关工作要点和实施方案（10分）
	完成省市重点工作情况	推进国家和省规划实施和省市重点工作落实，完善我市配套规划政策（20分）结合部门自身职能，加强与京津对口部门对接（10分）推动京津重点项目及合作事项落实(20分)
	日常性工作	按要求报送本部门工作进展和成效、工作计划和工作总结等；认真准备会务材料，按时参加协同发展工作会议（15分）完成国家、省、市交办的临时性工作（5分）
	奖励性工作	单项工作受国家、省（部）、市（厅）级表彰或经国家、省、市级媒体宣传报道的（获表彰依次加1分、0.5分、0.2分；获报道依次加1分、0.5分）引进的京津项目或合作事项被列为省级重点项目的（每个项目加0.5分）（注：基础为5分，总分不超过10分。）
	惩处情况（减分项）	国家、省（部）、市（厅）级通报批评京津冀协同发展中重大工作失误、重大责任事故等（依次减5分、2分、1分）

通过分析以上考核指标体系的设置，我们可以得出如下结论：首先，作为专门针对区域协作的绩效考核指标体系，在机制设计上有创新性，突破了传统的完全针对行政辖区内部事务的考核方式；其次，指标体系中除了既定的事务性工作考核指标，直接与京津冀协作相关的内容分值约占

40%，较为充分地体现了区域协作的考核主题；最后，该指标体系隐含的逻辑仍然是以本辖区发展为导向的，比如针对县（市、区）的考核中，"引进京津项目资金及到位资金排名"占比高达30%——这也体现出区域协作评估考核机制实施过程中需要解决的核心问题是如何平衡治理主体本身的发展需求和区域一体化进程之间的关系。

评估考核制度的有效实施依赖于区域内多重制度性安排：区域性公共事务管理局的监督管理委员会以信用评价与监督指标为依据，评估与监督区域内各地方政府在跨区域治理中的行为绩效，以衡量其是否真正实现区域内的信息资源共享、是否遵守相关的区域诚信协议以及诚信合作等各方面；区域治理委员会及资金管理委员会对区域内各地区之间的利益补偿以及利益分享的过程及结果进行衡量，以此作为对各地区实行奖惩的依据之一；中央及省级政府对经济区的整体绩效与区域内各地方政府的政绩进行综合考评，将绿色GDP、公民福利水平、社会保障率与社会保障程度等各方面作为评价指标；公民对区域内地方政府的评价与激励可通过"用脚投票"的方式，即通过社会户籍制度改革，放宽中小城市和城镇落户限制，使得居民可通过自由选择居住地迫使地方政府提高本辖区内公共产品和公共服务的供给水平。

五、吸纳退出机制

从功能性角度来说，区域发展是一个动态的过程，无论是地方政府之间、市场组织之间、公民社会之间抑或三个层面的交互式的制度安排均会随着跨区域治理过程中合作模式以及合作内容的不断改变而发生变迁。在区域发展过程中，有地方政府因自身利益发展诉求与区域性公共利益存在较大的差异而选择退出，也会有新成员加入跨区域治理的可能，例如，欧盟就是由最初的荷卢比三国经济联盟发展到拥有 27 个成员国的政治经济共同体。

　　根据区域发展的实际，建立与完善吸纳退出机制，应遵循自愿性原则，规范进入或退出区域的程序：以法律法规、规章制度以及相关性的区域合作协议明确进入或退出的条件；以"优势互补、互利互惠、合作共赢"为基本原则，对跨区域治理主体在区域内所享有的政策支持、互动性的信息资源等权利，及其须承担的诚信合作治理、共同遵守区域合作协议框架及区域合作规划、提高对区域性公共产品和公共服务的供给率与供给质量、合作解决区域性公共问题等合作责任与义务等各方面进行明确的制度设计；对进入区域内的新成员进行事前说明；对退出区域的成员则应规范其职能权限的让渡。

第九章 优化跨区域治理的行政制度环境

行政制度环境的供给目的在于为跨区域治理主体提供稳定、规范的行动场域。一方面，跨区域治理主体的行为动机和行为方式直接受到行政制度环境的影响；另一方面，行政制度环境体现了主体间的利益博弈结果及基本的价值取向。概括说来，行政制度环境包括正式的法律法规以及非正式的制度性准则两个维度的内容。

一、完善相关法律法规体系

改革开放以来，随着市场化进程的深入以及城市化水平的不断提升，区域发展成为地方发挥集群优势、提升整体产业能力和经济绩效的重要空间。长江三角洲、泛珠江三角洲以及长株潭城市群等区域的发展促使中央以及各省市等地方政府纷纷出台相应的政策性规定，为其跨区域治理提供了有利的制度性空间。制定区域合作的相关法规可以为区域合作提供制度规范和基本架构，如《区域合作章程》《区域合作法规》《区域经济合作条例》等，使它们成为合作治理的依据，使地方政府进行区域合作时有法可依，进而实现区域良性互动。

（一）创新跨区域法律治理的模式

有学者指出，跨区域法律治理模式主要包括硬法治理、软法治理和混合治理三种模式。区域一体化没有统一的法律治理模式，各地区域一体化的法律治理应该在合法正当、平等互利、公开参与的基础上，从区域实际情况和需要出发，选择适合本区域区情的法律治理模式。[①]

硬法（Hard Law）是指那些体现国家意志、由国家制定或认可、依靠国家强制力保障实施的法律规范。[②]硬法治理模式的代表是美国的州际协议。美国政府不仅需要通过命令和控制实施有效治理，而且还要提供有关各种问题解决方法的多元治理结构。这些方法结合起来，能使人们通过和平和建设性的途径解决冲突，并能促使人们找到较为有效的解决方法。[③]根据联邦宪法规定，美国跨州公共事务的治理可通过多种方式实现，州际协议即是一种有法律约束力的正式治理机制。联邦宪法授权各州经过国会同意缔结州际协议，成为美国跨州公共事务治理的重要法律依据。据统计，当前美国州际协议达到近百项，涉及领域广泛，包括供水、自然资源保护、跨流域治理、州际高速公路征税等。硬法治理的优点是由国家强制力作为后盾，有法律约束力，权威性有保障。缺陷在于涉及内容的有限性、相关规定的僵硬性、立法和执法成本高昂等。

软法（Soft Law）是相对于硬法而言，一般指由参与其中的各方在平等协商基础上达成的规则，体现在实际中包括各种契约、协议、宣言、议定书、备忘录、倡议书、共识、纪要等。它没有国家强制力为后盾保障实施，可以说没有法律约束力，但有实际效力。在当代社会，软法因公共治理的

---

① 朱最新：《区域一体化法律治理初探》，《广东行政学院学报》，2011 年第 3 期。
② 周佑勇：《区域政府间合作的法治原理与机制》，法律出版社 2016 年版，第 37 页。
③ 文森特·奥斯特罗姆《美国联邦主义》，王建勋译，上海三联书店 2003 年版，第 16 页。

兴起而大规模涌现，它是公共治理的主要依据。[①] 公共治理主要是软法治理。[②] 在中国的区域一体化实践中，软法治理也是最主要的方式。区域内各行政区政府在平等自愿基础上达成合作协议，明确合作内容、形式，规范各成员的行为。此类协议不存在一个政府对另一个政府的强制性约束，因此协议的遵守和执行更多依靠自我约束和自我激励。其优缺点同样十分明显：优点在于灵活、有弹性、协议订立成本低；缺点在于缺乏约束力，往往流于形式，难以落实。

混合治理是指在跨区域治理中综合运用硬法和软法的治理方式，根据治理对象的实际情况，选择不同的治理手段。该模式多存在于一体化程度较深、发展较完善、机制化程度较高的地区，最具代表性的是欧盟。通过一系列条约，欧盟各成员国通过在一定程度上让渡国家主权的方式构建了多层次的组织体系，包括作为主要立法和决策机构的欧洲理事会，作为常设执行机构的欧洲委员会，作为立法、监督和决策机构的欧洲议会，作为仲裁机构的欧洲法院等，使得欧洲一体化拥有法律化和制度化保证。在软法治理层面，比如 20 世纪 90 年代后付诸运行的开放协调机制，更多强调成员国之间的协商、相互监督和激励等。

随着中国区域一体化的不断推进，在软法治理方面进行了丰富的探索，但是，当前跨区域治理行政制度的法治环境仍面临极大的完善空间。在我国的宪法及相应的法律体系中，特别是《地方各级人民代表大会和地方各级人民政府组织法》中，并无对地方政府在跨区域治理中的关系及职能定位等方面明确的制度性规定，地方政府的权力、责任以及如何进行

---

① 石佑启：《论区域府际合作的法律治理模式与机制构建》，《国家治理的现代化与软法国际研讨会论文集》，2014 年 7 月。

② 翟小波：《"软法"及其概念之证成——以公共治理为背景》，《法律科学》，2007 年第 2 期。

利益分享、成本分担等横向的互动性行为缺乏规范化准则，从而易导致区域合作治理过程中的权力寻租行为，或闭合性行政区之间的恶性竞争行为。

（二）发挥法制在区域一体化进程中的保障作用

首先，完善的法律法规可以保障区域一体化规划的顺利实施。通过法律的强制性，可以将区域一体化发展规划转化为区域内各政府可实施的具体举措。比如，为了保障《珠江三角洲地区改革发展规划纲要》的实施，推动珠江三角洲地区改革创新，广东省第十一届人民代表大会常务委员会于 2011 年 7 月 29 日通过《广东省实施珠江三角洲地区改革发展规划纲要保障条例》，涵盖组织与协调、促进与保障、考核与监督等条款，并明确珠江三角洲地区各级人民政府负责规划纲要在本行政区域内的实施工作。珠江三角洲地区地级以上市人民政府设立的实施规划纲要领导协调机构，负责规划纲要实施、监督管理的综合协调工作。省级人大常委会通过的地方性法规对本省内的一体化区域具有强制性的约束力，有效推动了珠江三角洲地区改革发展规划纲要的实施。区域一体化实践，尤其是跨省的区域一体化，其成功与否在很大程度上取决于中央政府的制度创新意愿和能力。为一体化提供完善的法律法规支持，优化行政制度运行的法律环境是制度创新的重中之重。

其次，完善的法制保障有助于协调区域内的府际关系。比如京津冀协同发展的提出，是以化解首都大城市病为出发点，但实现这一目标不能以牺牲周边地区的发展为代价。京津冀协同发展，一方面要化解北京发展面临的困境，疏散非首都功能，同时也必须带动区域整体发展。河北省以淘汰落后产能，损失数百亿财政收入为代价，带来区域生态环境的改善，理应进行获得相应的利益补偿。法律强调权利和义务的对等，通过明确各方的义务、责任和权利，保证平等发展机会，才能形成三地共同发展的长效机制。① 否则，区域内弱势政府的发展仍然取决于强势地区的自觉选择，府际合作难以持续，区域共同发展难以实现。

最后，完善的法制保障有效抑制区域内政府的保护主义行为。区域内的单个行政区内存在大量的地方性法规和规范性文件，由于行政区的分割和地方政府的自利性，针对同类事物的地方性法规很容易相互冲突，而成为阻碍区域一体化发展的体制机制因素。比如，根据《行政许可法》规定，地方性法规和规章设定的行政许可，不得限制其他地区的个人或者企业到本地从事生产经营和提供服务，不得限制其他地区的商品进入本地区市场。② 类似的全局性法律法规只有中央政府的参与才能顺利出台，仅依靠区域内各协作主体的平等协商难度较大。

（三）跨区域治理法制保障的实施路径

完善的法律法规，健全的法制及政策环境在一定程度上保障了区域内政府行为的规范性以及合作治理行为的稳定性与长效性。比如美国，自18 世纪开始便以法律的形式对州际协定进行了规范化保障。因此，基于区域内的发展现状，全国人大及有权限的地方人大应适当出台相应的法律法规，中央及省市等地方政府适时出台因地制宜性的政策文件，为区域内的地方政府进行良性的跨区域治理提供稳定、长效的制度环境。

首先，区域内公共事务治理组织须合法化，并且须以立法的形式确立各个地方政府在区域内的法律地位，明确其行政管理权限，作为制度化的

---

① 周佑勇：《区域政府间合作的法治原理与机制》，法律出版社 2016 年，第 54 页。
② 同上。

行为依据。公共治理组织的职能范围来自中央政府及省市各地方政府的职权让渡，集中于区域性公共产品和公共服务的供给层面，同时负责协调闭合性行政区的地方政府间的合作关系及利益分享等问题，其应具有一定的区域财政支配权、区域重大合作项目决策权、审批权以及对地方政府治理行为的监督权等。在欧盟，法律等制度环境对各成员国的制约与规范成为推进欧盟一体化发展的重要路径。例如，《欧洲联盟条约》的签署，确定了欧盟的机构行为规范，并将其权力范围限定在内部市场、货币及人力与资本的自由流通领域，而劳工政策、公共卫生政策、环保政策以及公民安全保障等方面的规定则推进了欧盟区内的制度环境建设，保证了欧盟组织在区域内的权威地位。

其次，跨区域治理的协议须合法化。区域的成立多源于中央政府及省级政府的政策性规划和指导，而非区域内地方政府的自发主动性。因此，为避免区域内的地方政府因过分追逐自身利益最大化而阻碍区域的整体发展，损害区域性公共利益，须基于区域客观发展，制定对区域内所有成员地方政府具有行为约束力的、体现区域性整体利益的跨区域治理的协议，并以立法手段确保区域内地方政府的跨区域合作治理行为的长效性，规范进入与退出机制，完善相应的激励及惩罚措施。完善的法律法规，健全的法制及政策环境，在一定程度上能够保障区域内政府行为的规范性以及合作治理行为的稳定性与长效性。以美国为例，自 20 世纪始，州际协定成为各州开展合作及进行区域公共事务管理的重要依据，一旦参与州际协定，各州均不能擅自修改或随意退出，其对各州的行政行为具有制度层面的约束力。再譬如加拿大的大温哥华区，其《区域背景声明》（*Region Context Statements*）便是由《自治市法案》（*Municipal Act*）给予法律支撑以维持各区域内各成员市之间的合作伙伴关系。再如多伦多的官方规划也是多伦多关于其空间发展的法定规划（Statutory Plan）。

最后，依法明确跨区域公共事务的性质及领域。区域内部存在以行政区划为基础、以政府职能界定为依据的行政界限，边界的存在不可避免地产生多重"跨界问题"。诸如流域、海域以及空气、地下水等"公共池塘"资源的开发利用极易产生负外部性。因此，必须以法律法规的形式对各地方政府的跨域开发及保护工作及其责任范围进行明晰。而对河流污染的防治、海洋开发保护带以及沿海防护林、防潮堤的建设等方面均需要对地方政府的职责进行严格的制度性规定，明确其责任。另外，对海沙及石油的开采、招商引资等市场性行为亦需要以法律的形式保证地方政府通过合作治理的形式以期实现共赢。

二、建立区域信用体系

行政制度的有效运作依赖于区域内各地方政府的共同承诺遵守。基于利益的博弈分析，当区域内某一地方政府出现消极执行或违反制度的行为时，如果其在遭受制度性惩罚的损失后获得的收益仍大于遵守制度时所获得的收益时，地方政府极易选择不遵守制度的行为。因此，对区域地方政府的信用评价与监督成为跨区域治理的题中之意。

（一）区域信用体系的内涵

区域信用体系是相对国家信用体系而言的地方信用体系，是以区域为单位，综合运用健全的法律制度和先进的信用管理技术进行区域信用管理，以提高区域信用主体的信用意识、优化区域信用环境为宗旨的管理体系，是国家信用体系在某一个区域范围内的局部实现。建立区域信用体系，可减少各地方政府的短期化行为，避免恶性竞争，使区域内企业之间、企业与个人、个人与个人之间的利益得到保障，并为区域之间的合作提供良好的制度保障。①

从内容上而言，区域信用体系包含政府、企业和个人等层面。三个层面之间相互影响、相互依存、相互作用。在跨区域治理中，政府与政府之间的信用体系架构尤为重要。区域信用体系的架构同样涵盖多方面内容，比如心理层面的信用意识和观念、契约精神等，制度层面的法律法规、制度安排、惯例、行为习惯等，以及技术层面的信用评价手段、基础设施、信息公开和通信设备等软硬件配套设施。区域信用体系内容和架构的多层次性决定了区域信用体系的建设也必须从多个层面展开。

（二）区域信用体系建设的经验借鉴

2016 年，国家发展改革委批复同意创建长三角国家信用建设区域合作示范区，成为全国首个信用建设区域合作示范创建区。这也充分说明长三角在区域信用体系建设中走在了全国前列。长三角区域信用体系建设始于 2004 年。2004 年 5 月，长三角城市经济协调会（长三角地区城市政府建立的城际合作组织）的 16 个会员城市签署《共建信用长三角（湖州）宣言》（简称《湖州宣言》），启动区域社会信用体系建设。2009 年后安徽省加入，形成四省市共同建设区域社会信用体系的格局。② 长三角区域信用体系的发展历程大体可分为四个阶段。

第一个阶段为起步阶段（2004—2005）。主要举措是：签署《江苏省、浙江省、上海市信用体系建设合作备忘录》，确定统筹规划、分工协作、探索建立区域信用建设合作机制和信用信息共享模式；签署《上海市、江

---

① 吴光芸、李建华：《区域合作的社会资本因素分析》，《贵州社会科学》，2009 年第 3 期。
② 申剑敏、陈周旺：《跨域治理与地方政府协作——基于长三角区域社会信用体系建设的实证分析》，《南京社会科学》，2016 年第 4 期。

苏省、浙江省信用体系建设区域合作推进方案》，明确长三角信用体系建设工作规划和时间表。

第二阶段为发展阶段（2006—2008）。主要举措包括：举行首届"信用长三角"高层研讨会；签署《共建"信用长三角"合作备忘录》；首次发布《长三角两省一市备案互认信用服务机构名单》并将涵盖范围扩大至安徽省。[①]

第三阶段为深化阶段（2009—2015）。主要举措包括：发布《长三角区域社会信用体系合作与发展规划纲要(2010—2020)》，成为"信用长三角"建设的纲领文件；举办"信用长三角"第三届高层研讨会，签署《长三角地区信用服务机构规范服务倡议书》等。

第四阶段为国家示范区创建阶段。一市三省共同打造"信用长三角"平台，建成全国首个区域信用信息共享平台，并于2018年制定《长三角地区深化推进国家社会信用体系建设区域合作示范区建设行动方案（2018—2020年）》。浦东新区、南京市、杭州市等13个市（区）成功创建国家信用建设示范城市（区），占全国总数近一半。

长三角地区信用体系建设的主要经验可概括为以下方面。

一是推进区域整体信用立法。2017年，上海市和浙江省分别出台《上海市社会信用条例》和《浙江省公共信用信息管理条例》，属于全国首批信用地方性法规。长三角区域内其他各省正借鉴上海、浙江信用立法经验，推动江苏、安徽两省启动地方信用条例或政府规章制定工作。同时，围绕交通出行、社会保障、分享经济、电子商务等重点领域出台行业区域信用管理制度，配套出台行业区域信用分级分类管理制度，建立以信用承诺、

---

① 武鑫：《试论京津冀地区协同发展中区域信用体系的构建》，河北师范大学硕士学位论文，2015年。

信息公示为特点的监管机制。在环境保护、食品药品、产品质量等重点领域，制定三省一市互认的红黑名单认定和退出标准及办法，并对信息主体的激励与惩戒以及权益保护等方面做出规定。[①]

二是建立重点领域跨区域联动奖惩机制。在环境保护、食品安全、产品质量、旅游等重点领域，形成"失信行为标准互认、信用信息共享互动、惩戒措施路径互通"的跨区域信用联合奖惩模式。比如在环保领域，签署《长三角地区环境保护领域实施信用联合奖惩合作备忘录》，明确环保领域区域信用合作内容，发布首个区域严重失信行为认定标准、联合惩戒措施。在食品药品领域，签署《长三角区域食品药品安全领域信用联动奖惩合作备忘录》，对食品药品领域失信企业在登记变更、融资授信、政府招标采购、财政资金项目分配等方面进行限制。

三是促进跨区域信用信息共享。实现区域内统一社会信用代码共享共用。推动法人及个体工商户的行政代码转化，将各部门业务系统内原管理代码和组织机构代码等企业标识码替换为统一社会信用代码。建设国内首个信用长三角平台，归集一市三省生态环境、旅游、疫情防控等重点领域近70万条信用信息，[②]构建跨区域的信用信息发起、推送、执行、反馈信用联合奖惩机制，实现各类红黑名单信息的跨部门归集和跨区域应用。建立严重失信名单信息公示、动态发布机制，对严重失信企业从投资关系、股东关系等多维度开展信用图谱关联分析，开展大数据信用风险监测、动态预警。[③]

四是以"信用长三角"品牌建设推进区域信用体系发展。定期举办"信

---

① 马燕坤、王喆：《中国省际交界区域高质量合作发展研究》，《区域经济评论》，2021 年第 3 期。
② 郑莉：《"信用长三角"平台归集 70 万条共享信息》，《安徽日报》，2020 年 12 月 21 日。
③ 马燕坤、王喆：《中国省际交界区域高质量合作发展研究》，《区域经济评论》，2021 年第 3 期。

用长三角"高层研讨会，邀请国际国内的重要组织、地区和城市参与，成为国际国内信用交流与合作的重要对话平台。发挥"信用长三角"品牌辐射带动作用，加强与京津冀地区、雄安新区、珠三角地区、粤港澳大湾区、长江经济带、一带一路等地区的信用合作，共同提升信用中国建设水平。

（三）区域信用体系建设的路径选择

区域信用体系和区域信用评价与监督机制等社会资本的培育降低了新的行政制度在区域内地方政府间运行的时间成本和交易费用，为地方政府间的互利互信提供了良性基础，降低了区域信用体系的机会成本。

首先，加强政务诚信，打造区域政务信息公开系统。信息公开是促进区域内地方政府互信的前提与基本要求。互联网的普及极大地缓解了传统的地方政府管理不透明、信息沟通相对滞后以及政府间合作效率相对低下的困境。区域内地方政府应积极推进电子政务信息区域公开化，充分利用覆盖整个区域的信息网络平台，以及区域内各地方政府的政务办公网络系统。同时通过电视、广播等传统大众传媒媒介，及时准确地向区域内公民发布与其相关的公共服务供给信息、与企业和区域市场经济发展相关的政策信息、企业准入原则与准入机会以及产业发展布局与产业调整升级目标等区域工作信息。将地方政府的政务信息以及其所享有的技术、政策资源等及时准确地在区域互联网平台上予以公布，在接受区域内公民或公民组织监督的同时，实现区域内信息资源共享，促进信息资源在区域优化配置，跨越闭合性行政区边界壁垒，降低区域发展非必要的交易成本。建立新闻发言人制度，定期就区域发展状态召开新闻发布会，尤其在突发性区域公共危机发生时，需要通过规范的新闻发布会就事件的起因、现状、责任方以及治理办法等信息向区域社会予以公布，降低次生群体性事件发生的可能。

其次，在地方政府间建立广泛有效的交流沟通机制。按照交通同网、市场同体、环境同治、产业联动、信息共享的要求，加强区域内各地方政府之间的相互交流与学习，可采用干部异地挂职、实地考察、对口支援等形式，开展区域经济合作项目。实行定期联席会议制度，就区域在特定时期的发展现状、具体问题以及相应的治理路径及时地进行沟通与协调，促进区域的稳步发展。同时，建立地方政府部门间的协商协议制度，在区域规划、资金管理、组织运转、人才交流、社会治安等具体领域促进地方政府间的信息资源共享，加快其在区域内的政务信息公开步伐。可借鉴珠江三角洲的跨区域合作治理的成功经验，譬如 2004 年 9 月珠三角九市工商管理部门签署的《泛珠三角区域工商行政管理合作协定》，以及深圳、东莞和惠州三市警方于 2006 年 8 月共同签署的《深莞惠三市警务协作框架协议》等。前者保障了区域内的工商管理合作以及商品和市场等要素在区域内的自由流通，后者通过建立跨区域公安信息交流平台，就三市内的犯罪动态信息和工作经验、社会治安状况、重大警情以及最新案件数据等方面实行情报共享和区域联动。警务协作框架协议中明确规定建立三市的警务协作联席会议制度，联席会议每半年召开一次，其成员由深莞惠三市的公安机关负责人组成。同时设立深莞惠三市公安局指挥中心（办公室）主任协调制度，规定例会每月召开一次，就各式的治安工作情况进行通报并协商区域警务协作的具体事宜，建立各业务部门衔接落实制度。

再次，加快信用制度体系建设。在各地方政府信息公开、资源共享的基础上，推进区域信用体系建设。长江三角洲地区的区域信用体系建设在全国范围内的区域发展进程中处于领先地位。苏沪浙地方政府于 2004 年先后签署了《共建信用长三角宣言》《江苏省、浙江省、上海市信用体系建设合作备忘录》，次年成立苏沪浙区域信用体系建设专题组，并签署《沪苏浙信用建设区域合作推进方案》，[①] 力图在区域内各地信用体系建设的基础上，形成区域性统一、公开、规范的信用制度系统。基于信任基础上的集体行动可有效地缓解集体行动困境，使得区域内地方政府以区域公共利益为基本考量，主动承担区域治理责任，避免随意退出行为引致跨区域治理的失败。应尽快成立区域信用制度建设的相关办公室，推进制定区域内统一的信用准则体系，加快区域信用服务业建设；可以专题组或研讨会等形式，撰写区域信用发展方案或签署"信用宣言"，推进区域内信用体系建设，以社会资本的软约束力对各地市的经济行为进行约束；实现区域内各市、县的信用资源共享；实现区域内地方政府、市场、公民三个层面的信用行为记录、信用价值、信用合同履行以及相关的行政或法律处罚信息及时公开，以作为各主体进行跨区域治理的行为依据，形成"一处失信，处处制约"的区域联动机制。

最后，建立区域信用评价与监督机制。由区域内各市县地方政府、企业等市场组织与公民以及公民社会组织共同组建价值中立的第三方机构，高校的科研机构及相关领域的专家、学者通过实地调研拟定区域信用评价与监督指标，对跨区域治理的信用行为进行评估与监督，并将结果向区域社会公布。为保证信用评价与监督机制的制度化、规范化，可考虑由省政府乃至中央政府出台相应的法律法规或政策性文件，使之具有实质的执行效力。信用评价与监督指标可包括如下内容：是否及时准确公开真实的跨区域治理过程中亟需的政策信息资源、投资环境测评、治理现状等；是否遵守并有效履行基于协商基础上形成的跨区域治理的制度安排；是否准时参加跨区域的联席会议或合作论坛等；以此建立信用记录。另外，信用评

---

① 吴光芸、李建华：《区域合作的社会资本因素分析》，《贵州社会科学》，2009 年第 3 期。

价和监督机制应涵盖一定的惩罚机制，如区域内某一地方政府的行为规范缺失，可在区域联席会议时提出批评。如其行为并无改正，则可通过协商、投票的形式将此地方政府排除于区域之外，以巩固跨区域治理已取得的成果，维护区域内其他治理主体的相关利益，增强彼此间积极合作的可能。

三、构建网络化区域治理体系

网络治理是一种多中心的治理模式。网络治理与传统的行政控制不同，它是由政府部门和非政府部门——私营部门、第三部门或公民个人等众多行动主体彼此合作而开展的治理，众多参与治理的行动者在相互依存的环境中分享公共权力，共同管理公共事务。[①] 网络治理概念的提出，对政府在治理中的功能定位进行了重新思考。通过众多行动主体的共同合作，政府功能发生巨大改变，从以往的"划桨者"转变为"掌舵者"，从传统的管理、控制资源向协调改变，行政管理更加扁平化，参与主体更加广泛。[②] 网络治理强调治理主体之间的相互信任、妥协、协商和合作。网络化的区域治理意味着区域内的各治理主体按照共同认可的博弈规则开展行动。

多中心的制度安排意味着将区域内有限且独立的制度供给和制度执行等权力授予多个组织。区域内的地方政府、市场组织、公民及社会组织等主体均享有在法律等制度框架下的权利和地位。其处于平等且独立的地位，没有任何一个组织或个人具有超群相对其他主体或凌驾于法律之上的权威。随着区域一体化的深入发展，地方政府所面临的区域性公共问题会

---

① 张康之、程倩：《网络治理理论及其实践》，《公共管理科学》，2010 年第 6 期。
② 诸大建、李中政：《网络治理视角下的公共服务整合初探》，《中国行政管理》，2007 年第 8 期。

越来越多，单纯依赖地方政府解决公共问题和提供公共服务的传统行政管理模式的弊端将逐渐凸显，在造成行政资源浪费的同时，公共政策的制定及执行成本相对偏高。区域网络化治理体系则为解决单一行政管理模式的困境提供了可行路径。为有效实现区域公共治理目标，区域网络化治理体系强调在区域内形成互动性的结构模式，地方政府、市场组织以及公民与公民社会组织等多方主体以区域公共利益为核心，通过协商合作的多种形式，共享信息，优化资源配置，协同提供区域公共产品和公共服务。跨行政区的公共问题，仅仅依赖中央政府、依靠行政命令治理很难实现，在区域发展中，应更多地通过地方政府之间甚至非政府力量的合作来实现共同治理。多元主体的共治，有利于提高跨区域公共事务治理的效率，便于发挥多元参与治理主体的积极性。

首先，地方政府与地方政府之间的制度安排。美国的大都市区治理发展出"政府间服务协定"的规则以应对区域性公共问题，通过依赖彼此的资源，以协作的形式向大都市区内的公民提供公共服务。这些规则包括三个方面：政府间服务合同——由某一地方政府向另一地方政府提供服务并收取相关费用，主要应用于税收、监狱、动物管理和排污处理等方面；联合服务协定——由两个或两个以上的地方政府基于共同规划基础之上签订协定共同向公民提供公共服务，其服务范围主要集中于消防、治安、垃圾处理等方面；政府间服务转移——将某一地方政府的职能及其权限长期转移至另一地方政府，由后者负责向前者辖区内或区域公民提供公共服务，其领域多限定在公共基础设施建设、医疗卫生、社会福利与社会保障等方面。

基于此，区域内处于平等地位的地方政府在进行跨区域治理的过程中，可就公共问题的性质建立地方政府之间的合作框架协议，如珠三角地区的广州、佛山和肇庆于2009年6月签署的《广佛肇经济圈建设合作框架协议》

等。合作框架协议的内容主要应包括以下部分：建立区域重大基础设施统一建设格局，包括交通、水利、能源等方面；建立并完善区域统一市场，优化信息、资源等市场要素的自由流动与优化配置，促进区域产业结构升级，统筹区域内产业"和而不同"的协调发展格局；建立统一的社会保障制度跨区域供给，逐步实现区域内的公民的自由流动，深化户籍改革，落实就业政策，提高区域人力资源的利用效率；建立统一的公共服务平台，推进教育、医疗、卫生等体制改革，提高公共服务均等化水平。

建立地方政府间的合作框架协议旨在为地方政府间的合作服务提供制度性框架。基于平等互利、利益均沾、协商对话、信息共享以及责任共担的原则，地方政府通过拟定并签署具有法定约束力的合作框架协议，并组建执行机构与监督机构，可以有效解决区域公共问题，提供优质区域性公共服务，实现优势互补、合作共赢。执行机构可由相关地方政府的内部管理人员组成，以减少外部人员或机构介入而导致产生额外高昂的交易成本；监督机构的设置可参仿"区域信用评价与监督机制"，由地方政府、市场以及公民与公民社会组织公开参与构成，其法律地位平等，就合作框架协议的执行成果进行评估与监督，为地方政府间进一步合作服务提供现实与经验依据。

其次，地方政府与市场组织之间的制度安排。当前，市场化水平较高，市场经济的发展愈加具有开放性、竞争性等特征。在跨区域治理的过程中，地方政府与市场组织之间的制度安排在于构建两者的合作伙伴关系，其内容包括两部分：其一，市场组织尊重跨区域治理的协议以及地方政府之间达成的合作框架协议中关于市场经济发展部分的规则，主动调整发展思路与发展定位，承担企业社会责任，积极在区域经济一体化的发展空间中占据有利地位。其二，地方政府可选择多种政策工具，通过购买服务、承包、共同生产或特许经营等工具性手段，将部分公共产品和公共服务的供给与生产转移至区域内市场组织，以实现公共物品在区域内的优质高效供给。美国匹兹堡的大都市区治理的成功就在于其私营部门与地方政府之间建立的持久而具有弹性的制度化合作伙伴关系，通过谈判、协商与妥协进行运作。在跨区域治理的过程中，区域性公共事务治理组织或区域地方政府应积极为此类市场组织的发展创造良好的制度环境，在税收等方面提供一定的制度性激励。同时，地方政府在区域市场发展以及投资招标等方面应为公共产品和公共服务的市场化提供稳定的政策环境，出台相应的政策文件保证市场化供给的稳定性。此外，地方政府应尊重市场运行机制，有所为有所不为，适时弥补由于市场失灵所引致的公共服务供给不均衡等问题。

再次，地方政府与公民社会之间的制度安排。公民社会由开放、自主的社团及社会组织构成，是监督区域内地方政府形成垄断性权力的重要力量。[①] 形成自上而下与自下而上的双向话语回应路径，有利于拓展区域公民与地方政府对话的渠道，增强信任度，促进区域公共决策的科学化、民主化。此外，公民社会组织可利用其来自公民、贴近社会现实的优势，增加公共产品和公共服务的供给率，在部分社会公益事业的发展中弥补区域内地方政府的不足。公民社会组织的发展有赖于参与型公民文化的培育，提升公民精神和参与能力。区域及各地方政府应加强对教育的公共财政投入力度，设立教育发展专项基金，提高区域内公民的受教育率和受教育水平，培养区域公民基本的表达、认知、投票等区域政治参与能力。同时，培育区域公民意识，使其重视区域一体化发展对基础设施建设、就业岗位与就业环境改善以及社会福利与社会保障等公共服务有效供给的重要性，以主动参与区域公共事务治理，提高政治参与热情。

---

① 孟燕：《多元地方治理结构的构建 协商民主理论的视角》，《山东行政学院学报》，2012 年第 10 期。

例如，珠江三角洲地区的公民社会组织——绿色和平，其致力于环境保护与流域治理。2009 年该组织发布了关于《广东省工业产业转移和工业废水管理现状与问题》的报告，就珠江三角洲跨区域治理生活污水和工业废水提出了"关注产业转移、提高公民意识与公众参与、建立合理的生态补偿机制"三方面的建议。

当前，公民社会组织的注册及行为受到《社团登记管理条例》和《民办非企业单位登记管理条例》的约束，其生存和发展在当前中国的发展存在较大的制度性障碍。地方政府应适当放宽公民社会组织的准入门槛，改变当前的双重管理模式，减少对公民社会组织的财政干预，降低其对地方政府的依赖性，提高独立性、自主性。同时，应出台相应的法律法规与政策文件，建立完整的公民社会组织的制度安排，为其完善与发展提供良好的政策环境与制度性保障。[1]

四、设立区域公共发展基金

欧盟在实现区域政策目标的经济方式方面，设计了多种精细的扶植基金，比如结构基金和凝聚基金。其中，结构基金主要用于资助落后地区的生产性投资，促进地区发展项目。凝聚基金主要用于帮助建立统一的基础设施环境。欧盟通过建立独立运作的基金的经济手段，保证了合作的成功。由此可见，建立基金是一种优化的选择，能够较全面公平地平衡不同成员间的利益分配差距，达到利益平衡，稳固合作基础。

在国内的区域一体化过程中，也在不同层面上进行了区域公共发展基

---

[1] 孟燕：《多元地方治理结构的构建：协商民主理论的视角》，《山东行政学院学报》，2012 年第 10 期。

金的实践探索。在省级政府层面，比如四川省政府于 2019 年 12 月设立四川区域协同发展投资引导基金。基金由财政出资 10 亿元，主要用于参股区域直接投资于现代产业、现代服务业、生态环保产业等相关领域项目，优先支持跨区域重大项目。在国家重大区域发展战略中，比如京津冀协同发展产业投资基金于 2021 年 2 月份注册设立。基金总规模 500 亿元，首期规模 100 亿元，由天津市牵头，会同北京市、河北省、国家开发银行共同发起。重点围绕京津冀协同发展战略核心即疏解北京非首都功能服务，主要支持北京城市副中心、天津滨海新区、河北雄安新区以及"微中心"等重点功能承接平台建设开展投资。[①] 此外，根据《长三角地区一体化发展三年行动计划（2018—2020 年）》，2018 年 6 月举行的长三角地区主要领导人座谈会上，沪苏皖浙三省一市政府部门以及相关企业共同签订了组建长三角一体化发展投资基金合作框架协议。协议主要内容为三省一市政府联合相关金融机构，共同发起长三角一体化发展投资基金，重点投向跨区域重大基础设施、生态环境治理等领域，充分发挥基金对一体化发展的促进作用。目前，长三角一体化发展投资基金正在筹备过程中。

在区域一体化发展中，区域合作需要资金作为物质保障和动力支持，没有资金合作难免成为纸上谈兵，同时，成员之间的发展差异往往很大。这体现在经济发展的各项指标上，同时也体现在发展环境及发展目标上。[②] 因而，需要建立区域公共发展基金，缩小合作成员之间的发展差距，提升区域合作的凝聚力，通过区域合作的发展基金建立起区域利益分享和补偿机制，促进区域内产业的合理布局和成员利益共享。具体说来，可以在区

---

① 陈璠：《京津冀协同发展产业投资基金在津成立》，《天津日报》，2021 年 2 月 26 日。
② 卓凯、殷存毅：《区域合作的制度基础：跨界治理理论与欧盟经验》，《财经研究》，2007 年第 1 期。

域联合组织机构中建立一个基金会，该基金会独立运作，不受地方政府的干预。同时，基金的设立要有一套具有现实可行性的章程，包含以下几个方面。

一是基金的来源。共同发展基金的来源可以是多元化的，可以实行中央政府和省区政府按一定比例共同筹措，多方案、多途径广泛获取：（1）寻求中央政府财政拨款，可以尝试将已有的中央政府针对区域内较为落后地区经济发展，农业发展的支持资金集结使用；（2）寻求国内外其他基金会的援助，向其他一些经济组织募捐，广泛吸收海内外捐款；（3）向区域内各政府成员征收特别税；（4）发展受益的个别地方政府按一定比例提供一定资金。

二是基金的使用。基金主要用于区域的集体经济发展开发、重点生态环境整治、农业基本建设、基础公共设施建设、食品卫生安全等建设中。针对一些发展条件较为落后地方政府提供一定物质支持，接受基金资助的地方政府要按照区域合作的整体规划做出相应政策调整和配合。

三是基金的管理。成立区域基金会和管理办公室，成员由各地方政府派出的代表组成，共同管理、负责基金的使用、分配情况，以协商民主的形式做好权衡评估，严格记录追踪基金的使用情况。

四是基金的监督。在资金的使用方面，必须受到严格监督。严格规定基金的使用原则，资金的使用须通过区域合作政府的共同合意，单个地方政府绝不能私自挪用基金。同时，地方政府不定期联合行动，对资金的走向进行查看。借助互联网，将基金会的活动进展及时在区域政府合作网站上进行发布，使得基金的使用受到广大区域内公众和媒体的及时监督。

五、建立区域合作公约

目前，跨区域公共事务的治理缺乏一致性的规则，致使政府间合作仅仅停留在表层上，合作治理的可持续性无法得到制度支撑和保障。因而，需要制定一个区域内各地方政府共同遵守的区域合作公约，对区域内的各种要素资源形成统一开发、配置、保障的规则，使得区域合作制度化、法制化。

区域合作公约需体现的特征有：第一，在区域内各地方政府自愿参与、平等协商、互惠互利、利益均沾、责任同担的基础之上，建立一系列区域内各政府共同执行的合作准则；第二，要以成文的形式规定一系列具体详尽的合作事项与规则；第三，要以正式的执行机构为依归，可由地方政府的联盟组织机构负责公约的具体执行与落实。

要建立统一的资源开发利用、开放共同市场，促进区域内资源和要素的自由流动，确立区域生产力的布局原则与产业一体化准则，统一协调基础设施的合作共建，整合环境治理与保护指标体系，加强信息的公开与交流。在文化教育、医疗卫生、社会保障、住房就业等多层面上，加强政府间的沟通和协调，建立统一的架构体系，提升区域公共资源的整合利用。同时，合约要涉及地方政府之间的利益协调和均衡机制，在重大产业的分工、基础设施的一体化和环境保护等方面做到统一规划与协调，通过具体协商的形式，对参与区域分工合作而遭受损失的地方政府进行相应的利益兼顾和补偿。在各地方政府平等自愿的基础上，以互惠互利的方式，消除现有的地方壁垒，加快实现生产要素、金融投资的跨地区发展，在共同规则基础上，争取实现利益最大化。公约也要注重推动区域合作文化建设，培育区域一体化意识。

六、签订府际服务契约

各地方政府往往掌握着不同的资源，在现实公共治理过程中仅凭自身的资源，不足以实现有效的经济发展和社会管理。政府之间需要通过资源共享、交换的合作方式来解决自身资源不足的问题，在政策、人力、市场等各种要素、资源中实现交易。同时，为了适应区域经济一体化发展的需要，进一步推进区域合作，地方政府间需要按照平等自愿、优势互补、合作共赢的基本原则，以契约的形式达成政府间合作文件，如"规划纲要""合作框架协议""合作宣言""合作备忘录"等，从而促进跨区域公共事务的政府间合作治理。

简言之，政府间签订的服务契约要体现以下原则。

契约目的是实现协同治理。在区域一体化发展过程中，区域公共问题呈现倍增趋势，传统的行政区行政模式面临碎片化治理的窘境，政府间的契约旨在促进各地方政府合作管理跨域性公共事务。

契约签订原则是，无论在前期的谈判沟通还是后期的具体执行中，都要遵循友好协商、优势互补、合作共赢的原则，确保合作主体间的地位平等和自发自愿。

契约形式是，区域政府合作治理中，可通过签订府际服务契约，实现区域的共同发展。具体来说，可以采取以下合作形式。

一是地方政府间联合服务契约。区域内两个以上的地方政府可就共同治理的区域公共事务、区域公共产品和服务的提供签订契约，主要涉及区域经济与社会发展、区域公共物品的协同治理问题，比如，经济、产业、能源、农业、教育、科技、文化、旅游、劳务、人才、安全生产等经济社会发展的诸多方面，同时包含基础设施、环境保护、流域治理等方面的政策合作。通过签订服务合约，各地方政府在合作治理区域公共事务中的权责、财政分担、利益补偿等相关合作事项可得到详细规定。

二是地方政府间服务合约。区域内单个地方政府承担一定的治理职责，为另一方地方政府提供一定数量的公共产品和公共服务，获益政府需向提供服务的政府支付相应的费用。例如，在流域治理当中，上游地方政府通过财政支出整治流域环境，减少排污，禁止乱砍滥伐，从而实现流域的治理，此时下游的地方政府应该向上游地方政府支付一定的费用。

第十章 加强跨区域治理的行政主体建设

行政主体层面的建设主要包括树立可持续的区域合作观和共赢共享理念、制定统一的区域战略合作规划、实施和而不同的区域整合政策、加强地方政府人力资源建设等。行政区划及区域经济的阻隔，导致地方保护主义的出现和损害区域整体经济利益的行为，因此，树立可持续的区域合作观和共赢共享理念，有利于减少区域间内耗及促进区域的可持续发展，统一的区域战略合作规划及和而不同的区域整合政策则有利于区域资源的优化配置及合理利用。人力资源是第一资源。加快推进地方政府人力资源建设，可增强区域发展的生机和活力，为区域发展提供智力支持。

一、树立跨区域治理意识

在跨区域合作治理过程中，由于行政区划的阻隔，在有限理性、机会主义和信息不对称等因素的作用下，地方政府间的竞争意识大于合作倾向。它们存在封闭式发展思维，注重本辖区内的地方利益，而忽略整个区域的整体经济利益；实行地方保护主义，不利于区域合作的可持续发展和区域政府间的共赢共享。因此，适宜的区域合作观和区域理念对区域发展至关重要。

在进行跨区域治理的合作过程中，各市县应转变以地方政府为单一核心的传统行政管理思维，扭转"官本位"的行政思想桎梏，以人为本，以公共服务为核心转变地方政府职能，树立其跨区域治理意识和区域共赢理念，提升地方政府的执政能力，构建责任政府、服务政府和法治政府。

首先，区域合作意识。在区域合作过程中，以全面、协调、可持续的科学发展观为行动指南，树立可持续的区域合作观，强调各地市政府间的优势互补、相互协调。各地方政府各有自己的优势和劣势，开展区域合作，就是相互取长补短、实现优势互补，扩大各自优势的影响力。这样才会推动各方合作，并通过合作带来集聚效应和规模效应，形成区域发展的整体合力。

其次，区域共赢理念。共赢是合作双方互惠互利、相得益彰，实现双方的共同利益。区域间的共享共赢才能发挥区域的整体效应，因此，区域地方政府要树立长远共赢的理念，认识到区域合作较之区域竞争的重要作用，将区域间合作的战略性规划及合作目标的主要内容，连同共赢性的合作成果，在区域内部及其他区域进行广泛宣传，使人们普遍了解并形成认同感，提升参与积极性，必要时可考虑成立临时的专门宣传机构，向企业、政府各部门等社会各领域宣传区域共赢的合作前景。[①]

再次，区域服务意识。有效的行政制度的供给应在一定程度上缓解区域内地方政府的搭便车行为以及由此产生的公地悲剧。作为理性经济人，区域内的地方政府因其自身利益的考量并不会天然地担负起主动提供制度的责任。为避免与已存在的制度安排产生冲突，造成地方政府的执行或实施困境，新的行政制度应首先确定供给的要素和目标，即实现区域公共利益。区域公共利益产生的根源在于区域内公民的独特属性，即闭合性行政区内及区域范围内的双重公民身份。因此，为深入推进跨区域治理，当前以建设服务型政府为行政管理体制改革目标的地方政府，应努力转变行政

---

① 吴光芸、李建华：《区域合作的社会资本因素分析》，《贵州社会科学》，2009 年第 3 期

行为方式，在本辖区以及区域范围内，树立区域公共服务意识，尊重区域公民权利，减少新制度的实施阻力。创新公共服务供给形式，通过购买服务、特许经营、提供补助以及建立契约等形式，将部分公共服务的提供交给区域市场和跨域非政府组织实现；同时，区域内地方政府应加大公共服务的财政保障力度，特别是在涉及公共教育、医疗卫生、社会保障等民生方面，保障公共资源区域内城乡间的公平合理配置。加快行政管理体制改革，以人为本，实现区域公共服务优质供给应该而且必须成为区域内地方政府进行跨区域治理的最根本的合作动机。

复次，区域责任意识。区域责任意识是新的行政制度得以在区域内供给并实施的保障，否则新制度的实施会遭遇机会主义的困境。新的行政制度供给是制度变迁的过程，一般而言，通过协商方式确立的区域治理协议或规则等制度变迁成本相对较高。虽然以协商对话等讨价还价的方式可最终确定基于大多数成员同意的新的政策或新的制度，但此过程往往存在因激烈的利益冲突或争端而不得不放弃最优方案，继而采纳矛盾相对较少的次优方案的可能。因此，新制度的实施过程便会出现地方政府间合作与不合作等积极或消极的博弈行为。某一地方政府对其他地方政府的合作意愿和合作行为不能进行有效辨别时，易产生跨区域治理的囚徒困境（如表11-1 所示）。

表 11-1 地方政府在跨区域治理中对新制度的行为选择博弈矩阵

区域内地方政府乙 / 区域内地方政府甲	合作（积极合作）	不合作（消极合作）
合作（积极合作）	A(R1-C1，R1-C1)	B(R1-C2，R2-C2-C1)
不合作（消极合作）	C(R2-C2-C1，R1-C2)	D(R2-C2，R2-C2)

R1：地方政府在跨区域治理中采取合作（积极合作）的收益

R2：地方政府在跨区域治理中采取不合作（消极合作）的收益

C1：地方政府在跨区域治理中采取合作（积极合作）的成本

C2：地方政府在跨区域治理中采取不合作（消极合作）的成本

在此博弈矩阵中，当地方政府甲采取积极的态度实施新的制度安排而地方政府乙采取非合作态度时，则甲政府亦须承担经由乙政府不作为而产生的负担，反之亦然。而在跨区域治理的过程中，地方政府之间进行的博弈是多次的、长期的动态行为，而每一次的博弈结果均会对下一次的博弈行为产生积极或消极的影响，其结果良好则为地方政府之间继续实施或制定新制度并进行深层次的跨区域治理行为奠定基石，从而促进合作意识的增长以及合作行为的延续。

相较于由上级政府直接干预的模式或由区域内核心城市的地方政府进行单一决策的模式，由区域内各地方政府通过协商对话形式进行的行政制度供给已然在一定程度上解决了实施过程中的非合作现象，降低了制度变迁成本。而缺乏责任意识则易导致在制度安排的具体实施过程中，地方政府因过分追求辖区或自身利益而产生非合作博弈行为。地方政府片面追求辖区经济效益，为满足自身利益而不自觉地排斥区域公共利益，会使区域行政制度沦为形式，区域性公共政策得不到实际落实，造成跨区域治理的行为低效。因此，增强区域内地方政府的责任意识能够在一定程度上改善其对由区域性制度实施过程中的漠视态度引致的"前有政策，后有对策"的非合作博弈现象。树立责任意识要求，尊重经由协商达成的区域协议及相关政策，转变传统的行政管理思维惯性，增进地方政府间合作的信任基础，在跨区域治理的过程中积极承担道德责任、法律责任及政治责任，对区域公共利益负责。

最后，区域法治意识。区域内的地方政府在进行跨区域合作治理的过程中，应根据宪法和相关的法律法规对其职能权限的制度性规定依法行政，将地方政府的行政资源集中在其应该管且能管好的公共事务领域范围内，严格遵循以立法形式确立的跨区域治理协议，以法律的强制性保证地方政府的执政行为规范化。针对区域公共事务的决策程序和决策原则应以保障区域公共利益为核心，按照相应法律法规的规定，避免迫于其他地方政府及上级政府的压力或自身的自利倾向而随意更改决策。区域内地方政府必须对自己的行为负责，权力运行公开透明化，避免违反区域治理协议的行为，有权必有责，用权受监督，侵权须赔偿。

二、制定统一的区域战略合作规划

制定统一的区域战略合作规划，就是要统筹区域内各地方的发展，统筹各要素资源的分配状态，避免各地方之间的各自为政和资源浪费，形成区域合作的整体合力。合理的区域规划机制的建立，首先应整体看待区域在全国的地位和作用，科学规划区域的发展方向和战略定位，其次应合理规划区域产业结构，通过产业升级和转移，促进结构优化，形成具有竞争力的产业集群，再次应统一调配区域基本公共服务的提供，整体规划区域的基础设施建设和公共服务提供，缩小区域差距，最后是制定长远规划，正确处理区域发展与环境资源的关系，实现科学发展。

就目前很多区域发展的现状来看，统一战略规划仍然缺乏。一是空间布局不合理，缺乏统一的集体行动。区域内各行政区之间在合作规划制定、基础设施建设、优势资源利用等方面缺乏统一行动。二是产业结构雷同，产业分工不明，重复建设现象严重。由于地理位置相近，缺乏统一的产业规划，各地方政府为追求本地经济发展重复引进各类大项目，追求利润最大化。究其原因是缺乏统一的区域战略合作规划所致。

区域战略合作规划立足于区域中长期（10-15 年左右）的区域发展战略，包括区域经济战略、区域可持续发展战略、区域交通战略、区域环境战略、区域社会保障战略、区域文化战略、区域旅游战略等相关领域的具体规划，其为本区域在 10-15 年的发展期限内跨区域治理主体间的合作行为提供了一个，整体的、宏观的规划愿景。例如，《珠江三角洲地区改革发展规划纲要》（2008-2020）就是指导珠江三角洲地区当前和今后一个时期改革发展的行动纲领和编制相关专项规划的依据。

借鉴国外跨区域治理成果。1994 年英格兰地区成立区域政府办公室，负责制定区域规划与战略等，1998 年通过《现代化规划》，改变了以往自上而下的决策行为模式，转而注重区域利益，将更多的区域组织包容进区域合作规划的制定过程。此后，包括《为了未来社区进行规划》《规划：提供一个根本性的改变》以及《规划政策指导性说明 11：区域规划指导》等政策文件相继发布，赋予区域内相关组织更多地发展自主权限，重视区域经济与社会发展的实际情况，为今后英国的区域性整体发展提供了可供量化的主要目标。

区域统一的战略合作规划并不是对区域内如何实现交通同网、市场同体、环境同治、产业联动、信息共享等方面提供具体的建议和措施，而是旨在为各个领域的可持续发展提供一个中长期的指导思想和政策导向，相当于国家的"国民经济和社会发展五年规划纲要"。此外，不应同时设定多个区域战略合作规划，以避免造成战略之间的冲突，阻碍区域一体化发展进程。

三、实施和而不同的区域整合政策

公共政策是对社会资源的权威性价值分配，区域的统筹发展需要必要的政策机制加以支撑。我国现阶段的区域政策是一种聚焦财政资源和利益分配的政策，以地理单元而非问题类型来划分目标区域，使得不同的目标区域提出多样化的政策需求，并且不同地区和不同政策需求错综交织，造成政策结构复杂、政策效率低和管理效率低。因而，在区域政策制定过程中，区域内各地市要加强磋商，在招商引资、土地批租、外贸出口、人才流动、技术开发、信息共享等方面，联手制定统一政策，着力营造区域经济发展无差异的政策环境。统一的政策环境可减少资源流动的阻力，有利于区域的有效整合。在保证各项政策发挥其作用的前提下，完善各项政策之间的协调，以发挥整个政策体系的合力。[1]

第一，完善财税政策。对起步阶段的区域合作项目，特别是高新技术产业、战略性产业和低碳经济型产业等实行扶持性税收政策，促使其尽快扩张规模。[2] 例如在黄三角区域经济发展中，按国家有关规定，可建立资源型企业可持续发展准备金，多渠道筹集资金，加大投入，重点支持战略性高新技术背景的成长性产业。

第二，完善金融政策。对区域内重大基础设施建设、重大产业合理布局、项目立项审核等方面给予广泛支持；设立产业投资基金；积极推进金融体系、金融业务、金融市场等方面的创新发展；积极开展船舶、海域使用权抵押贷款等。支持设立地方性银行，发展村镇银行、小额贷款公司；

---

① 马桂兰：《试论区域经济发展的政策协调机制》，《河南师范大学学报（哲学社会科学版）》，2012 年第 3 期。

② 宋歌：《试论加快中原经济区建设的区域竞合策略》，《黄河科技大学学报》，2011 年第 1 期。

鼓励金融机构设立促进资源型城市可持续发展的专项贷款。

第三，完善基础设施政策。完善区域公共基础设施建设，加大投入力度，加快推进跨市河道、病险水库及疏港公路建设，着力提升基础设施建设水平。

第四，完善对外开放政策。设立省级综合配套改革实验区，申请设立出口加工区，争取逐步设立保税物流园区、保税区和保税港区。加大对区内企业在出口和开展境外投资合作等方面的扶持力度，建立便捷高效的境内支撑和境外服务体系；适当加大对区内出口退税负担较重地区的财政支持力度；推进口岸通关建设和通关便利化；①促进海关特殊监管区域和保税监管场所科学发展；设立国家级出口农产品质量安全示范区，各区域可制定相应的配套政策，以形成协调的政策体系。

四、加强跨区域治理人力资源建设

人力资源作为第一资源，在跨区域合作治理中发挥着重要作用。因此，必须加强地方政府之间的人力资源建设，树立合理的人才资源管理观念，建立和完善合理的人才引进、使用、培养、评价和激励机制，建立区域资源共享的人才库，实现人力资源的共有、共用。

重视人力资源建设，有利于人力资源的合理发展和保值增值，有利于区域经济的发展和区域整体竞争力的提升。在区域发展过程中，要加大人才资源整体开发力度，以人才资源能力建设为核心，建立健全人才培养、引进和评价激励机制，发挥市场配置人才资源的基础性作用，加大高素质

---

① 《山东半岛蓝色经济区发展规划》，https://www.china.com/。

人才培养选拔力度，引进海内外高层次人才，努力营造人才汇聚、人尽其才、才尽其用的局面，建设一支规模宏大、结构合理、素质优良的人才队伍，努力成为高端人才聚集地和优质劳动力富集地，着力提升核心竞争力。

第一，更新人力资源管理观念，充分认识加强人才智力支持工作的重要性。树立科学的人才观念，明确人才的重要性。人力资源是一种需要进行开发、充分发挥其创造力和潜能的关键性的资源和高效增值的资本，重视对人才的引入和培养，以能力决定人才的选拔，以客观需要决定人才的任用。[①] 因而，要以战略视角充分认识加强人才智力工作的重要性和紧迫性，以高度的政治责任感和历史使命感，切实加强和改进人才工作。

第二，注重人力资源的选拔，加大高素质人力资源选拔工作力度。通过一定的制度设计和优惠政策，吸引高素质和高技能人才。一是选拔创新型的领军人才。发挥区域内高等院校的作用，调整人才培养方向和专业设置，扩大急需紧缺专业的招生规模，着力培养大批紧缺人才。在实施百千万人才工程、创新团队建设等人才工程中，加大对优势学科、重点产业的政策倾斜，吸引高素质院士的加入。二是选派区域发展急需紧缺的高层次人才进修提升，学习先进的技术和经验，提升其创新能力。三是加强高技能人才队伍建设。大力推动中等职业学校的校企合作工作，加强实习实训基地建设；调整优化技工教育专业结构，加快服务一线急需的高技能人才的培养；健全完善首席技师和有突出贡献技师选拔管理制度，充分发挥高端带动和引领示范作用。

第三，建立健全人力资源培训体系，提升人力资源质量。在我国人力资源管理过程中，存在重管理轻开发的现象，侧重对员工的管理和约束而

---

① 张晨爽：《浅析我国公共部门人力资源管理改革》，《经济论坛》，2010 年第 12 期。

忽视了人力资源的开发及提高人力资源素质的要求。健全培训机制，首先要明确培训的目的、对象、内容和方法；其次，培训计划必须分层次进行，各项培训内容要围绕发展的目标有重点地开展，分清主次、善于取舍。具体到人力资源的培训，一是注重对地方政府工作人员的培训，引入现代培训手段和方法，以部门的实际需要为基础，充分考虑地方政府工作人员的个人特点和条件，因人、因职进行，以提高其政治素质和执政能力。二是加强对企业管理人员、专业技术人才的培训。三是通过提供继续深造和派驻留学的机会，提升企业管理人员和专业技术人才的决策水平和专业技能，为区域储备优秀的管理人才和技术骨干。

第四，创新人力资源工作的机制设计。一是加快推进人力资源开发一体化和协作机制建设。建立人力资源开发一体化和协作机制，加强人才培训、评价、诚信认定等方面的合作，相互承认所出具的各类诚信调查和证书认证。推行市际间各类人才柔性流动和无障碍流动，探索建立人力资源服务标准化和信息共享机制。二是完善人力资源的激励机制。采用灵活的薪酬制度，对重点引进的高层次、紧缺型人才引入项目工资、协议工资等灵活多样的工资制度；对建设中做出突出贡献的优秀人才、外国专家给予一次性奖励；制定高技能人才使用与激励办法，引导企业建立高技能人才使用与待遇相结合的激励机制。①

第五，为推动人力资源领域的发展一体化，地方政府须不断加强合作，积极搭建人才资源的跨区域无障碍流动平台。作为智力支撑条件，各地方政府应主动根据跨区域治理协议以及区域战略合作规划的相关要求，签署相关的人才交流合作协议。例如，2004 年珠江三角洲地区拟定了《珠三

---

① 山东省人民政府办公厅转发省人力资源社会保障厅等部门《关于进一步加强山东半岛蓝色经济区人才智力支持工作的意见的通知》，《山东政报》，2010 年 1 月 31 日。

角城市群人才交流一体化战略宣言》，2007 年珠三角内八市的人才交流服务中心主任共同签署了《珠三角城市群人才交流一体化合作框架协议》，以实现区域内市场信息共享、人才租赁、人才测评以及高校毕业生就业等领域的合作。

总之，在跨区域合作治理中，管理者的素质和作用至关重要。加强跨区域人力资源建设，必须规范地方政府选人用人制度，提升地方政府内部人力资源的整体素质，培养造就一支能够担当重任、奋发有为的领导干部队伍和廉洁勤政、务实高效、高素质、专业化的公务员队伍，提升地方政府的跨区域合作发展空间及执政能力。

参考文献

著作类

R.科斯、A.阿尔钦，D诺斯等：《财产权利与制度变迁——产权学派与新制度学派译文集》，上海三联书店出版社 1991 年版。

恩格斯·埃格特：《新制度经济学》，吴经邦等译，商务印书馆，1996 年版。

柯武刚、史漫飞：《制度经济学——社会秩序与公共政策》，韩朝华译，商务印书馆 2000 年版。

埃利诺·奥斯特罗姆：《公共事物的治理之道》，上海三联书店 2000 年版。

文森特·奥斯特罗姆：《美国联邦主义》，王建勋译，上海三联书店 2003 年版。

丹尼尔·W.布罗姆利：《经济利益与经济制度》，陈郁、郭宇峰、汪春译，上海三联书店 1996 年版。

道格拉斯·诺斯：《制度变迁理论纲要》，载文池主编：《在北大听讲座：第 1 辑》，中国城市出版社 2001 年版。

保罗·萨缪尔：《经济学（下）》，高鸿业译，中国发展出版社 1992 年版。

V.奥斯特罗姆等：《制度分析与发展的反思——问题与抉择》，商务印书馆 1996 年版。

曼库尔·奥尔森：《集体行动的逻辑》，陈郁等译，上海三联书店 1996 年版。

青木昌彦：《什么是制度？我们如何理解制度？》，载孙宽平主编：《转轨、规制与制度选择》，社会科学文献出版社 2004 年版。

埃莉诺·奥斯特罗姆、拉里·施罗德、苏珊·温著：《制度激励与可持续发展》，毛寿龙等编译，上海三联书店 2000 年版。

休·史卓顿：《公共物品、公共企业和公共选择——对政府功能的批评与反批评的理论视角》，经济科学出版社 2000 年版。

道格拉斯·诺斯：《经济史的结构与变迁》，台北时报文化出版企业股份有限公司 1995 年版。

贝娅特·科勒 - 科赫、托马斯·康策尔曼、米歇勒·克诺特：《欧洲一体化与欧盟治理》，中国社会科学出版社 2004 年版。

帕萨·达斯古普特、伊斯梅尔·撒拉格尔丁编：《社会资本 一个多角度的观点》，中国人民大学出版社 2005 年版。

詹姆士·斯科特著：《国家的视角——那些试图改善人类状况的项目是如何失败的》，王晓毅译，社会科学文献出版社 2004 年版。

奥利弗·威廉姆森：《效率、权利、权威与经济组织》，朱周译，载《交易成本经济学及其超越》，上海财经大学出版社 2002 年版。

罗伯特·罗茨：《新的治理》，载俞可平主编：《治理与善治》，社会科学文献出版社 2000 年版。

R.J.斯蒂尔曼：《公共行政学》，中国社会科学出版社 1988 年版。

H·哈肯：《协同学——大自然构成的奥秘》，凌复华译，上海译文出版社 2005 年版。

傅梦孜：《亚太战略场》，时事出版社 2002 年版。

张紧跟：《当代中国地方政府间横向关系协调研究》，中国社会科学出版社 2006 年版。

张可云：《区域经济政策——理论基础与欧盟国家实践》，中国轻工业出版社 2001 年版。

郭培章、宋群主编：《中外流域综合治理开发案例分析》，中国计划出版社 2001 年版。

袁庆明：《新制度经济学》，中国发展出版社 2005 年版。

张国庆：《行政管理学》，北京大学出版社 2003 年版。

上海财经大学区域经济研究中心：《2003 中国区域经济发展报告——国内及国际区域合作》，上海财经大学出版社 2003 年版。

潘伟杰：《制度、制度变迁与政府规制研究》，上海三联书店 2005 年版。

汪丁丁、韦森、姚洋：《制度经济学三人谈》，北京大学出版社 2005 年版。

苏长和：《全球公共问题与国际合作：一种制度分析》，上海人民出版社 2000 年版。

宋功德：《论经济行政法的制度结构——交易费用的视角》，北京大学出版社 2003 年版。

林毅夫：《关于制度变迁的经济学理论》，载《财产权利与制度变迁》，上海三联书店 1994 年版。

何怀宏：《公平的正义——解读罗尔斯的正义论》，山东人民出版社 2002 年版。

朱启才：《权利、制度与经济增长》，经济科学出版社 2004 年版。

程虹：《制度变迁的周期》，人民出版社 2000 年版。

胡家勇主编：《转型经济学》，安徽人民出版社 2003 年版。

秦海：《制度、演化与路径依赖——制度分析综合的理论尝试》，中国财政经济出版社 2004 年版。

吴志成：《治理创新——欧洲治理的历史、理论与实践》，天津人民出版社 2003 年版。

林尚立：《国内政府间关系》，浙江人民出版社 1998 年版。

杨宏山：《府际关系论》，中国社会科学出版社 2005 年版。

孙关宏、胡雨春、任军锋主编：《政治学概论》，复旦大学出版社 2008 年版。

韦伟：《中国经济发展中的区域差异与区域协调》，安徽人民出版社 2008 年版。

张耀辉：《区域经济理论与地区经济发展》，中国计划出版社 1999 年版。

张可云：《区域大战与区域经济关系》，民主与建设出版社 2001 年版。

李清泉：《中国区域协调发展战略》，福建人民出版社 2000 年版。

舒庆：《中国行政区经济与行政区划研究》，中国环境科学出版社 1995 年版。

陶希东：《中国跨界区域管理：理论与实践探索》，上海社会科学院出版社 2010 年版。

陈瑞莲、刘亚平：《区域治理研究——国际比较的视角》，中央编译出版社 2013 年版。

汪伟全：《地方政府合作》，中央编译出版社 2013 年版。

夏书章：《行政管理学》，中山大学出版社 2008 版。

殷为华：《新区域主义理论——区域规划新视角》，东南大学出版社 2013 年版。

刘君德：《中国行政区划的理论与实践》，华东师范大学出版社 1996 年版。

唐亚林：《长江三角洲区域治理的理论与实践》，复旦大学出版社

2014 年版。

陈广汉、梁庆寅主编：《珠三角区域发展报告》(2014)，中国人民大学出版社 2014 年版。

程永林：《区域合作、制度绩效与利益协调——以泛珠三角与东盟区域经济合作为例》，人民出版社 2013 年版。

张紧跟 ：《当代中国政府间关系导论》，社会科学文献出版社 2009 年版。

彭彦强编：《中国地方政府合作研究 基于行政权力分析的视角》，中央编译出版社 2013 年版。

叶必丰、何渊、李煜兴、徐健等：《行政协议——区域政府间合作机制研究》，法律出版社 2010 年版。

马海龙：《京津冀区域治理——协调机制与模式》，东南大学出版社 2014 年版。

敬乂嘉主编：《政府间关系：偏离与协调》，上海人民出版社 2012 年版。

张欣怡：《财政体制改革与环境污染问题研究》，人民出版社 2014 年版。

蔡立辉编著：《政府绩效评估》，中国人民大学出版社 2012 年版。

李新安：《中国区域经济协调发展的利益机制与路径》，电子科技大学出版社 2014 年版。

陈瑞莲：《区域公共管理理论与实践研究》，中国社会科学出版社 2008 年版。

陈瑞莲、蔡立辉：《珠江三角洲公共管理模式研究》，中国社会科学出版社 2004 年版。

魏清泉：《区域规划原理和方法》，中山大学出版社 1994 年版。

马斌：《政府间关系：权力配置与地方治理——基于省、市、县政府间关系的研究》，浙江大学出版社 2009 年版。

孙柏英：《当代地方治理——面向 21 世纪的挑战》，中国人民大学出版社 2004 年版。

刘玉、冯健：《区域公共政策》，中国人民大学出版社 2006 年版。

孙宽平：《转轨、规制与制度选择》，社会科学文献出版社 2004 年版。

沈荣华：《中国地方政府学》，社会科学文献出版社 2006 年版。

方雷：《地方政府行政能力研究》，山东大学出版社 2010 年版。

方雷：《地方政府学概论》，中国人民大学出版社 2010 年版。

方雷：《当代中国政府与政治》，中国人民大学出版社 2017 年版。

涂晓芳：《政府利益论—从转轨时期地方政府的视角》，北京大学出版社 2008 年版。

何盛明：《财经大辞典》，中国财政经济出版社 1990 年版。

周佑勇：《区域政府间合作的法治原理与机制》，法律出版社 2016 年版。

刘承礼：《以政府间分权看待政府间关系：理论阐释与中国实践》，中央编译出版社 2016 年版。

龚战梅等：《资源开发中政府间关系的法制化研究》，知识产权出版社 2018 年版。

唐兴和：《府际关系健康治理模型：基于丝绸之路经济带国内府际关系实证研究》，人民出版社 2016 年版。

徐宛笑：《武汉城市圈府际关系研究》，武汉大学出版社 2019 年版。

陈龙桂：《区域发展评论方法研究》，中国市场出版社 2011 年版。

全永波、叶芳：《海洋环境跨区域治理研究》，中国社会科学出版社 2019 年版。

孟华：《跨区域公共事务的协作治理绩效研究》，中国社会科学出版社 2021 年版。

潘小娟等：《地方政府合作研究》，人民出版社 2016 年版。

杨毅、张琳：《成渝经济区地方政府跨域治理合作机制的理论与实践》，知识产权出版社 2019 年版。

冉艳辉、郑洲蓉：《中国区域合作中地方利益协调机制研究——兼析武陵山片区龙凤经济示范区的利益协调》，中国社会科学出版社 2020 年版。

期刊类

陈瑞莲：《区域公共管理研究的若干问题述评》，《新华文摘》，2004 年第 10 期。

芮国强、郭风旗：《区域公共管理模式：理论基础与结构要素》，《江海学刊》，2006 年第 5 期。

张曙光：《经济学与人和人的经济活动 ——传统社会主义经济学的失误及其根源》，《天津社会科学》，2000 年第 1 期。

杨智杰：《经济学对会计理论发展的影响》，《当代经济管理》，2007 年第 2 期。

董建新：《论制度功能》，《现代哲学》，1996 年第 4 期。

刘祖云：《政府间关系：合作博弈与府际治理》，《学海》，2007 年第 1 期。

何渊：《地方政府间关系——被遗忘的国家结构形式维度》，《宁波广播电视大学学报》，2006 年第 2 期。

高新才：《论区域经济合作与区域政策创新》，《学习论坛》，2004 年第 7 期。

陈剩勇、马斌：《区域间政府合作：区域间经济一体化的路径选择》，《政治学研究》，2004 年第 1 期。

田广清、李倩、刘建伟：《制度的十大功能：学理层面的诠释》，《北京行政学院学报》，2007 年第 5 期。

王跃生：《非正式约束·经济市场化·制度变迁》，《当代世界与社会主义研究》，1997 年第 3 期。

李秀峰：《非正式制度约束与行政改革——韩国金大中政府行政改革的案例分析》，《国家行政学院学报》，2005 年第 5 期。

龙朝双、王小增：《准公共经济组织角色下我国地方政府横向合作的探析》，《湖北社会科学》，2005 年第 10 期。

曹满云：《行政征收中信息不对称问题及对策探析》，《云南行政学院学报》，2004 年第 5 期。

辛鸣：《制度评价的标准选择及其哲学分析》，《中国人民大学学报》，2005 年第 5 期。

杨飞：《制度效率：价值目标的契合——关于法律经济学的一点思考》，《宁夏社会科学》，1998 年第 4 期。

李怀：《制度生命周期与制度效率递减——一个从制度经济学文献中读出来的故事》，《管理世界》，1999 年第 3 期。

刘辉煌、胡骋科：《制度变迁方式理论的演变发展及其缺陷》，《求索》，2005 年第 6 期。

刘熙瑞：《服务型政府——经济全球化背景下中国政府改革的目标选择》，《中国行政管理》，2002 年第 7 期。

徐传谌、孟繁颖：《制度变迁内部动力机制分析》，《税务与经济》，2006 年第 6 期。

龙朝双、王小增：《我国地方政府间合作动力机制研究》，《中国行政管理》，2007 年第 6 期。

庞效民：《区域一体化的理论概念及其发展》，《地理科学进展》，1997 年第 6 期。

金太军、沈承诚：《区域公共管理趋势的制度供求分析》，《江海学刊》，2006 年第 5 期。

唐亚林：《长三角城市政府合作体制反思》，《探索与争鸣》，2005 年第 1 期。

程臻宇：《中国同级地方政府间的政绩性竞争》，《上海经济研究》，2003 年第 12 期。

冯兴：《论辖区政府间的制度竞争》，《国家行政学院学报》，2001 年第 6 期。

党秀云：《论公共企业家与企业家精神》，《中国行政管理》，2004 年第 7 期。

杨瑞龙：《我国制度变迁方式转换的三阶段论——兼论地方政府的制度创新行为》，《经济研究》，1998 年第 1 期。

阿弗纳·格雷夫：《自我执行的制度：比较历史制度分析（下）》，韩福国译，《经济社会体制比较分析》，2008 年第 3 期。

王芳：《政府信息共享障碍及一个微观解释》，《情报科学》，2006 年第 2 期。

邓晓明：《地方政府在环渤海区域合作中建立经济协调互动机制的政策选择》，《环渤海经济瞭望》，2007 年第 1 期。

陈瑞莲：《欧盟国家的区域协调发展：经验与启示》，《政治学研究》，2006 年第 3 期。

毛飞：《多中心制度安排：解决乡村关系问题的新思路》，《成都行政学院学报》，2003 年第 4 期。

陈瑞莲、刘亚平：《泛珠江三角区域政府的合作与创新》，《学术研究》，2007 年第 1 期。

托尼·麦克格鲁：《走向真正的全球治理》，《马克思主义与现实》，2002 年第 1 期。

戴溥之：《社会资本与农村新型合作医疗保险制度的发展》，《经济工作》，2007 年第 12 期。

齐明山、陈虎：《论服务行政模式中的组织整合》，《公共行政》，2007 年第 9 期。

姚裕群、唐代盛：《人力资源能力建设与我国创新型国家的建立》，《东岳论丛》，2007 年第 3 期。

豆建民：《中国区域经济合作中政府干预的原因、问题与建议》，《改革与战略》，2003 年第 11 期。

杨爱平、陈瑞莲：《欧盟公共管理制度对泛珠三角的启示》，《珠江经济》，2007 年第 4 期。

申建林：《论公民文化的培育》，《江汉论坛》，2002 年第 4 期。

陈瑞莲、张紧跟：《试论区域经济发展中政府间关系的协调》，《中国行政管理》，2002 年第 12 期。

陈瑞莲、杨爱平：《从区域公共管理到区域治理研究：历史的转型》，《南开学报（哲学社会科学版）》，2012 年第 2 期。

张成福、李昊城、边晓慧：《跨域治理：模式、机制与困境》，《中国行政管理》，2012 年第 3 期。

李文星、蒋瑛：《简论我国地方政府间的跨区域合作治理》，《西南民族大学学报（人文社科版）》，2005 年第 1 期。

西宝、Martin de Jong：《基础设施网络整合与跨区域治理——"哈大齐"工业走廊与松花江水污染案例分析》，《公共管理学报》，2007 年第 4 期。

王宏波、张小溪：《关中——天水经济区地方政府间跨区域合作治理问题探析》，《西北农林科技大学学报（社会科学版）》，2011 年第 4 期。

刘东辉：《行政联席会议制度刍论》，《人民论坛》，2012 年第 35 期。

彭庆军：《建立武陵山区跨省际教育联席会议制度的思考》，《民族论坛》，2013 年第 2 期。

黄艳玲、田开友：《区域法治背景下的跨省联席会议制度——兼谈对武陵山片区的启示》，《天水行政学院学报》，2014 年第 4 期。

陈光：《论区域立法联席会议机制》，《学习与探索》，2011 年第 2 期。

贾彦利：《新区域主义与长三角区域化》，《商业时代》，2006 年第 18 期。

吴红星：《2014 年长三角核心区经济发展报告》，载《统计科学与实践》，2015 年第 2 期。

官华、唐晓舟、李静：《粤港政府合作机制的变迁及制度创新》，《当代港澳研究》，2013 年第 4 期。

叶必丰：《我国区域经济一体化背景下的行政协议》，《法学研究》，2006 年第 2 期

李步云、肖海军：《契约精神与宪政》，《法制与社会发展》，2005 年第 3 期。

陈书笋：《论区域利益协调机制的法律建构》，《湖北社会科学》，2011 年第 3 期。

汪伟全：《区域一体化、地方利益冲突与利益协调》，《当代财经》，2011 年第 3 期。

谢康：《西方微观信息经济学不完全信息理论》，《国外社会科学》，1995 年第 2 期。

赵晖：《我国地方政府绩效考核指标要素分析》，《南京师大学报》（社会科学版），2010 年第 6 期。

托马斯·海贝勒、雷内·特拉培尔、王哲：《政府绩效考核、地方干部行为与地方发》，《经济社会体制比较》，2012 年第 3 期。

王佃利：《区域公共管理的制度与机制创新探析——以山东半岛城市

群为例》，《北京行政学院学报》，2009 年第 5 期。

王敏、王乐夫：《公共事务的责任分担与利益分享——公共事务管理体制改革与开放的思考》，《公共行政》，2002 年第 2 期。

孙海燕、王富喜：《区域协调发展的理论基础探究》，《经济地理》，2008 年第 11 期。

朱德米：《新制度主义政治学的兴起》，《复旦学报》，2001 年第 3 期。

颜伟江：《作为理论的新制度主义政治学——产生背景、主要内容和理论来源》，《中共浙江省委党校学报》，2006 年第 5 期。

周振华：《地方政府行为方式与地方经济自主发展》，《学习与探索》，1999 年第 3 期。

朱德米：《理念与制度：新制度主义政治学的最新进展》，《国外社会科学》，2007 年第 4 期。

刘君德：《中国转型期凸现的"行政区经济"现象分析》，《理论前沿》，2004 年第 10 期。

金太军：《从行政区行政到区域公共管理——政府治理形态嬗变的博弈分析》，《中国社会科学》，2007 年第 6 期。

朱德米：《构建流域水污染防治的跨部门合作机制——以太湖流域为例》，《中国行政管理》，2009 年第 4 期 。

何俊志：《结构、历史与行为——历史制度主义的分析范式》，《国外社会科学》2002 年第 5 期。

朱秀娟：《我国地方政府间横向合作关系探析》，《中共铜仁地委党校学报》，第 2009 年第 3 期。

周菊：《区域经济发展的法制协调机制浅析》，《政法学刊》，2010 年第 5 期。

方雷：《政府权力的回归与地方治理的向度》，《理论探讨》，2013

年第 1 期。

方雷：《地方多元治理与社会民间组织》,《理论视野》, 2011 年第 3 期。

方雷：《重构中央与地方之间关系的新契机》，《人民论坛》，2010 年第 2 期。

方雷：《绩效管理在中国地方政府应用的制度环境分析》，《公共行政》，2008 年第 9 期。

王敏、王乐夫：《公共事务的责任分担与利益分享——公共事务管理体制改革与开放的思考》，《公共行政》，2002 年第 2 期。

汪伟全：《当代中国地方政府竞争：演进历程与现实特征》，《晋阳学刊》，2008 年第 6 期。

谢庆奎：《中国政府的府际关系研究》，《北京大学学报》（哲学社会科学版），2000 年第 1 期。

汪伟全：《论地方政府间合作的最新进展》，《探索与争鸣》，2010 年第 10 期。

汪伟全：《长三角经济圈地方利益冲突协调机制研究：基于政府间关系的分析》，《求实》，2008 年第 9 期。

马海龙：《区域治理一个概念性框架》，《理论与实践》，2007 年第 12 期。

汪伟全：《推进区域一体化必须协调地方利益冲突》，载《探索与争鸣》，2009 年第 11 期。

周业安：《地方政府竞争与经济增长》，《中国人民大学学报》，2003 年第 1 期。

孙海燕、王富喜：《区域协调发展的理论基础探究》，《经济地理》，2008 年第 11 期。

张紧跟：《组织间网络理论：公共行政学的新视野》，《武汉大学学报》（社会科学版），2003年第4期。

张志元、周平、张淑敏：《山东半岛蓝色经济区与黄河三角洲高效生态经济区统筹发展研究》，《经济与管理评论》，2012年第2期。

王先锋：《论我国区域经济一体化背景下的政府区域公共治理》，《党政干部学刊》，2007年第7期。

汪伟全：《论我国地方政府间合作存在问题及解决途径》，《公共管理学报》，2008年第3期。

韩志红、付大学：《地方政府之间合作的制度化协调——区域政府的法治化路径》，《北方法学》，2009年第2期。

庄士成：《长三角区域合作中的利益格局失衡与利益平衡机制研究》，《当代财经》，2010年第9期。

吴光芸、李建华：《跨区域公共事务治理中的地方政府合作研究》，《云南行政学院学报》，2011年第5期。

杨龙：《地方政府合作的动力、过程与机制》，《中国行政管理》，2008年第7期。

孙兵：《晋升博弈背景下中国地方政府合作发展研究》，《南开学报：哲学社会科学版》，2013年第2期。

王鹏：《跨域治理视角下地方政府间关系及其协调路径研究》，《贵州社会科学》，2013年第2期。

王清：《政府部门间为何合作：政绩共容体的分析框架》，《中国行政管理》，2018年第7期。

顾乃华、朱卫平：《府际关系、关系产权与经济效率——一个解释我国全要素生产率演进的新视角》，《中国工业经济》，2011年第2期。

米鹏举：《我国区域治理与地方政府横向府际关系：现实困境与调整策略》，《内蒙古大学学报(哲学社会科学版)》，2018年第6期。

段宇波、侯芮：《作为制度变迁模式的路径依赖研究》，《经济问题》，2016 年第 2 期。

张可云、何大梽：《改革开放以来中国区域管理模式的变迁与创新方向》，《思想战线》，2019 年第 5 期。

金志云：《国内经济区域一体化进程中的矛盾和路径选择》，《理论探讨》，2007 年第 6 期。

曹小曙：《粤港澳大湾区区域经济一体化的理论与实践进展》，《上海交通大学学报（哲学社会科学版）》，2019 年第 5 期。

郁建兴、黄亮：《当代中国地方政府创新的动力：基于制度变迁理论的分析框架》，《学术月刊》，2017 年第 2 期。

刘汉民：《路径依赖理论及其应用研究—— 一个文献综述》，《浙江工商大学学报》，2010 年第 2 期。

孙昊：《"分利联盟"的利益满足与公共利益的实现——兼议威权体制民主化转型进程中的政策工具选择》，《公共管理高层论坛》，2006 年第 2 期。

王宏：《分利联盟：中国经济高速增长的"软制约"》，《经济问题》，2004 年第 3 期。

周黎安：《中国地方官员的晋升锦标赛模式研究》，《经济研究》，2007 年第 7 期。

刘瑞明、金田林：《政绩考核、交流效应与经济发展——兼论地方政府行为短期化》，《当代经济科学》，2015 年第 3 期。

李劲松：《社会主义市场经济下的利益协调探析》，《齐齐哈尔大学学报（哲学社会科学版）》，2006 年第 7 期。

向鹏成、庞先娅：《跨区域重大工程项目横向府际冲突协调机制》，《北京行政学院学报》，2021 年第 3 期。

全毅文：《区域经济合作中的利益分享与补偿机制构建研究》，《改革与战略》，2017 年第 2 期。

郑容坤：《乡村振兴联盟：地方政府合作的实践探索》，《领导科学论坛》，2019 年 1 月。

锁利铭：《京津冀协同发展中的府际联席会机制研究》，《行政论坛》，2019 年第 3 期。

刘瑞明：《政绩考核、交流效应与经济发展——兼论地方政府行为短期化》，《当代经济科学》，2015 年第 3 期。

王红梅等：《大气污染区域治理中的地方利益关系及其协调——以京津冀为例》，《华东师范大学学报（哲学社会科学版）》2016 年第 5 期。

汪伟全：《长三角经济圈地方利益冲突协调机制研究——基于政府间关系的分析》，《求实》，2008 年第 9 期。

范永茂、殷玉敏：《跨界环境问题的合作治理模式选择——理论讨论和三个案例》，《公共管理学报》，2016 年第 2 期。

胡熠：《我国流域区际生态利益协调机制创新的目标模式》，《中国行政管理》，2013 年第 6 期。

张紧跟：《浅论协调地方政府间横向关系》，《云南行政学院学报》，2003 年第 2 期。

樊纲、张曙光：《经济效率与经济潜在总供给》，《中国社会科学院研究生院学报》，1990 年第 5 期。

王泽强：《区域冲突、区域合作与中部崛起》，《当代经济管理》，2008 年第 8 期。

王扩建：《长江三角洲区域合作中的利益协调机制研究》，《云南行政学院学报》，2008 年第 2 期。

陈俊星：《我国地方政府间合作问题研究》，《科学社会主义》，

2011 年第 3 期。

关键：《论我国政府信息共享机制的构建》，《行政论坛》，2011年第 3 期。

谈萧：《论区域府际信息共享的法治化》，《学习与实践》，2016年第 12 期。

胡建淼、高知鸣：《我国政府信息共享的现状、困境和出路——以行政法学为视角》，《浙江大学学报（人文社会科学版）》，2012 年第 2 期。

陈兰杰、刘彦麟：《京津冀区域政府信息资源共享推进机制研究》，《情报科学》，2015 年第 6 期。

王鹏、丁艺等：《整体政府视角下的政务信息资源共享影响因素——基于结构方程的实证研究》，《电子政务》，2019 年第 9 期。

杨龙、郑春勇：《地方合作在区域性公共危机处理中的作用》，《武汉大学学报（哲学社会科学版）》，2011 年第 1 期。

张玉磊：《跨界公共危机与中国公共危机治理模式转型：基于整体性治理的视角》，《华东理工大学学报（社会科学版）》，2016 年第 5 期。

朱最新：《区域一体化法律治理初探》，《广东行政学院学报》，2011 年第 3 期。

翟小波：《"软法"及其概念之证成——以公共治理为背景》，《法律科学》，2007 年第 2 期。

申剑敏、陈周旺：《跨域治理与地方政府协作——基于长三角区域社会信用体系建设的实证分析》，《南京社会科学》，2016 年第 4 期。

诸大建、李中政：《网络治理视角下的公共服务整合初探》，《中国行政管理》，2007 年第 8 期。

孙兵：《晋升博弈背景下中国地方政府合作发展研究》，《南开学报（哲学社会科学版）》，2013 年第 2 期。

王鹏：《跨域治理视角下地方政府间关系及其协调路径研究》，《贵州社会科学》，2013 年第 2 期。

王清：《政府部门间为何合作：政绩共容体的分析框架》，《中国行政管理》，2018 年第 7 期。

刘志鹏：《跨区域政府间合作何以可能？——基于绩效目标差异背景下食品安全监管的分析》，《广西师范大学学报（哲学社会科学版）》，2021 年第 3 期。

柳天恩、田学斌：《京津冀协同发展：进展、成效与展望》，《中国流通经济》，2019 年第 11 期。

毛艳华：《粤港澳大湾区协调发展的体制机制创新研究》，《南方经济》，2018 年第 12 期。

马仁锋：《长江三角洲区域一体化政策供给及反思》，《学术论坛》，2019 年第 5 期。

锁利铭：《府际联席会：城市群建设的有效协调机制》，《学习时报》，2017 年 9 月 18 日 。

锁利铭、廖臻：《京津冀协同发展中的府际联席会机制研究》，《行政论坛》，2019 年第 3 期。

马海龙：《京津冀区域协调发展的制约因素及利益协调机制构建》，《中共天津市委党校学报》，2013 年第 3 期。

王红梅、邢华、魏仁科：《大气污染区域治理中的地方利益关系及其协调：以京津冀为例》，《华东师范大学学报（哲学社会科学版）》，2016 年第 5 期。

汪伟全：《空气污染跨域治理中的利益协调研究》，《南京社会科学》，2016 年第 4 期。

学位论文类

谷松：《建构与融合：区域一体化进程中的地方府际间利益协调研究》，吉林大学博士学位论文，2014 年。

郭风旗：《区域性公用资源治理模式研究——以泥炭河流域水资源治理为个案》，苏州大学硕士学位论文，2006 年。

傅颖：《地方政府环境责任研究》，浙江大学博士学位论文，2012 年。

严明：《区域协调发展背景下的长三角地区行政协调机制研究》，上海交通大学博士学位论文，2008 年。

姬兆亮：《区域政府协同治理研究》，上海交通大学博士学位论文，2012 年。

欧阳美兰：《泛珠三角区域经济合作中政府协议的法律问题研究》，暨南大学博士学位论文，2013 年。

林波：《区域行政协议研究》，南京大学博士学位论文，2014 年。

陆瑞国：《城市群内政府间合作困境研究》，山东大学博士学位论文，2013 年。

郑迎春：《超越边界的治理》，武汉大学博士学位论文，2012 年。

郑亮亮《我国区域性行政协议研究》，兰州大学博士学位论文，2013 年。

廖振权：《行政协议初探》，苏州大学博士学位论文，2009 年。

陈伟国：《区域合作背景下行政协议之应用研究》，西南政法大学博士学位论文，2007 年。

付冲：《多中心治理视角下广西北部湾经济区协调发展机制研究》，广西大学博士学位论文，2012 年。

刘书明：《基于区域经济协调发展的关中—天水经济区政府合作机制研究》，兰州大学博士学位论文，2013 年。

高娜：《基于整体性治理的山东半岛蓝色经济区政府合作机制研究》，

中国海洋大学博士学位论文，2013 年。

魏雪娇：《地方政府区域合作治理中的政治协调机制研究》，电子科技大学博士学位论文，2013 年。

马治海：《中国地方政府合作治理跨区域公共事务研究》，西北大学博士学位论文，2007 年。

胡慧旋：《长株潭城市群一体化研究》，南开大学博士学位论文，2012 年。

陈新：《职能转变视角下的政府绩效评估研究》，南开大学博士学位论文，2014 年。

齐子翔：《首都圈省际经济利益协调机制研究》，首都经济贸易大学博士学位论文，2014 年。

辛方坤：《基于地方政府行为的区域利益协调研究》，南京航空航天大学博士学位论文，2009 年。

徐明君：《马克思与诺斯制度变迁理论比较研究》，东南大学博士学位论文，2014 年。

谢东：《改革开放以来党的区域发展思想演进及其经验研究》，湘潭大学硕士学位论文，2018 年。

李力：《中国区域一体化政策实施效应研究》，江西财经大学硕士学位论文，2016 年。

薄梦秋：《京津冀区域合作的发展历程及提升对策研究》，北京林业大学硕士学位论文，2017 年。

喻凯：《府际关系视角下的粤港澳大湾区协同治理研究》，广东省委党校硕士学位论文，2019 年。

范少帅：《城市群府际联席会机制的运行及其优化策略研究》，湘潭大学硕士学位论文，2019 年。

杨静：《京津冀区域政府信息资源协同共享模式研究》，燕山大学硕士学位论文，2016 年。

游鹏：《成渝经济区合作发展中地方政府间利益协调机制研究》，重庆大学硕士学位论文，2014 年。

许露萍：《跨界协作视角下的府际联席会协作机制研究》，电子科技大学硕士学位论文，2018 年。

何诗懿：《从条块分割走向协作耦合——地方政府跨部门信息共享优化研究》，上海师范大学硕士学位论文，2016 年。

杨静：《京津冀区域政府信息资源协同共享模式研究》，燕山大学硕士学位论文，2016 年。

魏丽华：《京津冀产业协同发展问题研究》，中共中央党校博士学位论文，2018 年。

武鑫：《试论京津冀地区协同发展中区域信用体系的构建》，河北师范大学硕士学位论文，2015 年。

外文类书刊

W. Anderson, *Intergovernmental Relations in Review*, Minneapolis: University of Minnesota Press,1960.

Sullivan, Helen & Skeleber C., *Working across Boundaries: Collaboration in Public Service*, New York:Palgrave Macmillan, 2002.

Amin, A. & Thrift, N.,"Globalisation, Institutional'Thickness'and the Local Economy". P. Healey, S.Cameron, Davoudi, S.Graham & A. Madani-Pour, Managing Cities: the New Urban Context. Chichester: Wiley and Sons, 1995.

Deil S.Wright, *Understanding Intergovernmental Relations*, CA.:Brooks/Cole Publishing Company.

Deil S.Wright, *Understanding Intergovernmental Relations*, 1st ed, Belmont, CA: Duxbury, 1988.

Hendy Peter, "Intergovernmental Relations: Ensuring Informed Cooperation in Strategic Policy Development", *Australian Journal of Public Administration*, 1996, Mar, Vol.55, Issue 1.

Brosio, Giorgio," Reform: Intergovernmental Relations", *Internationl Journal of Public Administration*, 2000.

Michael Talyor, *The Possibility of Cooperation*, New York: Cambridge U. P. 1987. PL.

Kincaid, John, *Competition among States and Local Governments: Efficiency and Equity in American Federalism*, Washington D.C.: The Urban Institute Press, 1991.

Dye, Thomas R,"The Policy Consequence of Intergovernmental Competition". *Cato Journal*, Washington: Spring/Summer 1990, Vol. 10.

"Modeling Central-local fiscal Relations in China", *China Economic Review*, 1995(6).

"Division of Local Government and School Accountability, Office of the New York State Comptroller, Intermunicipal Cooperation and Consolidation", available at http://www.osc. state. ny. us, May 2010.

Amin, A., & Thrift, N., "Globalisation, Institutional'Thickness'and the Local Economy", P. Healey, S. Cameron, S. Davoudi, S. Graham & A. Madani-Pour, *Managing Cities: the New Urban Context*, Chichester: Wiley and Sons, 1995.

Lance E. Davis and Douglass C. North," A Theory of Institutional Change: Concepts and Causes", in Lance E. Davis and Douglass C. North，eds.,

Institutional Change and American Economic Growth, London: Cambridge University Press, 1971, pp. 3-25.

Zhang Guang,"The revolutions in China's Inter-governmental Fiscal System, *Public Money & Management*, 2018.

H. Kaufman, *The Administrative Behavior of Federal Chiefs*, Washington: Brookings Institution, 1981, p.190.

后 记

　　这是一项耽搁了很久的工作，迟至现在才得以了结。大约十年前，围绕该项研究先后获批了学校的人文社科重大课题、山东省改革与发展委员会重点课题和山东省社科规划重点课题。当时山东省力推半岛蓝色经济区建设，课题的设计也是围绕这个主题展开的。随着时间的推移，考虑到该项研究的普遍性和学理性，最终转为跨区域治理的行政制度供给研究。在此期间，由于两次工作变动和承担了其他领域的研究，没顾上此事，该项研究一度停了几年，直到 2020 年底才完成结项。如今整理出版也是一个交待吧。

　　在该项研究过程中，2013 年和 2014 年分别发表了题为"地方政府间跨区域合作治理的行政制度供给"和"政府权力的回归和地方治理的向度"的论文。另一个阶段性成果《府际合作治理的行政制度供给》一文入选 2013 年 5 月"两岸四地公共管理学术研讨会"，得以与台湾地方政府研究专家交流。2014 年暑假在德国柏林自由大学访学期间考察了部分北欧和东欧国家地方治理的实际经验，2017 年寒假在奥克兰大学访学期间考察了新西兰的地方治理，丰富了课题研究内容。围绕该项研究，课题组成员还在《山东大学学报》《探索与争鸣》《学习与探索》《思想战线》《江汉论坛》《理论探讨》《理论视野》《领导科学》等刊物发表了十余篇相关论文。

在此期间指导学生围绕该主题开展了大量相关研究。本书也是这些成果的集成和总结，主要包括钟世红的《地方政府间联席会议制度研究》、周群的《跨区域地方治理利益补偿问题研究》、刘莹的《我国跨区域地方治理中的利益协调问题研究》、苗婷婷的《当代中国地方政府跨区域治理的制度设计研究》和封慧敏的《地方政府跨区域合作治理的制度选择》。另外，鲍芳修参与了区域化与地方政府改革部分。

由于该项研究时间跨度比较长，有些资料和数据略显陈旧。随着实践不断发展，跨区域治理方面呈现的更加丰富的经验和更多创新的制度尚没有完全涵括。为了弥补过去研究的不足，2021年初委托钟世红增补了最新的研究成果，做了大量修补和协调。但我们深知本书还是存在很多缺陷和没有深入讨论的问题，只能有待今后的工作去进一步完善了。

该成果得以出版，特别感谢我的大学同学董新兴教授和广西师范大学出版社的大力支持，还要感谢山东大学政治学与公共管理学院的出版资助。

在写作过程中，我们引用和参考了国内外学者和有关网站的大量研究成果、观点和数据资料，并在脚注和参考文献中做了说明，如有遗漏、曲解或错误，敬请批评指正。

作者谨识

2021 年除夕